福建省高职高专旅游大类规划教材

茶文化旅游设计

主　编 ◎ 郑剑顺
副主编 ◎ 阮逸明
参编人员 ◎ 孙　晟　严利人　朱　蔚　朱　樱　蔡玉云
蔡亚红　范春梅　陈　津　陈　昕　陈淑娟

厦门大学出版社　国家一级出版社
XIAMEN UNIVERSITY PRESS　全国百佳图书出版单位

福建省高职高专旅游大类十二五规划教材编写委员会

前 言

在国家旅游局汇编的《中国旅游业发展"十一五"规划纲要·专题篇》中指出:从我国旅游业发展的实践来看,旅游业已成为增加创汇、拉动内需、带动相关产业发展的"综合产业";成为促进产业结构升级转型调整的"动力产业";成为增加就业、消除贫困、促进城乡协调发展的"富民产业";成为弘扬民族文化、促进文化产业发展的"窗口产业";成为促进产业间相互渗透、共同发展的"催化产业";成为"充分、合理、有效、可持续"利用国土资源的"环保产业";成为改善投资环境、促进对外开放的"先导产业";成为增加我国与世界各国人民之间的相互了解、促进国际合作的"和平产业";成为提高国民素质、促进人类全面发展的"学习型产业"。[①] 可见旅游业在经济发展、社会进步中的重要作用,这是实践充分证明的事实。当前,我国旅游业已进入持续高速增长的新阶段。在旅游业的发展中,旅游业与民族文化、与文化产业结合,已成为旅游业发展的新亮点。其中,茶文化与旅游结合,同样是前景看好的新兴旅游产品。在《中华人民共和国国民经济和社会发展第十二个五年规划纲要》中提出:"推动旅游业特色化发展和旅游产品多样化发展,全面推动生态旅游,深度开发文化旅游,大力发展红色旅游。"为我们指明了旅游业发展的重要方向。"深度开发文化旅游",包括茶文化旅游,都值得"深度开发"。

我国具有历史悠久、积淀丰富的茶文化。茶文化不仅是宝贵的知识资源,也是难得的旅游资源,如何将这一资源开发为旅游产品,让旅游者在旅游中欣赏、体验、学习茶文化,弘扬茶文化,提升茶文化的社会效益和经济效益,是我们试图解决的课题。

2007 年诞生的天福茶学院,是目前国内外第一所茶学教育高等院校。茶学院的校企合作单位是知名企业天福集团。茶学院旅游管理系旅游管理专业与天福茶学院同时诞生,是茶学院创办之初的五个专业之一。这里有茶学教育、茶文化教育的优势资源和有利条件,所以,我们把茶学教育、茶文化教育与旅游教育结合,作为我们专业的办学特色之一,开设茶学应用知识、茶文化、茶

① 中华人民共和国国家旅游局汇编:《中国旅游业发展"十一五"规划纲要·专题篇》,中国旅游出版社 2008 年版,第 9 页。

文化旅游、中国茶史、茶叶鉴赏、茶艺服务技巧等课程，培养懂茶、掌握茶文化知识和茶文化旅游设计技能的旅游管理人才。

为了教学需要，我们组织编写了本书。我们探讨了茶与旅游、茶学教育与旅游、茶乡生态旅游、茶艺茶道与旅游、茶博物馆与旅游、茶馆与旅游、茶文化遗迹与旅游、台湾的茶业与茶文化旅游等，研究了茶文化与旅游的结合点和将茶文化旅游资源转化为旅游产品应具备的条件、项目设计、旅游设计及实例等。这是一项以茶文化知识和旅游知识为基础的交叉融合课题。通过本课程教学，使学生熟悉茶、茶文化旅游资源，掌握茶文化旅游产品的策划、设计技能。

本书每章开头有“本章学习重点提示”，章末有“练习题”和“阅读材料”，以方便教学，引导学习、复习、练习和课外阅读。通过阅读材料，可以了解相关信息，增加有关知识，启发茶文化旅游设计思路。

本书编写过程中，参考、引用了学界已有的茶文化研究成果，在此对作者表示衷心感谢。

我们的研究和探讨，还只是开头，我们将继续将这一课题研究开展下去。本书出版后，我们有更多机会接受批评和指正，从而进一步完善教材，提升教材质量。

编者

2011 年 4 月

目 录

第一章

茶文化旅游绪论

本章学习重点提示

1. 认识旅游业发展前景、依靠
2. 认识旅游业发展趋势
3. 认识我国是茶的故乡和茶文化的丰富积淀
4. 认识茶文化的内涵及与旅游的结合点
5. 认识学习茶文化旅游设计的重要意义

第一节　旅游业的发展前景

一、旅游业发展的依靠

改革开放后，我国的旅游业蓬勃发展，成为朝阳产业、动力产业。旅游业的发展前景看好。2009 年我国入境旅游人数达到 1.26 亿人次，是 1978 年的 70 倍；旅游外汇收入 396.75 亿美元，是 1978 年的 198 倍；国内旅游人数 19.02 亿人次，是 1990 年的 9.5 倍；国内旅游收入 10 183.69 亿元，是 1990 年的 59.9 倍。[①] 2010 年，我国旅游业实现总收入 1.57万亿元，同比增长 21.7%；旅游外汇收入 458 亿美元，增长 15.5%。我国旅游业已经逐步成长为国民经济中的一个重要产业，在国际上奠定了入境旅游大国和出境旅游重要客源国的地位，我国已经成为世界旅游业发展最快的国家之一。[②] 那么旅游业的发展靠

---

①　中华人民共和国国家旅游局编著：《中国旅游统计年鉴》(2010)，中国旅游出版社 2010 年版；《中国旅游年鉴(2010)》，中国旅游出版社 2010 年版。

②　国家旅游局规划发展与财务司主编：《2007 中国旅游投资报告》，中国旅游出版社 2007 年 11 月版，第 1～2 页；《人民政协报》2011 年 1 月 27 日 C2 版。

什么呢？

第一，靠政策、法规。国家制定的政策和法规，要有利于旅游业的发展，为旅游业的发展保驾护航。新中国成立初期，可以说中国没有旅游业。客观原因是当时资本主义世界对中国实行封锁，企图把新诞生的社会主义中国扼杀在摇篮中。中国除与社会主义国家来往外，几乎处于封闭状态。加上蒋介石时刻伺机反攻大陆，海峡两岸严重对峙，使对外交往的大门更难打开。主观因素就是政策、观念的保守。1958 年"大跃进"和三年经济困难时期，提出"大办农业"、"深挖洞，广积粮"，全民办农业，围垦造田种粮。在这种情况下，没有公园，何论旅游、休闲。由于"极左"思潮影响，游山玩水、休闲度假被认为是资产阶级情调，旅游被认为是资本主义、资产阶级专有的，是政策所不允许的。当时有些许"旅游"，那是外事部门用来接待外宾、侨务部门用来接待华侨的，是一种特殊礼节，一种特殊待遇。

1978 年开始改革开放，这种状况改变了，旅游被重视，旅游业开始起步、发展。改革开放很重要的关键点是向世界发达国家学习。这些发达国家都是资本主义国家，资本主义国家的先进管理经验、发展经济的经验、经济建设的经验是可以也是应该学习的。"不管是白猫黑猫，能捉住老鼠就是好猫"，不论是姓"资"、姓"社"，能够发展生产力就是好的，就应该学过来。邓小平倡导的这一观念的改变是非常重要的改变。由于这一观念的改变，才有改革开放政策的产生。因此，如果没有对外开放政策，就没有境外和海外游客来华旅游，就谈不上旅游业的发展；没有经济体制改革，旅游业就同其他产业一样也不可能有发展。实践证明，改革开放是强国之路、富民之路，旅游业的发展是改革开放的结果，是改革开放政策的重要成果之一。

改革开放后，旅游行业的法制建设也有可喜的进步和成绩。旅游业的发展还要靠法律规章，没有旅游法规的规范、约束，旅游业也不可能规范、健康、有序地发展。如果没有《旅行社管理条例》、《旅行社条例》、《导游人员管理条例》、《中国公民出国旅游管理办法》、《旅馆业治安管理办法》、《旅游安全管理暂行办法》、《风景名胜区条例》、《旅游景区质量等级的划分与评定》、《中华人民共和国文物保护法》、《中华人民共和国外国人入境出境管理法》、《中华人民共和国公民出境入境管理法》、《中华人民共和国消费者权益保护法》、《中华人民共和国合同法》等法律规章对旅游业经营的规范、对旅游者合法权益的保护，就不可能有旅游业的健康、持续发展。

第二，靠旅游资源。旅游资源包括自然风光旅游资源和人文造化旅游资源。

有旅游资源，才会有游客，有游客，旅游业才会有发展，这是旅游业发展的重要基础。我国有丰富的自然风光旅游资源和人文造化旅游资源，这是上天赐予和先民们劳动及智慧创造的遗产，为发展旅游业提供了良好条件。

第三，靠旅游资源的开发利用。有旅游资源，没有去利用，没有组织游客去游览，就不会有效益产生；没有去开发，就不会对游客有吸引力，就不会有可持续发展的效益。如九寨沟，在被发现、利用前，就一直"沉睡"在那里，没有产生旅游的经济效益。生态旅游、休闲度假旅游、民俗风情旅游、展会赛事旅游等，都是对旅游资源的开发利用。

第四，靠人才。旅游管理，旅游业建设、经营，旅游资源的开发，旅游的组织，旅游路线的策划，旅游产品的营销，旅游饭店、旅游景区的建设和管理等，都需要人才。人才需要旅游专业院校的培养。改革开放以来，旅游人才培养也取得很大成绩，这也是旅游业发展的重要保障。

二、旅游业发展的现状

旅游业的发展现状如何，可以用一个成语概括：方兴未艾。旅游业发展到今天，是不是不发展或没有发展了？不是，还在发展，在继续发展。2007 年中国旅游市场在 2006 年的基础上呈现继续增长势头，国内旅游、入境旅游、出境旅游三大市场继续快速发展。中国继续保持世界第四大入境旅游接待国和亚洲第一出境旅游客源地的地位，并朝着成为世界上最大的国内旅游市场的方向发展。[①] 中国 2008 年国内旅游总收入为 8 749.3 亿元，比上年增长 12.6%。[②] 2009 年，国内旅游总收入为 10 183.69 亿元，比上年增长 16.4%。[③] 国家旅游局局长邵琪伟在 2009 年全国旅游工作会议上说，2008 年中国经历了南方低温雨雪冰冻灾害、汶川特大地震两场历史罕见的灾害考验，经受了影响不断蔓延和扩散的国际金融危机的严重冲击，保持了旅游业平稳发展。国家旅游局协同国家发改委落实 10 亿元中央投资的旅游基础设施项目，加大对旅游基础设施、公共服务设施和乡村旅游的投入力度。[④]

据联合国网站 2007 年 6 月 28 日消息，世界旅游组织表示，中国目前是世界第四大旅游目的国，排在法国、西班牙、美国之后。[⑤] 中国已经从一个旅游资源大国发展成为一个世界旅游大国。国家旅游局提出了建设世界旅游强国的战略构想。[⑥]

各地旅游业也都在发展。以厦门为例，厦门市 2007 年入境游人数突破 110 万人次，已超过历史文化名城西安的 100 万人次。2007 年度厦门旅游人数达到 2 000 万人次，实现旅游总收入 280 亿元人民币，主要旅游经济指标继续保持福建省领先地位，在全国重点旅游城市名列前 10 位。[⑦] 2009 年 1 月至 9 月，厦门市共接待国内外旅游者 1 849.6 万人次，实现旅游总收入 224 亿元，分别同比增长 20%和 9.89%，位居全省前列。[⑧] 2010 年厦门市共接待国内外旅游者 3026.09 万人次，同比增长 19.85%。其中，接待入境旅游者 162.82 万人次，同比增长 19.71%；接待国内旅游者 2 863.27 万人次，同比增长 19.86%。实现旅游总收入 383.89 亿元人民币，同比增长 16.89%。其中，国内旅游收入 310.35 亿元人民币，同比增长 15.69%；旅游创汇 10.81 亿美元，同比增长 22.23%。[⑨] 在《厦门市国民经济和社会发展第十二个五年规划纲要》中，把旅游会展列为要继续做强做大的六大支柱产业之一，要建设国际知名旅游目的地，打造海峡西岸文化休闲旅游中心。[⑩] 又如，海南省决定将我国唯一的热带海岛——海南岛建成国际旅游岛，把旅游做大做强。国家

---

① 邹统钎主编：《中国旅游目的地发展年度报告》(2008)，旅游教育出版社 2008 年版，第 1 页。

② 《中国旅游年鉴 2009》，中国旅游出版社 2009 年版，第 71 页。

③ 《中国旅游年鉴 2010》，中国旅游出版社 2010 年版，第 81 页。

④ 《人民政协报》2009 年 1 月 15 日。

⑤ 《厦门日报》2007 年 6 月 30 日。

⑥ 《中国旅游业发展“十一五”规划纲要 · 专题篇》，中国旅游出版社 2008 年版，第 192 页。

⑦ 《厦门日报》2008 年 1 月 10 日。

⑧ 《厦门日报》2009 年 11 月 9 日。

⑨ 《厦门日报》2011 年 1 月 26 日 16 版。

⑩ 《厦门日报》2011 年 3 月 4 日。

旅游局副局长王志发指出，建设海南国际旅游岛对提高我国旅游竞争力，把我国建设成世界旅游强国具有重要战略意义。[①] 2009 年 12 月 31 日，国务院颁布了《关于推进海南国际旅游岛建设发展的若干意见》，标志着海南国际旅游岛建设正式上升为国家战略。

国家旅游局汇编的《中国旅游业发展"十一五"规划纲要·专题篇》中指出："旅游业已成为全球经济最富生命力的新兴产业，是永远的'朝阳产业'。从需求来看，消费永远在变化；从旅游资源的角度来看，随着社会经济文化的发展，旅游资源也在不断拓展和变化，具有无限的成长空间；从发展阶段来看，目前我国旅游业发展还处于初级阶段，处于快速发展的扩张阶段。"[②]《国务院关于加快发展旅游业的意见》中提出："把旅游业培育成国民经济的战略性支柱产业和人民群众更加满意的现代服务业。""力争到 2020 年我国旅游产业规模、质量、效益基本达到世界旅游强国水平。"[③]

在《中华人民共和国国民经济和社会发展第十二个五年规划纲要》中提出："大力发展生活性服务业"，包括"积极发展旅游业"。要"全面发展国内旅游，积极发展入境旅游，有序发展出境旅游。坚持旅游资源保护和开发并重，加强旅游基础设施建设，推进重点旅游区、旅游线路建设。推动旅游业特色化发展和旅游产品多样化发展，全面推动生态旅游，深度开发文化旅游，大力发展红色旅游。完善旅游服务体系，加强行业自律和诚信建设，提高旅游服务质量"。[④] 据报道，预计到 2015 年，国内旅游人数将达 33 亿人次，入境过夜旅游人数达 6 630 万人次，出境旅游人数达 8 375 万人次，旅游总收入达到 2.3 万亿元。国家旅游局局长邵琪伟指出，"十二五"是我国旅游业培育国民经济战略性支柱产业的黄金发展期和建设人民群众更加满意的现代服务业的转型攻坚期，我国旅游业将进一步提升旅游业现代化水平，更加注重提高游客满意度，创新服务方式，形成旅游服务质量持续提升和旅游市场规范有序的长效机制。[⑤]

三、旅游业发展的趋势

旅游业发展的趋势是什么？答案是：文化旅游。这是不争的共识。文化旅游是美国旅游业中增长最快的项目。在佛罗里达州的奥兰多，每年有大约 3 700 万人参观这里的迪斯尼乐园、制片厂和海洋世界。纽约的文化活动产生近 100 亿美元的经济效益。各国去欧洲的旅游者中，65％的人是进行文化旅游。在 20 世纪 70 年代，美国、西欧国家的文化旅游创汇占旅游创汇的比重达 10％左右，并且每年都有明显增长。[⑥] 香港的旅游因为"自由港"名气，有迪斯尼乐园等大型文化设施而大发展；深圳的旅游因"特区"名气和"世界之窗"、"锦绣中华"等文化大手笔项目而大发展。

---

① 《人民政协报》2008 年 10 月 9 日。

② 《中国旅游业发展"十一五"规划纲要·专题篇》，中国旅游出版社 2008 年版，第 24 页。

③ 《中国旅游年鉴 2010》，中国旅游出版社 2010 年版，第 21 页。

④ 《人民政协报》2011 年 3 月 17 日。

⑤ 《人民政协报》2011 年 1 月 27 日 C2 版。

⑥ 张国洪：《中国文化旅游》，南开大学出版社 2001 年版，第 2～3 页。

全国政协委员、国家文物局局长单霁翔认为，推动海南国际旅游岛建设的一个关键问题是突出文化建设，展示文化特色。文化是旅游的灵魂，没有文化的旅游，根基是肤浅的，没有文化的旅游必将失去市场的竞争力和吸引力，难以得到可持续发展。[①]

青岛市政协常委们认为，文化是旅游的灵魂，旅游是文化的载体，旅游与文化的融合是今后旅游产业的发展趋势。青岛市要改变"有景点没文化，有招牌没品牌"的状况，重视挖掘旅游项目的文化内涵，拉长旅游产业链条，推进旅游业的升级转型。[②]

这些都说明，文化旅游受到普遍重视。有人指出，21 世纪的旅游将是一个生态旅游的世纪，也是一个文化旅游的世纪。[③] 我们很赞同这一论断。

根据世界旅游组织的最新研究和预测，生态旅游、探险旅游、沙漠旅游、自驾车旅游、宗教朝圣旅游、民俗旅游、观光农业游、修学旅游、校园旅游、工业旅游及科技旅游等实践性、冒险性、知识性产品将成为旅游者的消费趋势和广泛追求的对象。[④] 中国旅游业发展"十一五"规划纲要中指出旅游业在建设小康社会和构建和谐社会中的十大功能：经济功能，社会功能，文化功能，教育功能，组织功能，生态功能，改革功能，开放功能，增殖功能。其中，文化功能主要体现在六个方面：保护遗产，弘扬传统文化；整合发展成就，彰显时代精神，传播现代文化时尚；提升文明程度，培育文化生活；促进文化交流，推进文化合作；孵化文化产业，构建经营平台；强化文化价值导向，创造世界文化新遗产。随着知识经济全球化的到来，文化产业日益受到重视，旅游业的文化功能在时代背景下不断突显。旅游是文化的载体，文化是旅游的灵魂；文化就是特色，是旅游的核心吸引力的重要来源，也是推动旅游发展的根本动力之一。[⑤]

2010 年 10 月，北京、天津、西安等中国 16 个优秀旅游城市的代表在张家界发布《中国优秀旅游城市文化旅游共同发展张家界宣言》，宣言指出：文化是旅游的灵魂，旅游是文化的重要载体，二者密不可分；绿色、低碳和创意是文化与旅游共同发展和可持续发展的基本要素；民族性和时尚性结合的文化，才是大众最欢迎的文化。基于这样的认识，与会代表共同承诺，把文化与旅游的融合发展作为共同的行动纲领，在经济社会发展中，加强文化与旅游的互动，不断推动文化与旅游的融合发展；适应时代发展，不断丰富文化旅游产品；加强环境与资源保护，制定科学的文化旅游产业发展规划，实现文化旅游可持续发展。[⑥] 茶文化是中华文化的重要组成部分，茶文化旅游是很具特色的文化旅游。茶文化旅游也是对人文造化旅游资源的开发利用，以茶文化作为旅游资源，进行旅游的策划、组织、运作，同样是旅游业发展可以预见的重要发展方向。

---

① 《人民政协报》2008 年 10 月 9 日。

② 《人民政协报》2008 年 7 月 11 日。

③ 张国洪：《中国文化旅游》，南开大学出版社 2001 年版，第 5 页。

④ 《中国旅游业发展"十一五"规划纲要 · 专题篇》，中国旅游出版社 2008 年版，第 23 页。

⑤ 《中国旅游业发展"十一五"规划纲要 · 专题篇》，中国旅游出版社 2008 年版，第 24～27 页。

⑥ 《人民政协报》2010 年 10 月 28 日 C2 版。

第二节 茶和茶文化

有茶，就有茶文化。茶文化成为有特色的旅游资源与旅游结合，成为旅游产品，产生比茶本身更大的经济效益和社会效益。

什么是茶文化？什么是旅游？为什么茶文化能成为旅游资源？茶文化如何与旅游结合？下面就这些问题作论述。

我国是茶的故乡，茶的发源地，是种茶、制茶、饮茶最早的国家。中国是茶的故乡，这在我国是人所共知，毫无疑义的。但是，当代国外有学者提出茶的故乡在印度、在日本等等，所以，有必要加以论证，以正视听。笔者认为，至少有如下七大证据，可以说明中国是茶的故乡。

第一，关于茶的发现传说最早。传说神农氏发现茶。成书于战国时期的《神农本草》记载："神农尝百草"，得茶解毒。唐代陆羽《茶经》载："茶之为饮，发乎神农氏。"这些记载说明，神农最早发现茶。神农即炎帝，司马迁在《史记·五帝本纪》中说："神农氏，姜姓也。"班固在《汉书》中指出：神农因"教民耕农，故号曰神农"。可见神农是确有其人，并非神话中人。神农大约是公元前 2730 年时代的中国祖先，说明公元前两千多年前，距今四千多年前中国祖先已发现茶。世界上还没有见到其他任何国家有如此早发现茶的文献记载。

第二，关于茶的记载文献最早、最多。唐代陆羽撰写的《茶经》是世界上最早问世的一部茶的专著，成书于公元 760 年左右，距今 1240 多年。在陆羽之前，虽然没有茶的专著，但已有不少关于茶的记载。据陆羽《茶经》"七之事"中提及的，就有 40 多种文献有茶的记述，如《神农食经》、周公《尔雅》、《广雅》、《晏子春秋》等。最早的是周朝(西周)文献，已经说到茶了。唐代陆羽之后，茶的研究成果、茶的专著更为可观、丰富。至清代，至少有 100 多种茶书刊行。涉茶的文献就更难计其数了。世界上还有哪个国家有如此众多的茶书、茶文献？回答是：没有！

第三，茶的饮用、种植最早。据《茶经》"六之饮"载："茶之为饮，发乎神农氏，闻于鲁周公，齐有晏婴，汉有扬雄、司马相如，吴有韦曜，晋有刘琨、张载、远祖纳、谢安、左思之徒，皆饮焉。滂时浸俗，盛于国朝，两都并荆渝间，以为比屋之饮。"意思是，茶的饮用，由神农氏发端，闻名于东周的鲁周公，齐国的晏婴，汉代的扬雄、司马相如，三国时期吴国的韦曜，魏晋时期晋朝的刘琨、张载、陆纳、谢安、左思等，都饮茶。至唐朝，饮茶盛行，西安、洛阳两都城及荆州(今江陵)、渝州(今重庆)一带，家家户户都饮茶。据晋人常璩《华阳国志》载，西周时，四川茶已作为贡茶进贡朝廷。湖南长沙马王堆汉墓中发现茶叶；湖北江陵马山发现西汉墓群，在墓的随葬品中也有茶叶。这些都充分说明，中国在远古神农时已饮用茶，周朝时，茶开始成为贡品进贡朝廷享用。唐朝之前的春秋战国时期、汉代、三国、魏晋南北朝时期的名人名士都饮用茶。至唐代，饮茶盛行。没有任何一个国家饮用茶的历史比中国

更早，更悠久。

茶树的种植也是中国最早。西周初年，已有茶树种植记载。据《华阳国志·巴志》载："园有芳蒻、香茗。""香茗"已在人工种植"园"内种植。汉代的人工种茶有更多记载，如宋王象之《舆地纪胜》："西汉有僧从表岭来，以茶实蒙山。"《四川通志》：蒙山茶为"汉代甘露祖师姓吴名理真者手植"。蒙山在四川雅安，白居易有"茶中故旧是蒙山"诗句，蒙山是茶的最早种植地之一。传说吴理真祖师手植 7 株茶，"高不盈尺，不生不灭"。清代辟为"皇茶园"。汉代名道士葛玄在浙江台州天台山种植茶树，被称为"茶之圃"、"葛仙茗圃"。

上述说明，中国饮用茶已有 4000 多年历史，种植茶至少也有 2700 多年历史。

第四，饮茶最普遍。中国人饮茶，不仅历史久远，而且十分普遍。上自宫廷、王公贵族，下至士人、平民百姓，都有饮茶习惯。早在西周时，茶已成为进贡朝廷的贡品。此后，历代帝王都把茶列为重要贡品。饮茶成为民众日常生活中不可缺少的一件事。南宋吴自牧《梦粱录》曰："人家每日不可缺者，柴米油盐酱醋酒茶。"（八件事）元代时略去"酒"成七件事。元代杂剧《玉壶春》、《白茶亭》、《度柳翠》等唱词中，均有"早晨开门七件事，柴米油盐酱醋茶"。这一说法，代代流传至今。

而饮茶在国外，仅仅是近代的事。1657 年，茶开始在英国售卖。1839 年，英国才有首次拍卖茶的记录。16 世纪中叶后，中国茶传到欧洲，获取者把它作标本保存。到 17 世纪才把茶当作饮料。1835 年，中国茶的制法传到印度，1841 年中国茶传到斯里兰卡。日本茶的种植是宋代时，从中国传去。这些，学界都有很多研究成果。

第五，古茶树最多。早在唐代，就有古茶树的记载。陆羽在《茶经》中说：当时的茶树，在"巴山峡川有两人合抱者，伐而掇之"。"巴山峡川"，即今四川一带，"两人合抱"指茶树的树干之粗大。采摘茶叶，需将茶树枝砍下才能采摘，如此粗大的茶树，足以说明其生长年代的久远。直至今天，我国仍有很多古茶树存在，在四川、云南、贵州、陕西、海南岛等地都发现古茶树。据不完全统计，有 200 多处。最古老的茶树树龄有 2500 年以上。

第六，茶树品种最多。据统计，目前我国有茶树品种 600 种以上。制成各种不同品质的茶叶，其品牌种类达上千种。其中，著名品牌的茶品有 300 多种。[①]

第七，茶树 DNA 检测。英国学者郝经生（J. Hutchinson）曾提出茶树是印度原产。中山大学教授、中国茶界著名学者张宏达通过深入云南茶乡考察和研究，发现和确定印度的阿萨姆茶种源于我国云南的普洱茶种。后来人们从茶树的 DNA 测序也证明了这一论点。[②]

以上是七条重要论据，足以说明中国是茶的故乡。对此有疑义的外国学者，不知是否读了《茶经》和中国丰富的茶文献，不知对中国发现茶、制作茶、种植茶、饮用茶、茶贸易的历史了解了多少？最好是将这些情况调查清楚了，再下定论，才能得出科学的、合乎事实的结论。

据《茶经》记载，茶的名称在当时流传的文献中有五种称呼，有称"茶"、"槚"、"蔎"、"茗"、"荈"。陆羽专著的书名称《茶经》，可见，陆羽确认的是"茶"的称呼，这一称呼得到后

---

① 王镇恒、王广智主编：《中国名茶志》，中国农业出版社 2000 年版。

② 《植物学家张宏达：茶的故乡在中国》，载《人民政协报》2010 年 2 月 12 日，C3 版。

人的认同,流传至今。今天,也有把“茗”和“茶”连在一起,合称“茗茶”,有的称“品茶”为“品茗”,说明“茗”的称呼也流传至今。其他称“槚”、“蔎”、“荈”,已基本绝传。

我国茶的种植面积居世界第一。2010 年全国 28 个省(自治区)有 21 个省 900 多个县种植茶树,茶园面积总计 195 万公顷,占全球茶园面积一半左右。

茶叶产量和出口量多。从古代至近代,茶同生丝、瓷器是中国传统的出口特产,在全球具有广泛影响。2009 年,我国绿茶产量和出口量仍然很多,产量约占全球绿茶产量的 83%,出口数额约占全球绿茶总贸易量的 80%,一直居于世界首位。福建省茶业创六项全国第一:茶叶产量占全国 20%,位居全国第一;茶类之齐全为全国第一;乌龙茶产量、产值、出口创汇全国第一;茶叶单产全国第一;国家级、省级茶树品种,无性系茶树良种率全国第一;对台茶业合作与交流全国第一。①

茶文化是人们从事茶树栽培、茶叶采摘、制作、茶叶贸易、茶的煮泡、饮用、品赏及茶事等活动创造的经验,积累的技巧,形成的制度、习俗,产生的知识、方式等,包括物质的和精神的造化和遗传。如总结、传播茶知识及品赏茶的茶文献、茶诗词、茶书画,茶叶生产、贸易的管理,茶政、茶法、茶税、贡茶制度,茶马贸易形式,茶贸易的方式演变,制作茶的工艺,煮泡茶的方式方法,茶具的制作、考究,流传的茶艺、茶道、茶思想、茶仪、茶礼、茶歌、茶舞、茶戏、茶俗、茶故事,茶馆、茶楼、茶肆、茶坊、茶亭、茶店的建筑和经营,茶的历史的展览和宣传及茶会、茶宴、茶王赛、茶叶节、茶文化节、茶祖节、茶业博览会各种茶事活动等,都是茶文化。“围绕茶及利用它的人所产生的一系列物质的、精神的、习俗的、心理的、行为的表现,均应属于茶文化的范畴。”②简言之,茶文化就是有关茶的人文造化及茶事活动。

有茶才有茶文化。可以说,茶文化是伴随着茶的被发现而产生。我国的茶文化同样有悠久的历史和丰富的积淀,是我国传统文化的重要组成部分,需要我们认真加以发掘、研究、发扬和光大。

第三节 旅行和游览

旅游是旅行和游览的结合。要游览就要出行,要离开家门,步行或乘汽车、轮船、火车、飞机或踩自行车等到达目的地游览。这是以游览为目的的旅行。也有非游览目的的旅行,如到异地出席会议、参观学习、探亲访友、经商办事、赴任新职等。这种旅行虽然不以游览为目的,但都可能以游览为附带,附带游览沿途景区或旅行目的地的景区景点。所以,旅行和游览往往是紧密联系的,在旅行中游览,在游览中旅行。

---

① 《人民政协报》2007 年 9 月 5 日。

② 刘勤晋主编:《茶文化学》,中国农业出版社 2007 年版,第 4 页。

旅游企业要有客源，不仅要有以游览为目的的游客，还要吸引旅行者的附带游览，这就需要旅游产品的精心策划和设计。

如旅行者A从厦门乘飞机赴山东东营市出席学术会议，飞机飞抵山东济南后，需转车前往东营。返程时，A决定在济南停留一天，游览济南趵突泉、大明湖等景区，此时，如有旅行社在车站设点，招徕此类旅行者作济南一日游或半日游，将给旅行社增加许多客源。

既有著名旅游景区，又是旅行交通枢纽的城市，这种非游览目的的附带旅游的游客尤其不可忽视。

不管是旅行还是游览，都少不了走路、提行李，喝水不便，吃、住失时，免不了辛苦。游览名山大川、大景区，更是饱了眼福，苦了双脚。所以，在旅游行程中，需要安排歇脚、休闲场所，以调节旅游者的劳累身心。这种歇脚、休闲的场所有多种多样，可以是咖啡店、卡拉OK厅、足浴馆和茶室、茶庄、茶馆等。就我国绝大多数游客的消费心理、风俗习惯来说，茶室、茶庄、茶馆是较受欢迎的歇脚、休闲场所。在这里，既可以饮茗品茶解渴，又可以欣赏茶艺，领会茶道，选购合意的名茶。茶与茶文化在这种情况下实现与旅游的结合。

当然，茶与茶文化场馆不仅可以作为旅游中的歇脚、休闲场所，更可以称为重要的旅游资源。

第四节　茶文化与旅游

茶文化作为人文文化的一部分，是重要的旅游资源。旅游经营者可以将茶文化之旅作为旅游产品推向旅游市场。旅游者可以在茶文化之旅中感受茶文化的高雅魅力和文明亲和力，欣赏茶文化，交流茶文化，弘扬茶文化，得到茶文化素质的提高。

一、茶文化作为旅游资源的必备条件

第一，具有特色的茶乡、茶园。如福建岩茶大红袍、肉桂产地武夷山，铁观音产地安溪、华安，花茶产地福州、广西横县，碧螺春产地江苏苏州太湖洞庭山，白茶产地福鼎，浙江龙井茶的故乡杭州西湖，安徽毛峰茶的产地黄山，红茶产地祁门，四川竹叶青茶的产地峨眉山，江西婺绿产地婺源，云雾茶产地庐山，湖南君山银针产地岳阳，云南普洱茶的故乡普洱等，都是历史悠久的著名特色茶产地，那里的茶乡、茶园具有观赏魅力。

第二，具有接待能力的茶庄、茶馆、茶室、茶店。这些场所要有接待旅游者的必要设施、设备，如供旅游者品茶的桌椅、泡茶的茶具及服务人员，茶艺茶道的展示厅、表演人员等。

第三,茶文化的展馆、展厅等。如茶博物院、茶博物馆。目前,全国最具规模的茶博物院是天福茶博物院。该博物院是集茶业发展史展览、茶艺茶道表演、名茶品尝、销售于一体的游览、参观景区,是4A旅游景区、全国农业旅游示范点,有五大展馆、八大景观。如汉亭、唐山、宋桥、元塘、明湖、清池、兰亭曲水、茗风石刻,设计和布局别具风格。馆内通过丰富的图片、实物,全面系统展示茶业发展史。游客在此还能欣赏到唐、宋等朝代及少数民族和日本、韩国的茶艺茶道表演,品尝、选购天福茗茶和各种风味独特的茶食品。其设施、设备及服务都在较高档次,具有良好的可供旅游的条件。

第四,茶学教育教室、放映室、通俗茶学读本、宣传普及茶学知识材料等。

第五,可参与的茶事活动,如茶业博览会、茶文化节、赏茶会等。2007年11月在泉州市举行的首届海峡两岸茶业博览会,有大陆各省产茶区、台湾茶产区,其他境外地区460多家企业参展,集文化、商贸、旅游为一体,茶业投资和订货合同签约总金额达41.19亿元人民币。① 2008年10月,第五届中国国际茶业博览会在北京举行,参展企业400多家。同时进行一系列茶文化活动,如国际名优茶评选、国际茶叶包装设计大赛、国际茶艺表演大赛等。② 这些茶事活动都产生了很好的经济和社会效益。

第六,所有提供旅游的茶文化场所、活动项目,都必须有良好的道路交通条件、停车条件、安全消防条件、卫生方便条件(如公共厕所、洗手间等)、休闲住宿条件等。

所有这些,都是茶文化作为旅游资源提供旅游者旅游参观的必备条件。这些条件概括起来就是:可看、可览、可赏、可品、可商、可住、可学,安全、卫生、舒适、方便。

二、茶文化旅游产品设计的原则

(一)文化性原则

中华茶文化内涵博大精深。茶文化旅游项目是茶文化内涵的具体展现。茶文化旅游项目要能够充分体现文化性,具备文化旅游项目的内涵。在传统中华茶文化的大前提下,结合本地域的文化特色树立本地特色茶产业的地域化特色。灵活进行本土化设计,使茶文化与区域特色文化相融合,焕发文化亮点,实现茶文化与旅游的完美结合。

(二)品牌化原则

在经济不发达的区域打造品牌要充分发挥地方政府、行业协会的作用,注重茶产区茶叶品牌建设,建设和谐健康的品牌成长环境,加强行业监管,严格保证茶叶质量,有效打造各类茶叶品牌。树立名茶品牌,同时树立具有地域特色的茶文化品牌,使之发挥更好的经济效益。在品牌建设中促进旅游,在旅游中宣传品牌,提升品牌的影响力。

(三)系统性原则

茶文化具有内容的多样性和表现形式的层次性、特殊性。在设计茶文化旅游项目时

① 《人民政协报》2007年11月28日。

② 《人民政协报》2008年10月14日。

要体现系统性的原则，拓展文化内涵，延续文化链条，使茶文化能够全方位地在旅游产品中体现。

（四）体验性原则

现代社会已经进入了体验环境、体验生活的时代，旅游是最好的体验环境、体验生活的形式之一。因此，那种走马观花、蜻蜓点水般的旅游已经越来越没有市场。注重游客的体验是设计茶文化旅游产品的重要原则之一。使旅游者在旅游中充分体验茶文化，品味茶文化。

（五）艺术性原则

遵循艺术性原则，才能使旅游者在参与和观看具有地方特色的茶艺展示活动中，得到艺术欣赏和愉悦。在具体操作过程中，要注意茶艺表演亲切自然又具有较高的艺术特色。要深入梳理具有地方特色的茶道理念和茶艺流程，使游客达到真正的精神满足和心情愉悦。

（六）趣味性原则

在茶文化旅游产品设计中，针对茶文化的丰富内涵和外延，设计出具有趣味性的茶文化旅游项目。如通过茶文化旅游项目中的对联、茶园游戏、品茶猜谜、猜茶名及各种有茶文化内容的团队小游戏等，来丰富茶文化旅游的趣味性、生动性，增加吸引力。

第五节　学习茶文化旅游设计的意义

为什么要开设茶文化旅游设计课程，学习茶文化旅游设计有何意义？

茶文化旅游设计课程的开设是根据旅游管理专业建设的需要和旅游行业发展趋势而开设的。专业建设包括师资队伍建设、教学计划、课程建设、教材建设和教学方法改革等。课程建设是专业建设的一项重要内涵。开设什么课程，开设哪些课程，关系学生学什么，学习哪些专业知识，适用不适用，这是提高教学质量的核心。正如前面所述及，当前旅游业发展趋势是文化旅游，文化旅游已普遍受到各省、各地区领导和行业的重视，并在大力推行。作为旅游管理技能型的高级专门人才，不能不具备文化旅游的知识。茶文化旅游作为文化旅游的重要组成部分，我们培养的人才必须要有这方面的素养，所以，必须开设茶文化旅游设计课程。

学习茶文化旅游设计，有如下四方面重要意义：

第一，适应文化旅游的社会需求。随着我国社会经济的快速发展，公众生活水平的提高，人们对文化生活，包括文化旅游的需求越来越提高，越来越普遍。如人们在欣赏自然美景的同时，希望知道蕴藏在自然美景中的传说故事，当地的风土人情、民间信仰、民风民俗。看到成片的茶园，希望知道这片茶园的来历，茶的特色，茶叶如何制作，为什么会成为名茶；希望能看到名茶的冲泡技巧，品尝到名茶的滋味等。我国茶产区分布辽阔，饮茶普遍，茶文化"根深叶茂"，受到国内外旅游者的广泛喜爱。因此，文化旅游，包括茶文化旅游，具有良好的社会需求市场。学习茶文化旅游设计，可以获取茶文化旅游知识，掌握茶文化旅游设计技能，更好地去策划、开发茶文化旅游线路，设计出受欢迎的茶文化旅游项目和产品，以适应日益增长的社会需求。

第二，适应旅游业发展的需要。文化旅游已成为当代旅游业发展的新亮点，茶文化旅游是文化旅游这一亮点中的亮点。在中国开展茶文化旅游具有独特的优势。而要开展茶文化旅游，推进旅游业进一步发展，要有适应这一需要的人才作支撑。所以，要在人才培养中开设茶文化旅游相关课程，学习茶文化旅游设计相关知识，掌握茶文化旅游设计相关技能，以适应旅游业发展的需要。

第三，适应职业需求。因为有文化旅游的社会需求，有旅游业发展对熟悉、掌握茶文化旅游业务人才的需要，所以，具有熟悉、掌握茶文化旅游业务才能的人才将受到旅游经营企业或管理单位的更多欢迎；具有茶文化旅游设计技能的人才，对口职业的就业机会将更多，就业将更有优势。

第四，增长知识，提升素养的需要。学习茶文化旅游设计，使学生在具有旅游管理专业知识和旅游服务基本技能外，增加茶文化旅游方面的知识和技能，提升茶文化素养和专业素养，更好为旅游服务，为社会服务。

总之，学习茶文化旅游设计，可以适应社会需求和旅游业发展需要，培养具有旅游管理专业知识和茶文化旅游设计素养的高级技能型专门人才，适应职业需求，增加就业优势，更好地为旅游业发展、为社会经济发展作贡献。

练习题

1. 简要阐述我国旅游业发展前景和依靠。
2. 简要论述旅游业发展的趋势。
3. 举例说明中国是茶的故乡。
4. 什么是茶文化？有哪些内涵？
5. 举例说明茶文化与旅游的结合点。
6. 说说你所见到、所了解到的茶文化。
7. 结合实际，谈谈学习茶文化旅游的重要意义。
8. 联系本章内容，说说阅读下面材料的感想。

阅读材料

1. 2011 年春节 66 万内地游客访港创历史新高①

香港旅游发展局主席田北俊 9 日表示，今年春节黄金周期间内地访港游客数字创历史新高，7 天内共录得 662 928 人次，较去年同期增加 15.7%，其中 2 月 7 日更创下内地访港游客人次单日最高纪录，达到 117 879 人次。

田北俊说，2 月 2 日至 8 日，大部分内地游客以"个人游"方式访港，占总数的 67%，其中 20%左右为"一签多行"签注访港的深圳居民；参加旅行团来港的内地游客为 96 282 人次，占 15%。

田北俊说，《福布斯》最近将香港农历新年列为全球十大节日活动之一，旅发局将把握机会继续宣传香港，巩固香港的旅游形象。

2. 澳门 2011 年春节出入境人数达 240 万人次②

澳门特区政府治安警察局 2 月 9 日公布的数据显示，兔年春节黄金周(2 月 2 日至 8 日)，澳门各口岸的出入境总人数约 240 万人次。其中，入境旅客为 80.5 万人次，较去年同期增加 8.5%。

数字显示，经陆路出入澳门的旅客总数达 165 万人次，其中关闸口岸占 93%；经外港、氹仔临时客运码头及内港 14 号码头出入境者达 67.2 万人次。

3. 海旅会全面回顾 2010 年两岸旅游交流十件大事③

自 2008 年 7 月启动大陆居民赴台游以来，两岸旅游业发展呈现蓬勃的生机与活力。日前，海峡两岸旅游交流协会(海旅会)全面回顾了 2010 年两岸双向旅游交流活动情况，并在此基础上发布了 2010 年两岸旅游交流十件大事：

一、5 月初，台湾海峡两岸观光旅游协会北京办事处、海峡两岸旅游交流协会台北办事处先后成立。

二、增加内蒙古等 6 省区为第三批赴台游开发区域，实现大陆 31 省(区、市)全面开放。

三、大陆居民全年赴台旅游人数突破百万大关，达到 122.81 万人次，同比增长 102.6%；台湾同胞来大陆旅游人数突破五百万人次，达到 514 万人次，同比增长 14.6%。

四、5 月 7 日，海旅会邵琪伟会长在台宣布，条件成熟时，选择适当城市实施大陆居民赴台"个人游"试点。

五、8 月 13 日至 16 日，第五届海峡两岸台北旅展在台北举办，首次实现独立办展，"展销合一"新模式成效显著。

六、8 月 14 日，海峡两岸旅游交流圆桌会议首次在台湾举行，务实推动两岸旅游产业化合作。

---

① 《人民政协报》2011 年 2 月 10 日。

② 《人民政协报》2011 年 2 月 10 日。

③ 金程:《人民政协报》2011 年 2 月 19 日。

七、各地赴台旅游交流团组突破一百批次，达到110批次，同比增长139%，团组规模大、层级高、影响广泛。

八、9月8日起，允许在厦门暂住半年以上的非福建省居民在当地办理赴台旅游手续，稳步推进海西对台旅游政策先行先试。

九、大陆居民全年经福建沿海与金门马祖地区赴台旅游人数达到15.9万人次，同步增长62.4%。

十、3月2日至3日，第十三届海峡两岸旅行业联谊会在贵州隆重举行，来自两岸旅游业界的900余人参加，规模空前。

4.“游中华　品文化　2011中华文化游”1月1日启动①

记者日前从国家旅游局获悉，为推动国内旅游市场进一步繁荣，提升旅游市场发展品质，2011年将成为“中华文化游”主题旅游年。2011年，全国旅游行业将围绕这个主题，整合各方面资源，在海内外广泛开展各项主题年宣传推广活动，大力宣传我国深厚的文化底蕴和文化遗产等旅游资源，积极招徕更多海外游客到中国旅游，感受博大中华文化；并积极鼓励广大民众参与国内旅游，传承和保护中华文化。

1月1日，“2011中华文化游”主题旅游年启动仪式在贵州贵阳、江苏苏州、福建武夷山、山东曲阜、河南登封等五地同时举行。各地均根据自身特色举办了相应的展演活动，吸引了众多海外以及国内游客的关注，将启动仪式推向高潮。

据了解，目前，中国有世界文化遗产40处，国家级非物质文化遗产657个，国家重点文物保护单位2 351个，历史文化名城109座，历史名镇名村251个。56个民族绚丽多彩的民族文化，为我国旅游业发展奠定了深厚的文化基础。

5. 福建省文化旅游业三年规划出炉　将构建闽南文化旅游区等八大片区②

本报福州讯（驻榕记者 张小燕）　福建省将构建文化旅游八大片区，首推厦、漳、泉闽南文化片区。昨日，省政府办公厅向全省转发省旅游局制定的《福建省文化旅游业2010—2012年发展规划》。三年后，全省以文化旅游为主要特色的国家A级旅游景区达到50个，其中4A级和5A级旅游景区达到20个。

《规划》确定，我省将整合全省特色文化资源，以建设闽南文化旅游区、客家文化旅游区、红色文化旅游区、闽都文化旅游区、妈祖文化旅游区、福建土楼旅游区、畲族文化旅游区和朱子文化旅游区为重点，打造一批主题突出、特色鲜明的文化旅游区域。

其中，首推闽南文化旅游区——涵盖厦门、泉州、漳州市，凸显建筑、音乐、宗教、民俗、商贸及现代都市等文化要素，不断提升鼓浪屿国家5A级旅游区、胡里山炮台旅游区、集美陈嘉庚纪念园等项目。

6. 中国16旅游城市携手发宣言促文化旅游共同发展③

首届中国国际文化旅游节日前在世界自然遗产地湖南张家界举行，来自北京、天津、西安等中国16个优秀旅游城市的代表聚首此间，携手发布《中国优秀旅游城市文化旅游共同发展张家界宣言》，共谋未来发展。

---

① 周丽燕：《人民政协报》2011年1月6日。

② 《厦门日报》2010年6月27日。

③ 傅煜、鲁毅、周音：《人民政协报》2010年10月28日。

据悉，这是中国首份旅游城市文化与旅游融合发展的共同宣言。文化是旅游的灵魂，旅游是文化的重要载体，二者密不可分；绿色、低碳和创意是文化与旅游共同发展和可持续发展的基本要素；民族性和时尚性结合的文化，才是大众最欢迎的文化。基于这样的认识，与会代表共同承诺，把文化与旅游的融合发展作为共同的行动纲领，在经济社会发展中，加强文化与旅游的互动，不断推动文化与旅游的融合发展；适应时代发展，不断丰富文化旅游产品；加强环境与资源保护，制定科学的文化旅游产业发展规划，实现文化旅游可持续发展。

代表们一致呼吁，全社会应共同关心文化旅游的发展，为其提供更多支持；加强中国旅游城市之间，中国旅游城市与国际旅游城市之间文化旅游的交流与合作；增强中国旅游城市的文化内涵，在建筑、景区开发等方面，更加关注自然生态的保护和各具特色的文化气质的彰显，努力提升中国旅游城市的文化品质和价值。

与会专家表示，《宣言》的发布将使中国文化与旅游产业的融合发展打上更鲜明的时代烙印，具有更加丰富的合作内容，走上制度化、经常化的发展轨道，区域合作前景将更为广泛。

7. 专家学者："中国旅游日"应成为国民的旅游节日①

经国务院批准同意，自 2011 年起，每年的 5 月 19 日为"中国旅游日"。业界专家表示，设立"中国旅游日"，将更多唤起国民的旅游意识，这一节日应成为国民的旅游节日。

"行、住、吃、娱、购、游，旅游的这'六要素'还不够，还应该加一个'学'字。中国旅游日创设的最大意义在于唤起、倡导健康、文明的旅游文化和旅游产业。"国务院参事、十届全国政协常委任玉岭如是说。2010 年全国"两会"期间，全国政协常委、复旦大学教授葛剑雄和全国政协委员、宁波市副市长成岳冲分别提交了相关提案，建议我国和世界接轨，设立中国旅游日。令委员们欣喜万分的是，该建议得到了国务院的积极回应。

国家旅游局副局长祝善忠说，设立"中国旅游日"工作从 2009 年 12 月 4 日正式启动以来，经历了征集方案、组织论证和提请审议 3 个阶段。其间国家旅游局共收到 2010 年全国人大代表、政协委员的建议和提案 11 份；各级党政机关和个人来函 150 份；通过新浪网公开征集的有效选票 91.8 万张。国家旅游局多次召开专家咨询会，听取了文化、体育、民俗、旅游、休闲等方面专家的意见。听取了国家发展改革委、国家民委、教育部、文化部、体育总局等 5 部门及全国总工会的意见。国务院法制办收到相关材料后，又征求了 17 个部委和 6 个地方政府的意见，2011 年 4 月 10 日，国务院以国函[2011]42 号文正式批复，同意自 2011 年起，每年的 5 月 19 日(《徐霞客游记》开篇日)为"中国旅游日"。

对于设立"中国旅游日"的意义，中国旅游研究院院长戴斌接受记者采访时说："设立'中国旅游日'，更多的是唤起国民的旅游意识，保障国民的旅游权利，鼓励国民广泛参与旅游活动，实现'更多国民参与，更高品质分享'。通过设立'中国旅游日'，营造轻松的旅游氛围，倡导'旅游是一种生活方式'的理念，让更多的人走出家门去旅游。"

专家认为，政府管理部门和旅游产业要为旅游者创造更好的休闲环境，提供更优质的休闲服务。吴承忠举例说，可以借"中国旅游日"设定之机进行休假制度的重大改革；探索分行业错峰年休假制度的可行性，保障国民的带薪年休假权利；加强对旅游者"科学旅游、

① 周丽燕：《人民政协报》2011 年 4 月 21 日 C2 版。

文明旅游、快乐休闲"的教育和引导，并提供相应条件；注重旅游产业和旅游事业的平衡，经济性和公益性的平衡，提升旅游和休闲服务质量，重视旅游产业发展中的文化性。

"'中国旅游日'的价值取向应以游客为本，给百姓多一些旅游服务和实惠，推动我国旅游产业多一些发展。"戴斌建议，在"中国旅游日"这一天，景区、博物馆等公共旅游资源要向社会公众出游提供优惠措施，比如对特定目标人群如老年人、青少年实行优惠；多开展旅游普及活动，旅游管理部门、旅行社、业界专家学者积极行动起来，给公众普及旅游知识，解决游客旅游时产生的维权纠纷等。

第二章

茶学教育与旅游

本章学习重点提示

1. 了解茶学教育的内涵和历史
2. 认识茶学教育与旅游的关系
3. 认识茶学教育与旅游相结合必须具备的条件
4. 掌握茶学教育旅游设计技能

旅游既是调节身心的活动，又是接触自然、欣赏自然美景及体验社会、观赏人文造化、接受人文教育的活动。茶学教育既是一种职业教育，又是一种重要的人文教育，也是茶文化的重要内涵，可以营造成旅游的人文资源。这是值得重视、有待开发利用的重要旅游资源。要把旅游引入茶学教育中，在旅游活动中开展茶学教育，使茶学教育和旅游相得益彰，互为依存，双赢发展。

第一节　旅游需要茶学教育

我国有悠久的旅游历史。古人的旅游都是“自助”旅游，有旅行中的游览，如皇帝出行，官员赴任游，士子赴京科考游，衣锦还乡游，政要巡视游，钦差办事游，省亲游，经商游；有专程的游览，如游学，知交好友游，节日游春、郊游，“游山玩水”等各种形式的旅游。帝王、官员、文人墨客在旅游中咏诗作赋、泼墨作画、挥毫题字，更使游览增添文雅和乐趣，积淀了浓厚的旅游文化。

考察古代的旅游，游山玩水总是与咏诗作画、品茗题字、拜师访友、探讨学问等紧密结合在一起。祖国的名山大川都留下了古帝王、先贤、名人、文士、墨客的足迹和墨宝，这是中国式的旅游文化，是国学的重要内涵之一。我们要弘扬这种优秀的旅游文化传统，建设当代中国特色的旅游文化。

旅游要有文化，没有文化的旅游是没有活力、没有魅力的。茶学教育可以营造成旅游文化，使旅游活动内容更丰富，提高旅游的品位和价值，增强旅游的魅力。

茶学教育是关于茶树的栽培、茶叶的采摘、加工、茶叶的冲泡、品尝、质量的检测、品种的鉴别、茶叶营销、综合利用、茶具制作、考究、茶和茶业的历史、茶文化的发展演变等有关知识的教育。旅游者在旅途品茶中，在进行茶乡、茶文化之旅中，必然有了解、获取茶知识的愿望，这就需要旅游经营者适时提供这方面的知识教育活动，以满足旅游者的需求。使旅游者在旅游中学习，在学习中旅游，也称"修学旅游"。

第二节　茶学教育提供旅游资源

我国种茶、饮茶、研究茶都有悠久历史，有陆羽《茶经》、蔡襄《茶录》等著名茶文献典籍，为茶学教育奠定厚实基础。茶是国饮，茶学成为重要的国学之一。

茶学教育有授徒式的技艺教学，有系统的学科理论知识教育。古代的茶学教育即是授徒式的技艺教学。

我国系统的学科理论知识茶教育起源于晚清。清光绪二十五年(1899 年)，湖北省开办的农务学堂，内设"茶务"课，这是最早的茶学教育记载。[①] 宣统元年(1909 年)，湖北创办的茶业示范场，附设茶业讲习所；同年，四川峨嵋县开办蚕桑、茶业传习所。[②]

宣统元年十二月十三日(1909 年 1 月 23 日)，清朝商务部具奏，请于产茶各省"筹设茶务讲习所，俾种茶、施肥、采摘、烘焙、装潢诸法熟闻习见，精益求精，务使山户廛商胥获其利，人力机器各洽其宜"。[③] 产茶各省实施的有宣统二年(1910 年)，四川灌县开办茶务讲习所，后迁成都，改为省立高等茶叶学校。宣统三年 (1911 年)，江苏设立南京茶务讲习所，专收茶商子弟及与茶商有关系地方之学生，延聘专门教师，编辑讲义，悉心教授。[④] 此举因清朝被推翻而中断。

民国时期，茶学教育有进一步发展。1917 年，湖南省建设厅在长沙岳麓山设立省立茶叶讲习所。1918 年，安徽省实业厅在休宁县屯溪镇创办安徽省第一茶务讲习所。1923 年，云南设立茶务讲习所。至 20 世纪 30 年代，茶学教育由中等教育向高等教育发展。1930 年，广州中山大学农学院成立茶蔗部，成为高校中最早设立的茶学学科教育。此后，复旦大学设立茶叶组和茶叶专修科，浙江英士大学农学院设立茶丝棉专修科，都很有影响。

---

① 刘祖生、赵东：《中国高等茶学教育体系的创建、发展及有关问题的探讨》，载刘勤晋主编：《2007 茶学教育国际论坛论文集》，国际华文出版社 2007 年版。

② 刘祖生、赵东：《中国高等茶学教育体系的创建、发展及有关问题的探讨》，载刘勤晋主编：《2007 茶学教育国际论坛论文集》，国际华文出版社 2007 年版。

③ 朱有瓛主编：《中国近代学制史料》第二辑下册，华东师范大学出版社 1989 年版，第 22 页。

④ 朱有瓛主编：《中国近代学制史料》第二辑下册，华东师范大学出版社 1989 年版，第 194 页。

新中国成立后，特别是改革开放以来，茶学高等教育更是有长足发展。目前，全国高校中设有茶学专业或茶文化专业的有10多所。如浙江大学、西南大学、安徽农业大学、福建农林大学、湖南农业大学、四川农业大学、华南农业大学等。2007年创办的漳州天福茶职业技术学院，是第一所茶学教育专门高校。该校由全球最大茶业集团天福集团总裁、世界茶王李瑞河出资2.5亿元创办，占地1 270亩，校舍16万平方米，设有茶业生产加工技术、食品加工技术、茶文化、市场开发与营销、旅游管理5个系10个专业，首任校长为西南大学茶学专家、博士生导师刘勤晋教授，现任校长为浙江大学茶学专家周巨根教授，名誉校长为中国工程院陈宗懋院士。

天福集团李瑞河总裁指出："21世纪是中国人的世纪，也必将是中国茶的世纪。"茶学教育随着茶业的发展而发展，随着社会的需求而发展。社会不仅需求茶学人才，也需求茶学知识。所以，茶学教育成为旅游资源是适应这一社会需求的结果。

茶学教育包括茶学专业人才培养的专业教育和茶学相关技能、基本知识的普及教育和宣传教育，能为旅游提供资源的主要是茶学普及教育和宣传教育。

茶学普及教育和宣传教育主要通过短期学习、座谈、讲座、培训及参观茶博物馆、展览馆、茶厂、茶园、茶庄，欣赏茶艺、茶道表演，观看茶学教育影视，阅读茶学普及读物等进行。这些普及教育和宣传教育环节都可以为旅游提供资源，使游客在旅游中接受茶学教育，既有享受旅游的放松，又有获得茶学知识的充实。

第三节　茶学教育旅游实例

一、茶学教育与旅游相结合的必备条件

（一）专业人员、专业知识的结合

要把茶学教育引入旅游活动，首先要有旅游专业人员、专业知识与茶学专业人员、专业知识的结合。换句话说，旅游专业人员要有茶学专业基本知识，茶学专业人员要有旅游专业基本知识。

天福茶学院旅游管理系是培养旅游管理的专门人才，为了做好与茶学教育的结合，该系在课程设置中安排了"茶学应用知识"、"中国茶史"、"茶文化"、"茶文化旅游"、"茶艺服务技巧"、"茶与健康"、"茶业实践"等多门与茶学有关的课程，目的就是要使该系培养出来的旅游管理人才不仅具有旅游管理专业知识，同时具有茶学专业基本知识，便于在开发茶学教育这方面旅游资源中发挥才干。茶学专业的人才培养中也可以考虑开设旅游管理专业的基础课程。总之，要有茶学教育与旅游结合的观念，才能作出有远见的科学的策划和统筹安排。

(二)硬件设施和软件建设

要把茶学教育引入旅游,要有相应的硬件设施,如观光茶园、茶庄、茶博物院、茶博物馆、展览馆、茶艺、茶道表演厅室、茶产品展销厅、茶宾馆、饭店等。还要有相应的软件建设,如茶学教育教师、茶学教育光盘、教材、普及读物、普及宣传材料等。天福茶学院是茶学人才荟萃的院校之一,可以组织专家、学者制作茶学教育光盘,编写茶学教育教材、茶学普及读物及宣传材料。天福集团旗下的天福茶厂、观光茶园、茶庄、茶博物馆、茶产品展销厅、天鹅湖温泉宾馆、天福服务区石雕园、宾馆、台湾美食城、茶庄等,为茶学教育旅游奠定了很好的基础,创造了很好的硬件设施条件,这里可以作为茶学教育旅游中心,向全省、全国延伸,合理布点,形成茶学教育旅游网络。

二、茶学教育旅游实例

(一)要做好旅游线路筹划

在旅游线路上,可以将茶学教育旅游与山水自然景观旅游、茶乡生态旅游结合起来安排。茶学教育旅游+自然景观、人文景观旅游+茶乡生态旅游。例如:

1. 漳厦三日游

在漳浦茶学院茶学教育旅游中心组团或在厦门组团。在漳浦茶学教育中心组团的,先在茶学教育中心观看茶学教育光盘,参观茶博物馆、观光茶园、天福茶厂、天福茶学院,在茶庄品茗,观看茶艺、茶道表演,参观茶产品展销,下榻中心天鹅湖温泉宾馆。第二天下午四点赴厦门用晚餐,下榻厦门某家宾馆。第三天游览厦门南普陀、鼓浪屿、环岛路,在厦门茶庄品茗、参观茶产品展销。下午五点半返回漳浦,在天福服务区餐厅举行茶宴,品尝茶菜肴。结束游览。

如果在厦门组团的,第一天游览厦门,当天下午五点半赴漳浦,在天福服务区餐厅享用茶宴,品尝茶菜肴。晚上下榻中心天鹅湖温泉宾馆。第二天、第三天在茶学教育中心开展茶学教育旅游活动。第三天下午四点返回厦门,游览结束。

2. 漳厦、黄山五日游

黄山游 2 天,漳厦游 3 天。可以在厦门组团或在漳浦组团。漳厦、武夷山五日游也如此。

3."茶乡、茶学、茶文化之旅"(七日游)

第一天,武夷山机场接团,入住下榻宾馆,游览附近景点。

第二天,观赏武夷山大红袍茶树和茶园,游九曲。

第三天,武夷山乘飞机赴厦门,汽车接赴安溪茶乡,入住饭店。

第四天,在安溪作茶乡生态游览,茶园观光,茶厂参观,乘汽车赴天福服务区石雕园,下榻石雕园宾馆。

第五天,上午游览石雕园,茶庄品茗,台湾美食城尝美食。下午汽车赴天福茶学院,入住天鹅湖温泉宾馆,参观茶学院、茶厂、茶具厂。晚上茶庄品茗,听茶学知识报告,进行茶学知识座谈。

第六天，参观天福茶博物院，听取茶学知识、茶业史迹、茶文化讲解和参观，观赏茶艺茶道表演，茶庄品茗。宿天鹅湖温泉宾馆。

第七天，汽车赴厦门，游览厦门鼓浪屿、南普陀、环岛路，下榻厦门某宾馆。

第八天，结束游览，离开厦门。

4. 接日本旅游团“茶乡、茶学、茶文化之旅”(七日游)

第一天(周二)，日本东京上午9:30起飞(航班每周二、五、日)，中午12:35抵厦门高崎国际机场，在厦门机场接团，乘汽车赴天福服务区石雕园，在茶庄品茶，台湾美食城尝美食，下榻石雕园宾馆。

第二天，上午游览石雕园，11:00乘汽车赴天福茶学院，入住天鹅湖温泉宾馆。下午参观茶学院、茶厂、茶具厂，在茶庄品茗、座谈。

第三天，参观天福茶博物院，听取茶学知识、茶业史迹、茶文化讲解，观赏茶艺茶道表演，茶庄品茗。宿天鹅湖温泉宾馆。

第四天，上午乘汽车赴华安，参观华安茶园、茶厂及华安土楼二宜楼。下午4:00乘车赴厦门，下榻厦门某宾馆。

第五天，游览厦门鼓浪屿、南普陀。下午5:30乘飞机赴武夷山，入住武夷山宾馆。

第六天，在武夷山游览，观赏大红袍茶树和茶园，游九曲。19:10飞机返厦门，入住厦门某宾馆。

第七天(周一)，上午游览厦门环岛路，看金门。中午12:30乘飞机赴日本大阪。结束游览。

(二)组织办班式的茶学教育旅游

可以在端午节、“十一”、中秋节等旅游黄金周、寒暑假或平时不定期举办茶学教育旅游班(旅游团)，在茶学教育中心接受茶学教育和茶艺茶道培训，参观游览著名产茶区，如安溪、武夷山、鼓山、云南、四川、浙江、安徽等产茶区，根据学员要求，安排具体的茶乡生态游游览路线。每一期时间一周或10天，或二周。这种形式可以使游客既能增长知识，学到茶艺茶道的基本技能，又能领略产茶区风光、民俗，饱览山川美景。

(三)举办面向中学生的茶学教育夏令营

夏令营开设茶学讲座，进行泡茶学习训练，参观游览茶博物院、茶厂等。还可以安排学生到茶园采茶，自己动手制茶，提高中学生对茶、茶文化的认识和劳动素养。

(四)品茶论道旅游

常年组织或接待品茶论道旅游团。参团者可以在茶学教育中心接受茶学教育和参观游览，并品尝天下名茶、时鲜好茶，交流茶学心得和人文学术心得。以茶会友，品茗舒心，咏诗作赋，挥毫题字、泼墨作画，留下旅游墨迹。

(五)举办茶事活动

如举办茶产品、茶具、茶学普及读物展销会，茶文化节，茶学论坛等，在茶事活动中安排茶学教育，在旅游、品茗中展销茶产品、茶具和茶学普及读物、茶文化纪念品，使旅游者在精神上、物质上都有所收获,加深印象。

(六)可持续发展

诚信、规范,实事求是,热情、周到、和谐、安全,是茶学教育旅游可持续发展的根本保障,没有这16字,茶学教育旅游就不可能持续健康发展。

总之,茶学教育在旅游中具有重要地位和作用,要重视这一旅游资源的开发和利用。我们完全可以在旅游中进行茶学教育,以茶学教育吸引旅游,促进旅游,提升旅游品位,使茶学教育和旅游双赢发展。

练习题

1. 阐明茶学教育的内涵和来历。
2. 举例说明茶学教育与旅游的关系。
3. 茶学教育旅游要具备哪些条件?
4. 根据本地的实际情况,设计一条茶学教育旅游线路和旅游项目。

阅读材料

1. 宣统元年十二月十三日(1910年1月23日)商部具奏请就产茶省分设立茶务讲习所折①

奏为华茶销场日减,请就产茶省分设立茶务讲习所,以资整顿而挽利源,恭折仰祈圣鉴事。窃臣部于本年二月间具奏分年筹备事宜单开:第二年应设茶务讲习所等语,当经宪政编查馆核定复奏在案。臣等伏维中外互市以来,所恃以颉颃洋货补塞漏卮者,蚕丝而外,茶称大宗。嗣以印度锡兰等处多方讲求选种培莳,利日以夺,业遂渐衰。推原其故,皆由印锡用机器制造,中国则用人工;印锡地气温暖,终年皆产茶之时,中国则一岁产茶不过数月,气候使然,势难定论。他如采摘之品未经拣齐,研卷之法未能致密,以及掺杂作伪之弊间亦难免。然犹不至十分损失者,其原质之色香味究非印锡等茶所可望也。诚能并力以经营,自可及时而补救。是以臣部迭饬考察各国商务随员,调查进口茶数价值,分别立表;并令将各国行销华茶茶样送部,分给赣、皖、闽、粤、湘、鄂、川、浙等省,悉心考验,逐渐改良,冀保固有之利源,兼为扩充之地步。茶日本东京及横滨等埠设有中央会议所、联合会议所、茶业组合所、检查制茶所,急起直追,不遗余力。中国上海、汉口虽均设有茶业公

---

① 《商务官报》1910年第1期《公牍》,载朱有瓛主编:《中国近代学制史料》第二辑下册,华东师范大学出版社1989年版,第21～22页。

所，江西义宁州地方近亦设有茶业改良公司，而联结之力未充，研究之方未备，仍非治本探源之计。亟宜于产茶各省筹设茶务讲习所，俾种茶、施肥、采摘、烘焙、装潢诸法熟闻习见，精益求精，务使山户廛商胥获其利，人力机器各洽其宜。如蒙俞允，即由臣部通行产茶省分各督抚臣一律迅饬与办，并将入手办法厘定章程，送部备核。仍由臣部随时考察，俟办有成效，再由臣部照章给奖，以示鼓励而劝将来。所有华茶销场日减，请就产茶省分设立茶务讲习所缘由，理合恭折具陈，伏乞皇上圣鉴训示。谨奏。

2. 宣统三年(1911年)《教育杂志》记南京茶务讲习所①

江督以皖赣等省产茶最多，向运宁沪出洋销售。宁恒为南洋适中之地，拟设茶务讲习所，专收茶商子弟及与茶商有关系地方之学生，延聘专门教育，编辑讲义，悉心教授。学科计分二级，先习普通科一年，再入本科二年，所收学生，以120名为限。额定宁苏30名，皖赣各30名。其余省份30名。所有开办暨常年经费，均由皖南茶税局拨支。又以学生毕业，非优予奖励，不足以鼓其响学之心，查农工商部奏定官缺，原有艺师艺士等职，均以得有专门科毕业文凭者分别委用。此项讲习所系属茶务专门，将来毕业试验，拟请考列最优等者奖以一等艺师，以备派赴外国商场经理茶叶之选；考列优等者奖以二等艺师，以备经理内地新茶制造之选；考列中等者奖以一二等艺士，以备派充产茶州县，周巡讲授之选。

3. 宣统三年(1911年)《教育杂志》记徽州农业学堂②

徽郡山田绵茶，实业急待振兴，旧岁茶董洪廷俊，倡议捐资设立农业学堂，又有茶董吴永杨，助洋万余元，建立校舍。于去年三月招生开学。……彼时以实业萌芽，仅设初等农业学堂，招本预科生60余人。今年茶商复众力鼓吹，拓开农业中学堂，招本科合格生30余人，预科合格生30余人，并添聘专科教员数人云。

4. 驻华使节体验采茶制茶乐趣③

2010年4月17日上午，春风和煦，阳光明媚，鸟语花香，山明水秀，参加“2010安徽·石台茶叶节”的30多个驻华使节及夫人兴致勃勃地来到石台牯牛降生态茶园里。郁郁葱葱、嫩芽初上的茶地里，只见一个个头戴草帽、手提竹篮的男男女女，来往穿梭于棵棵绿树之间，肤色各异的脸庞、五颜六色的服饰与穿着当地服装的农村采茶姑娘交织在一起，成为远离尘嚣的山谷间一道独特的风景。他们为石台独有的原生态山水和原始丰富的地域人文所折服，一个个竖起大拇指，深深沉醉在中国古老的茶文化之中。各国驻华大使纷纷表示，中国人民历来就有“客来敬茶”的习惯，今日能走进茶园，亲自领略采茶、制茶、品茶的过程，将成为他们一生中最美好的记忆，虽然时间短暂，但淳朴、善良的石台人民给他们留下了深刻的印象。他们用西式的中文说，绿色石台茶、生态养生地，不虚此行，不虚此行！

---

① 《教育杂志》1911年第三期《记事》，载朱有瓛主编：《中国近代学制史料》第二辑下册，华东师范大学出版社1989年版，第194～195页。

② 《教育杂志》1911年第三期，第24页，载朱有瓛主编：《中国近代学制史料》第二辑下册，华东师范大学出版社1989年版，第200页。

③ 丁长杰、汪皖平：《中华合作时报·茶周刊》2010年5月18日B2版。

5. 500 名俄罗斯青少年老舍茶馆体验中国文化[①]

2010 年 8 月 2 日、3 日，来自俄罗斯 26 个联邦主体的 500 名俄罗斯中小学生分两批来到老舍茶馆体验北京传统文化，观赏文艺演出。古色古香的环境，典雅大气的建筑，精致考究的配饰……老舍茶馆浓郁的文化气息深深地吸引着学生们的目光。他们兴奋地交谈着，不断举起手中的相机拍照留念。

参观过后，学生们一边品尝中国传统名茶和宫廷细点，一边观赏精彩的演出。茶艺、口技、魔术、含灯大鼓、变脸、杂技和功夫等表演让孩子们拍手叫绝，沉醉于中国文化的独特魅力之中。

据活动组织方介绍，2008 年俄罗斯梅德韦杰夫总统曾邀请中国四川地震灾区 1 000 名小朋友到俄罗斯疗养休假。作为回应，胡锦涛主席去年邀请 1 000 名俄罗斯中小学生到中国参加夏令营。经中俄双方商定，今明两年每年将有 500 名俄罗斯青少年到中国参观访问。今年首次来访的第一批 500 名俄罗斯青少年，年龄在 12～17 岁之间。他们从 7 月 31 日开始，在北京、青岛和大连三地进行为期十天的夏令营活动。

6. 吉林：首家茶文化产业基地启幕[②]

2010 年 12 月 18 日，吉林省首家茶文化产业基地在长春市朝阳区拉开帷幕，规划面积一万余平方米的茶文化产业园区，将促进吉林省茶文化和茶产业的快速发展。

在吉林省长春市朝阳区文化产业示范区的吉福国际茶城内，前来参观的市民其乐融融：现场烧制景德镇瓷器，国家二级评茶师点评茶叶品级，茶艺、茶具欣赏……

笔者从朝阳区政府了解到，该示范园区以茶文化为产业基础，容纳了全国各地 120 余家商户，将作为吉林省首席茶文化交流基地，将茶文化产业发展到更广泛的文化领域，使吉林省的茶文化向国际化发展，并带动吉林省长春市朝阳区的其他文化产业快速提升。

今后，吉林省长春市朝阳区将着重打造好淘宝商城吉林馆，建设好长影文化主题广场，加快文化创意产业快速发展。

7.“发展中国家无公害茶叶生产技术培训班”在天福茶学院举办

“发展中国家无公害茶叶生产技术培训班”是由中国商务部主办，漳州天福茶职业技术学院承办并负责实施的，是面向发展中国家的对外援助项目。迄今为止，已举办了两期。

围绕培训班的主题，设置了以下相关的主要专题课程：无公害茶叶基地建设、无公害茶园的栽培管理技术、无公害茶叶病虫害防治、茶叶生化品质与审评、茶叶保鲜与绿色包装、中国茶业行业结构分析、六大茶类的审评、食品安全与质量管理、茶叶的污染与防治、绿色食品产地的选择与环境质量评价等。同时，为了加深学员对理论知识的理解，我校还安排了包括泡茶技艺、茶叶加工和茶类审评在内的一系列实训课程，并精心设计和安排了茶文化及茶业发展现状的外出考察活动。

以下是两期培训班的具体介绍：

1. 2009 年“发展中国家无公害茶叶生产技术培训班”举办于 2009 年 7 月 13 日—8 月 30 日，共有来自亚洲与非洲地区 15 个发展中国家的 28 名学员参加培训。包括：阿富

---

① 《中华合作时报·茶周刊》2010 年 8 月 31 日 B5 版。

② 李珉琦：《中华合作时报·茶周刊》2010 年 12 月 21 日 B4 版。

汗 2 人、埃及 2 人、格鲁吉亚 2 人、肯尼亚 2 人、蒙古 2 人、缅甸 2 人、尼泊尔 1 人、尼日利亚 2 人、菲律宾 2 人、巴基斯坦 2 人、卢旺达 2 人、泰国 1 人、乌干达 2 人、越南 2 人、津巴布韦 2 人。

在培训期间，为提高学习效果，强化理论与实践的结合，我校经过精心策划安排了多次外出的茶产业和茶文化考察活动：

2009 年 7 月 18 日上午，学员考察了天福茶学院实训基地的茶食品厂、乌龙茶厂、花茶厂和茶具厂，当天下午参观天福茶博物院；7 月 19 日组织学员参观华安天福茶厂、世界文化遗产——福建土楼及无公害茶叶示范基地；7 月 31 日参观安溪天福茶厂、中国茶都及无公害茶园；8 月 2 日受漳浦县外经贸局邀请，组织学员在漳浦进行经贸考察。

2009 年 8 月 17—23 日，我校组织学员对浙江省茶业发展状况进行了为期一周的考察。此行，学员们参观了中国茶叶博物院、新昌大佛、新昌中国茶市以及新昌茶叶良种场，游览了杭州西湖。我们还应邀参观了衢州上洋机械有限公司、浙江天赐生态科技有限公司、浙江千岛银针农业开发有限公司，听取了建德市人民政府徐健华副市长以及新昌县人民政府柴理明副县长的茶业发展报告，并分别与他们进行了经贸洽谈。

2. 2010 年"发展中国家无公害茶叶生产技术培训班"举办于 2010 年 10 月 15 日—12 月 9 日，共有来自亚洲与非洲地区 13 个发展中国家的 25 名学员参加培训。包括：布隆迪 2 人、加纳 2 人、马拉维 2 人、肯尼亚 2 人、马里 2 人、缅甸 2 人、尼泊尔 2 人、尼日利亚 2 人、巴基斯坦 2 人、卢旺达 2 人、毛里求斯 1 人、乌干达 2 人、津巴布韦 2 人。

在培训期间，秉承强化理论与实践的结合，我校同样精心安排了多次外出的茶产业和茶文化考察活动：

2010 年 10 月 16 日下午组织学员到天福茶博物院参加曲水流觞活动；10 月 22 日上午参观天福"唐山过台湾"石雕园，下午参观天福茶博物院；11 月 5 日参观天福校办茶厂、食品厂、茶具厂；11 月 6 日出发去华安县，主要参观了华安日进茶厂有机茶园示范基地、华安无公害有机茶园、华安土楼群、华安玉雕刻艺术馆，并观看了华安天福茶艺表演；11 月 16 日组织学员到安溪考察，参观了中国茶都茶文化博览馆、安溪天福茶文化展示馆、安溪天福茶厂；11 月 18 日受漳浦县外经贸局邀请，组织学员在漳浦进行经贸考察，出席第二届海峡两岸现代农业博览会、参观台湾农民创业园、参观漳浦水土保持科教园。

2010 年 11 月 21—25 日，我校组织学员对潮州、龙岩、南靖茶业发展状况进行了为期五天的考察。此行，学员们参观了潮州市的饶平茶区、中国瓷都博物馆、明清古城文化旅游区、太平路牌坊古街；还特别参观了潮州宋种凤凰单枞栽培区，龙岩市的连城冠豸山、石门湖、龙崆洞，南靖田螺坑土楼群、云水谣景区。（孙晟）

第三章

茶乡生态旅游

本章学习重点提示

1. 了解我国的主要茶乡
2. 了解茶乡生态概念
3. 掌握茶乡生态旅游必须具备的条件
4. 掌握茶乡生态旅游的项目

生态旅游是我国旅游业发展的新亮点。茶乡生态旅游是生态旅游的重要内涵。可作为旅游资源开发利用的生态多种多样，茶乡生态是我国具有悠久历史的生态之一，具有民族性、传承性、丰富性、广泛性、特色性。茶乡生态的状况如何，与旅游如何结合，本章就此进行考察，论述和设计。

第一节　茶乡概述

中国不仅是茶的故乡，而且是产茶大国，据 2010 年统计，有茶园面积 195 万公顷，居世界之首位。全国有 21 个省(市、区)、900 多个县、市产茶。

茶乡大多在山区。“高山出名茶”，山区气温、湿度、空气、土壤等较适合茶的生长。我国的名山大川如武夷山、黄山、庐山、峨嵋山等，都是著名产茶区。

唐代陆羽所著《茶经》中记载了当时的产茶区有山南、淮南、浙西、剑南、浙东、黔中、江西、岭南八个片区。[①] 具体产地如下：

山南有：峡州(今湖北宜宾市)，襄州(今湖北襄樊市)，荆州(今湖北江陵县)，衡州(今湖南衡阳)，金州(今陕西安康)，梁州(今陕西汉中)。

淮南有：光州(今河南潢川、光山县一带)，义阳郡(今河南信阳)，舒州(今安徽安庆一

---

① 陆羽：《茶经》，中国市场出版社 2006 年版。

带），寿州（今安徽寿县），蕲州（今湖北蕲春一带），黄州（今湖北黄冈一带）。

浙西有：湖州（今浙江吴兴一带），常州（江苏常州），宣州（今安徽宣城、当涂一带），杭州（今杭州、余杭一带），睦州（浙江建德、桐庐、淳安一带），歙州（今安徽歙县、祁门一带），润州（今江苏镇江、丹阳一带），苏州（苏州、吴县一带）。

剑南有：彭州（今四川彭县），绵州（今四川绵阳、安县一带），蜀州（今四川崇庆、灌县一带），邛州（四川邛崃、大邑一带），雅州（今四川雅安一带），泸州（今四川泸州市泸县一带），眉州（今四川眉山、洪雅一带），汉州（今四川广汉、德阳一带）。

浙东有：越州（今浙江绍兴、嵊县），明州（今浙江宁波、奉化一带），婺州（今浙江金华、兰溪一带），台州（浙江临海、天台一带）。

黔中有：思州（贵州沿河一带），播州（今遵义），费州（今贵州思南、德江一带），夷州（贵州风冈、绥阳一带）。

江西有：鄂州（今武昌、黄石），袁州（今江西吉安、宁冈一带），吉州。

岭南有：福州（今福州、莆田一带），建州（福建建阳一带），韶州（今广东韶关、仁化一带），象州（今广西象州县）。

以上是陆羽《茶经》中记载的茶乡，是当时有名的产茶区，包括湖北、湖南、四川、陕西、河南、安徽、浙江、江苏、福建、江西、贵州、广东、广西等。这些产茶区至今仍然是著名的茶乡、茶产地。

今天茶产地有很大扩展。东至台湾地区、山东省，南至海南岛，西北至云南、甘肃、西藏等，都有产茶。一省之中，茶产地也大大发展，有些或许是陆羽当时还没有发现。如福建除了福州、闽北建阳、崇安、武夷山产茶外，还有闽南安溪、华安、漳浦，闽东宁德、福安、福鼎，闽西漳平、龙岩、三明等，都有产茶。

台湾全岛由北至南，由西至东都有茶区分布，主要的茶区分布在台北、新竹、苗栗、台中、南投、云林、嘉义、高雄、台东、花莲及宜兰。[①]

经过长期的经营、改良，许多产茶地、茶乡形成了具有独特品格、风味的茶树品种和茶产品，成为名茶。如闽北的武夷岩茶、大红袍，闽南安溪的铁观音，福鼎、政和的白茶，福州的花茶，永春的佛手茶，台湾的东方美人膨风茶，南投的冻顶乌龙茶，文山包种茶，广东英德及海南岛等地的大叶种红茶，罗定市的天子茶，杭州西湖的龙井茶，浙江云和县的惠明茶，乐清的雁荡毛峰茶，开代县的龙顶茶，普陀山的佛茶，江苏宜兴的阳羡茶，太湖洞庭山的碧螺春，南京的雨花茶，安徽六安的六安瓜片茶，太平县的太平猴魁茶，宣州的敬亭绦雪茶，黄山毛峰茶，江西庐山的云雾茶、婺源的婺绿、珍眉茶，湖南洞庭湖的君山银针茶，沅陵县的辰州碣滩茶，高桥银峰茶，湖北恩施玉露茶，宜昌的虎狮茶，西陵峡的仙人掌茶，四川的竹叶青、峨嵋绿，雅安县的蒙顶茶，大邑县的鹤鸣仙茶，邛崃的花秋贡茶，重庆万盛的景星碧绿茶，贵州都匀的毛尖茶，云南的普洱茶，河南信阳的毛尖茶，陕西西乡县的子午仙毫茶，山东崂山的石竹茶，安徽祁门的“祁红”，湖北的“宜红”，江西“宁红”，浙江绍兴的“越红”等，都是扬名中外的名茶。

这些名茶产地的茶乡，就是极佳的茶乡生态旅游资源。

历史上曾享有盛誉的一些名茶茶乡还有待于进一步开发。如闽北的建茶，古称“建州

① 阮逸明编著：《台湾乌龙茶》，上海文化出版社 2008 年版，第 104～118 页。

之茶”。“宋时，建州之茶名天下，以建安北苑为第一，而今武夷贵矣。”[①]北苑茶，其中最有名的是宋代蔡襄监制的贡茶“小龙团茶”，“极精妙”，以其独特的制法而成为比黄金还珍贵的贡茶，成为“上品龙茶”。“龙团风饼，名冠天下。”[②]该茶产地在建宁吉苑里凤凰山。“建茶名品甚多，如蔡君谟《茶谱》、黄文英《品茶要录》及《北苑茶录》等所载，今人鲜知者矣。”[③]这些茶品茶乡还有待进一步开发利用。

据《闽书·方域志》“建宁府”记载：凤凰山，“北苑茶焙在其麓。……北苑者，其地宜茶，凡三十里。唐邑人张廷晖居之。廷晖仕为闽閤门使。龙启中，悉以输官，由是有北苑之名。其茶最嘉者曰社前，次曰火前，又次曰雨前。火前，谓寒食前。雨前，谓谷雨也。凤凰山旁曰壑源山，曰沙溪，皆产茶之地。”宋时，这一茶乡茶叶的生产加工规模非常可观：有“官焙三十有二，小焙十有四。内园三十六所，外园三十八。内园以上供，外园以备赐予，而壑源为冠。”当时，茶区还设有“漕司行衙，及茶堂星辉馆，又有仓储”。还建有“御泉亭”。“御泉一名凤凰泉，一名龙焙泉，宋上供茶取此，深仅二尺许，有暗渠通溪，泉日夜从渠出，而旧志谓喊之则出，造毕则竭，盖神异其说，以表茶美矣。”丁谓时，造建“茶堂”，堂前引三泉为池，曰“龙凤池”。池中为岛，曰“红云岛，满植海棠、榉柳，每旭日东升，晴光掩映，浮动如红云然”。可见，这里产的名茶不仅值得研究、恢复，这里的茶文化遗迹十分丰富，也很值得开发利用，是难得的旅游资源。

第二节　茶乡生态与旅游

一、茶乡和茶乡生态

茶乡是指产茶的乡村、地区。

生态是指人和生物及其所处环境的自然状态。

茶乡生态就是产茶乡村、地区茶农和茶树、茶园、茶树的栽培、茶叶的采摘、加工制作，茶农的风俗习惯，茶园、茶乡风貌等的自然状态。

茶乡生态与旅游能否结合？如何结合？如何将茶乡生态作为旅游资源，加以开发利用？这是很值得探讨的，是茶文化旅游的重要组成部分。

这里首先涉及生态旅游问题。

关于生态旅游的定义，有各种说法。较早的一种说法是1987年，国际自然保护联盟

① 何乔远编撰：《闽书》，福建人民出版社1995年版，第4450页。

② 宋徽宗赵佶：《大观茶论》，见《中国古代茶叶全书》，浙江摄影出版社1999年版，第89页。

③ 施鸿保：《闽杂记》，载《闽小记·闽杂记》，福建人民出版社1985年版，第152页。

特别顾问、墨西哥专家谢贝洛斯·拉斯卡瑞(Ceballos Lascurain)在《生态旅游之未来》一文中指出:“生态旅游就是前往相对没有被干扰或污染的自然区域,专门为了学习、研究、欣赏这些地方的景色和野生动植物及存在的文化表现(现在和过去)的旅游。”①

国内学者卢云亭(1996 年)认为,以生态学原则为指导,以生态环境和自然环境为取向所开展的一种既能获得社会经济效益,又能促进生态环境保护的边缘性生态工程和旅游活动。②

王兴斌(1997 年)认为,以自然生态和社会生态为主要旅游吸引物,以观赏和感受生态环境、普及生态意识和知识、维护生态平衡为目的的一种新型旅游产品。狭义的生态旅游是指具有较高文化素养、对生态学知识有强烈的兴趣或较多的了解,为考察、探索生态环境保护而进行的一种专项旅游,这是一种艰苦型甚至冒险型的旅游活动,目前尚属于非大众化的旅游;广义的生态旅游,是指在良好的生态环境中游览、观赏、休闲、度假,在此过程中愉悦身心、益智健脑、增加生态及相关知识,这是一种大众化的生态旅游。

李俊清、石金莲(2007 年)认为,生态旅游是以生态学原则为指导,以自然区域和一些文化地域为旅游对象,旅游者在欣赏自然景观和了解生态现象的同时,受到环境教育,以保护自然和人文旅游环境为宗旨,并能使当地居民受益的一种可持续的旅游。③

上述定义都有一定道理,但不是很简洁明了。我们认为,所谓生态旅游就是以人和生物及其所处环境的自然状态为旅游资源的游览、参观和体验活动。

有各种生态,如森林生态、湿地生态、草原生态、荒漠生态、乡村生态、山地生态、海洋生态、文化生态等。茶乡生态是以茶为特色的一种生态。

二、生态旅游产品的标准

2000 年 11 月 17 日至 19 日,联合国环境署(UNEP)、世界自然基金会(WWF)、国际标准化组织(ISO)、绿色环球 21 组织(Green Globe 21)、国际生态旅游协会(TIES)共同讨论制定了《莫霍克协定》。这是国际组织认定的生态旅游原则性指导文件。文件中提出了鉴别生态旅游产品的标准,有如下几方面:

——生态旅游的核心是让游客通过亲身体验大自然,更好地了解和赞美大自然。

——生态旅游通过解说系统让人们认知自然环境、当地社会和文化。

——生态旅游应该对自然保护和生物多样性保护做出有益和积极的贡献。

——生态旅游应该有利于当地社区的经济、社会和文化发展。

——生态旅游应该尽量鼓励社区参与。

——生态旅游在提供食宿、组织旅游以及设计景点方面都应该适度。

——生态旅游应该尽量减少对当地(乡土)文化的影响。④

① 张建萍主编:《生态旅游》,中国旅游出版社 2008 年版,第 15 页。

② 李俊清、石金莲编著:《生态旅游资源》,中国林业出版社 2007 年版,第 16 页。

③ 李俊清、石金莲编著:《生态旅游资源》,中国林业出版社 2007 年版,第 16 页。

④ 张建萍主编:《生态旅游》,中国旅游出版社 2008 年版,第 18 页。

以上标准的主要内容精神是旅游者通过生态旅游，亲身体验大自然生态，更好地了解、认知大自然，认知自然环境、当地社会和文化，从而更好地保护大自然，保护生态环境、文化环境，组织生态旅游要适度，要以不影响、不破坏生态为准则。

三、茶乡生态旅游必须具备的条件

同其他生态一样，茶乡生态也可以成为旅游资源。

茶乡生态作为旅游资源，提供旅游者游览、参观，至少必须具备如下条件：

1. 产茶的乡村、地区，有成片的茶园、茶树。
2. 产茶的历史悠久，有地方特色的茶树品种，有特色茶。
3. 茶乡风貌独特，山清水秀，有观赏点。
4. 有方便、安全的交通道路、步行道路、食宿设备。
5. 有地方特色的茶叶生产方式及茶风茶俗等。

总之，作为生态旅游资源，不仅要有看点、欣赏处、可体验内容，对旅游者有吸引力，还要有接待能力，具备必需的接待条件。

观光茶园与一般茶叶生产园既有相同之处，又有明显的区别。观光茶园是供旅游者观光游览、休闲度假的茶园，应有风景可观，有茶可品，有茶的纪念品可购。因此，既要考虑茶叶生产的要求，又要考虑观光休闲度假的要求；既要符合茶树栽培治理要求，又要符合园林的美学要求。要做到茶树树冠造型、建筑物设计、结构与环境协调一致，加强艺术性，增强观赏价值。

日本有名的冈山后乐园茶园是日本的三大茶园之一，园内茶树修剪成浪状，与濑户内海的景观十分协调，每年吸引了无数游客，大大促进了茶叶消费，弘扬了日本茶道。在惜土如金的新加坡，也十分重视开辟观光旅游茶园，那里的年收益超百万美元，取得了可观的经济效益。因此，有条件的茶乡，要规划、建设观光茶园，既保护生态环境，又提升观赏价值和经济效益。

第三节　茶乡生态旅游项目设计

(一)看茶树

到了茶乡，就要观赏茶园茶树。看茶树的特色，分辨茶树的品种，看茶园景观、风貌，了解茶农如何植茶，如何施肥、剪枝，什么时候采摘茶叶，如何采摘茶叶。什么是无公害茶园 、绿色生态茶园、有机茶园。如果附近有野生茶树，游客必定有兴趣察看野生茶树，比较野生茶树与茶农种植的茶树的区别。现已发现的野生茶树，如云南勐海县大黑山密林

中，有一株茶树高 32.12 米，树围 2.9 米，树龄 1700 多年；云南省澜沧县原始森林中，有一株茶树高 21.6 米，树围 1.9 米；陕西汉中有 600 多年前的"茶树王"；李瑞河总裁认养的云南"茶树王"等，据不完全统计，南方各省发现有近 200 处野生大茶树。这些都是旅游者很有兴趣观赏的。同时，茶树优良品种的繁殖、栽培，也是旅游者想知道的。

(二)摘茶叶

旅游者体验茶乡传统的茶叶采摘方法，背着茶篓，穿行在绿油油的茶树中，享受茶农丰收的喜悦和旅游者茶园休闲的乐趣。

(三)制茶叶

旅游者体验茶农传统的茶叶制作方法，参观制茶作坊，并在制茶作坊中将采摘的茶叶萎凋、揉青，烘焙等，探究鲜茶叶如何变成可冲泡的熟茶叶的过程。

(四)品赏茶

在茶农房屋的厅堂、庭院，冲泡旅游者亲身制作的茶叶，品尝茶汤，别有一番情趣。

再品品茶农制作的地方特色茶，品尝不同手艺制作的不同茶的品质。

这时，也是展示茶乡传统茶俗的好时机，旅游者齐集一堂，欣赏茶乡传统的泡茶、饮茶习俗，倾听茶农关于茶俗的民间故事。

(五)销售茶

经品茶之后，旅游者会挑选自己口感满意的地方特色茶，购买带回去，让旅游者在精神上、物质上都有"不虚此行"之感。

(六)吃农家餐

在茶乡农舍用农家餐，体验农家生活。

(七)过农家夜

在茶乡农舍下榻过夜，听取"蛙声一片"，领略乡村夜晚的宁静、奇特，呼吸乡村早晨的清新空气。

以上设计，提供旅游的茶乡要有相应的规划、妥善的安排。如设立茶乡生态旅游接待中心，安排游览路线、体验项目，安排食宿、导览和讲解等。

在生态环境保护上，旅游经营者要采取绿色旅游，如开通电瓶车服务，让旅游者进入茶乡；在茶乡提倡步行；限制每天到茶乡旅游的旅游者数量；倡导旅游者文明旅游，不采野生植物，不随地丢弃废纸杂物等。

既要考虑茶乡的经济效益，又要重视茶乡生态保护、环境和地域文化保护，才能有利茶乡生态旅游的可持续发展。

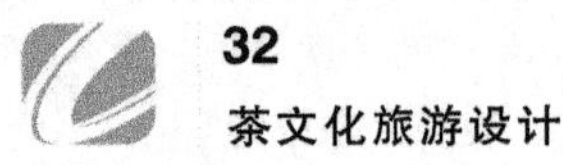

练习题

1. 我国有哪些主要茶乡?
2. 何谓茶乡生态旅游?
3. 说明茶乡生态旅游必须具备的条件。
4. 茶乡生态旅游项目有哪些? 你认为还有什么项目可以补充?
5. 试设计一条有本地茶乡特色的茶乡生态旅游线路。

阅读材料

1. 歙县:茶山风景这边独好——“2010中国黄山歙县原生态茶叶开园节”隆重举行①

2010年3月28日,安徽歙县璜田乡的六联村茶山上,彩旗飞舞,新茶吐绿。当地乡亲们笑逐颜开,盼望已久的春茶开采日终于来到。

上午10点,由歙县人民政府主办,县农业委、县科技局和璜田乡人民政府共同承办的“2010中国黄山歙县原生态茶叶开园节”,在此山脚下拉开了帷幕。在吴俏副县长和安徽省茶叶行业协会李念华会长致辞后,采茶能手比赛、名优茶机展示与制茶演示、名优茶品茗等精彩项目纷纷推出。

伴着微微的春风,乡亲们扶老携幼,欢聚山下,相互庆贺。数名身着红衫、斜挎茶篓的姑娘爬上高山,轻盈地穿梭于茶树间,飞快地采下第一茬嫩芽。黄山茶校茶艺表演队现场冲泡香茗,为大家带来歙县开春的第一缕茶香。

具有深厚文化底蕴的歙县,位于安徽省南部,北倚世界著名风景区黄山,是国家历史文化名城,是徽文化的主要发祥地和集中展示地,徽墨歙砚举世闻名。这里山水秀丽,森林覆盖率达78%,大气和水均为国家一级、一类标准。独特的生态环境,宜人的气候条件孕育了黄山毛峰、黄山贡菊、三潭枇杷等一系列特色农产品。

歙县产茶始于唐宋,兴于明清。如今是全国茶叶生产大县,也是全国最大的原生态茶叶生产基地之一,2005年可采茶园面积居全国市县之冠。近年来,歙县更把发展茶叶产业作为增加农民收入、繁荣农村经济、建设生态文明的重要工作,大力推进茶叶产业化。通过大力实施“生态茶园建设、茶叶品质提升、龙头企业培养、产品宣传推介”四大工程,茶业经济呈现出健康、快速发展的良好势头,先后荣获“全国名优茶之乡”、“全国绿色食品原料(茶叶)标准化生产基地县”等称号。2009年茶园总面积达26.7万亩,全县茶叶产量7 600吨,产值2.9亿元,出口创汇1 000万美元。汪满田牌黄山毛峰获中国名牌农产品称号,甘白香牌黄山白茶获2009年中茶杯特等金奖,洪立安牌顶谷大方,芽典绿茶、芽典贡菊获省(市)知名品牌。汪满田公司、黄山茶业集团、牡丹茶厂等获省(市)龙头企业。茶叶

① 张永立:《中华合作时报·茶周刊》2010年4月13日。

产业已成为歙县建设生态文明的绿色产业，成为广大茶农增收的富民产业。

本开园节以“走茶乡，品茶趣，兴茶业”为主题，黄山市副市长舒志民、安徽农业大学副校长夏涛等有关领导和嘉宾，以及新华社、中央电视台等多家媒体记者，与当地村民共同置身于原生态大氧吧，现场分享了丰富的茶文化大餐。

当日下午，嘉宾和记者来到蔚为壮观的璜田乡蜈蚣岭茶园采风。这一由1 000多亩梯田连成的茶园直入云端，是蜈蚣岭人1964年学大寨凭着一副铁肩一双铁手经历10年垒砌而成的。多年来，在村民们的不断整砌和修缮下，由过去“地不成片、茶不成园”状况改变面貌，成为浑然一体、全国独有的人工高山石砌梯形茶园。

2. 山东浮来青生态旅游区通过专家评审①

2011年3月26日，山东省莒县人民政府在浮来青生态旅游度假区主持召开《浮来青生态旅游度假区控制性详细规划》专家评审会议。来自国家旅游局、山东省旅游局、日照市旅游局、中国海洋大学、山东师范大学等单位的7名专家学者组成的评审委员会在实地考察、认真审阅规划文本和图件、听取规划编制组报告的基础上，一致认为，山东省浮来青生态旅游度假区规划坚持以市场为导向，注重旅游产品建设，提出了旅游产品开发的总体思路，构建了浮来青生态旅游度假区旅游整体形象以及市场促销体系。

山东浮来青茶业有限公司前身是山东浮来青茶厂，是在山东南茶北引的唯一茶叶研究机构——临沂地区茶叶实验研究站的基础上组建的。现自有生态茶园984亩，全部实行封闭式管理，是一家集科研、生产、栽培、加工、销售、示范、生态观光旅游、餐饮服务于一体的日照市茶叶行业龙头企业，是农业部茶叶质量监督检验测试中心定点企业，日照市农业产业化重点龙头企业，全国茶叶行业百强企业。

山东浮来青茶业公司投资的浮来青生态旅游度假区建立在远离公路、远离村庄、周边没有其他任何污染的马坡岭上，其所在位置的土壤、水质、空气符合高标准要求，以临沂地区茶叶研究站为基础建立的封闭式茶园，2～3亩为一单元，单元之间用8米侧柏绿化带做间隔区，办公区被四周松柏茶树环绕，树木覆盖率达96%，茶园大井及微喷灌溉，保证了茶树供水，形成了独特的茶园小气候。经国内茶学界专家、学者评审论证达到国内同类地区领先水平，被山东省人民政府确定为山东省北方茶叶高科技示范园，被国家质检总局评定为国家级茶叶标准化示范区，2008年获得全国农业旅游示范点。2010年被国家茶叶产业体系授予国家级茶叶生态示范茶园。

浮来青生态旅游度假区以“莒风流韵、浮来茗香”为主题定位，以茶文化、莒文化、民俗文化为依托，打造融观光、休闲、娱乐、度假、养生等为一体的旅游精品。浮来青生态旅游度假区项目共分三期：从2006年开始，一期工程已经完成并开始接待游客，全部工程将于2016年完成。

3. 15日，一起到安溪茶园探春去②

本报携手厦门报业旅行社征集茶友，报名截至14日。

又是一年芳草绿，又是一季桃花红。阳春三月正是万物生机勃发的季节。得天地之独厚，吸日月之精华的茶乡更是目力所及，层山叠翠；鼻息之间，暗香浮动。

---

① 大漠：《中华合作时报·茶周刊》2011年3月29日B1版。

② 《厦门日报》2008年3月7日。

即日起，本报携手厦门报业旅行社特发出征集，邀请所有爱茶、爱自然的朋友3月15日到乌龙茶GAP示范基地——位于安溪芦田的八马茶叶基地参观游览。整个行程为期一天，主要内容包括：领略茶乡风光，做客茶园，听种茶人讲述茶树的种植、呵护，观摩茶叶的粗加工，体验茶农的生活；走进现代化茶叶加工厂，参观流水线作业，了解茶叶的整个生产、制作过程。参与互动的游客，还有精美的礼品等着您来拿！

温馨提醒

报名时间：3月7日—3月14日

报名电话：2663120，2663128

报名地址：深田路旧报社大门左侧店面

费用：68元/人（提供车辆、午餐）

（名额有限，先报先得）

4. 明天到茶乡植茶去①

您想在千米海拔的茶山上尽情畅游吗？您想亲手将透着新绿的茶树植入云雾缭绕的茶园吗？您想零距离地感受茶艺小姐别具一格的风采吗？明天，安溪龙涓华祥苑铁观音有机种植基地，我们和您相约。

厦门日报社发起的“首届厦门人喜爱的十大茶叶品牌评选”活动正进行得如火如荼，它不仅增进了市民对茶叶企业的了解，还直接导致了人们感受茶文化热潮的兴起和茶乡探春旅游的升温。厦门旅游集团的一位工作人员预测，茶乡所具有的独特的自然景观和人文气息会越来越吸引市民的目光，茶乡游也将成为未来相当一段时间内厦门旅游业的一大热点。

春天，是出门踏青的时节，茶乡的一草一木，都勾勒着春天的色彩。报业旅行社说，市民对茶园探春游的热情让他们惊讶——上周的活动由于报名人数大大超出预期，他们不得不采取了限制报名的措施。据介绍，这两天依旧有“意犹未尽”的读者向报业旅行社打听：下周是否还会组织类似的活动？答案是否定的。但是有一个好消息是，明天的“华祥苑——安溪龙涓探春”活动仍有部分剩余名额，感兴趣的市民今天还可报名。

报名电话：2663120，2663128

报名费用：88元（含车费、午餐费）

报名地点：深田路报业旅行社。

报名截止时间：21日

值得一提的是，参加明天活动的市民还可以得到精美的小礼品。

5. 中国茶圣节开幕②

2010年4月23日，第九届中国茶圣节开幕式将在余杭区径山镇双溪漂流景区进行。

自2002年以来，余杭区每年举办中国茶圣节，至今已成功举办了八届。中国茶圣节以其独特的魅力每年都吸引成千上万的佛茶爱好者和中外游客参加，逐渐成为余杭规模最大、影响最广的旅游节庆活动之一。

记者从余杭区风景旅游局了解到，本届茶圣节内容丰富，活动时间为4月23日—5

---

① 《厦门日报》2008年3月21日。

② 王西：《中华合作时报·茶周刊》2010年4月27日B3版。

月23日。茶圣节期间有径山禅茶会、径山庙会、茶文化天天演、登径山品香茗、余杭区径山镇径山村与台湾嘉义县梅山乡太兴村互结友好村互动、百丈镇釜托寺禅茶供奉法会暨挖笋月、广福寺禅茶法会等活动。此外，本届茶圣节还与世博对接，4月23日、4月24日分别举行聚焦世博会、漫步美丽洲——茶文化体验活动和迎世博盛会、游茶乡余杭——第九届中国茶圣节自行车径山茶乡游活动。

6. 山水茶的完美融合——武夷山九曲巡礼掠影①

在第四届海峡两岸茶业博览会暨武夷山茶节期间，在中国最美丽的溪流——武夷山九曲溪上，融山水茶为一体的九曲巡礼震撼上演，巡礼活动以茶文化为主题，历史文化作为背景，通过起伏跌宕的表演，演绎自然与文化。形式新颖、内容独特的民俗大戏配以美轮美奂的山水实景，令人耳目一新。

活动当天下午，近百条竹筏整整齐齐等候在武夷山九曲溪上，嘉宾和乘客乘上竹筏品茗论茶，沿九曲十八弯徐徐而下，沿途9.3千米的两岸风光与精彩节目尽收眼底，令人咋舌称奇……神农氏赐福祝嘉宾、山间铃响再现茶马古道、众乡民挑青送茶忙、小夫妻恩爱溪畔开茶铺、俏茶姑茶山采茶欢、众茶农"茗战"庆丰收、禅茶一味诸高僧洒净、山水间"大红袍"闪亮现身、茶灶台朱夫子煮茶论经、御茶园祠官验贡茶、金鸡唱罢卧龙潭觅知音、背茶姑款步妙高台、仙馆岩众仙幻化武夷仙凡界，玉女峰前武夷乡民迎宾祈福等实景剧依次闪亮登场，人在景中，景随人动，歌声缭绕，舞姿翩跹，真正达到山水茶的完美融合。嘉宾和游客乘坐竹排，徜徉山水间，领略武夷风光，与大自然亲近。同时，品茗茶、听故事、看表演，感受了武夷山深厚的多元历史文化。下午四时全程结束，但嘉宾和游客余兴未尽，纷纷在这里合影留念，相约在这里再次相逢。

7. 茶之旅——武夷山水茶②

2010年10月19日至23日，武夷山景区来了十几位游客，这个群体，他们的行程行为让人觉得奇怪。整个的行程让人觉得懒散悠闲，早上很晚起床，各自在宾馆享用早餐，九点多钟才离开宾馆；用餐时间都不在正点，想走就走，想停就停，没有人催促，也没有时间约束；走过的路线有拥挤的号称中国最美的溪流九曲溪漂流，亚洲最大的整块石头天游以及众人朝拜的大红袍、晚甘侯，也走过无人问津的遇林亭建窑遗址、武夷岩茶正岩茶的偏僻涧流……

这一行人中举着一个黄底绿色标志的旗子，上面是"王体"(书圣王羲之)书写的三个字"茶之旅"。他们因茶而结缘，为茶而结伴，同茶在对话，与同伴在交流，为了享受武夷山水茶，他们放下了。

"晋商万里茶路"的起点

飞机落地后，入住武夷山庄放下行李，即往"晋商万里茶路"的起点——下梅村。下梅村是晋商万里茶路的起点，现在还保存有完整的具有当地特色的建筑群。最有名的当为以"邹氏家祠"以及其四子的院落最为有名。整个家祠及住宅的风格和讲究是以"作为"为痕迹来展示非常厚重的文化。门楼的砖雕以深厚的中华传统文化展现了邹家的实力、贡献、地位和美好向往。邹氏家祠内深厚的儒家文化和对子女的道德教育通过对联体现得

① 黄歌：《中华合作时报·茶周刊》2010年11月23日B3版。

② 王彦峰：《中华合作时报·茶周刊》2010年11月2日B3版。

淋漓尽致，以“礼仪惟恭”为核心，影响着一代一代邹家的后代：“心术不可得罪于天地，言行要留好样与儿孙”，“木本、水源”等。其四子庭院的对联“日暖阶前芝秀，风和堂上凤鸣”；“山居偏与竹为邻，客至莫嫌茶当酒”；“别出新意成一家，追慕古心得真趣”等无不透出生活的快乐与真趣。邹家的第二子因为成就巨大，门楣上有陕西韩城的清代大学士王杰题写的“大夫第”，门前还有专门的“落轿位”和“上下马石”。

晚上，大家在武夷山庄的武夷星的茶室品茶聊天，一楼通透式的根雕茶座，眼前是园林式的景观，风景和空气绝佳。品饮了武夷星茶艺师给我们冲泡的武夷肉桂和武夷水仙，谈论着茶和茶文化的话题，此情、此景、此境，美不胜收，受用无穷。

第二天要到九曲溪竹筏漂流。武夷山九曲溪，号称“中国最美的溪流”。“竹筏漂流”是武夷山旅游项目中最具特色的旅游项目，因而有“不坐竹排，等于白来”之说。“九曲溪竹筏漂流”，全长 9.5 千米，由西向东，游程约 1.5 小时。九曲十八弯，盈盈一水间，宛若天仙飘带，缠绕在山中。曲曲山回转，峰峰水抱流；筏在水中走，人在画中游。在山水绿色与茶中享受着诗情画意般的人间仙境。

九曲溪漂流

在沿途的漂流中，艄公生动的解说很令大家愉悦、满意。以景点为基，武夷传统文化为本，结合现代的气息及元素，生动而风趣，如：对没有帽翅的形似官帽的山峰的解释是“怕妻懦夫”；在船上讲的话只是“传(船)说”；对九曲溪的描述“潭深可卧龙，滩浅石拱舟”，“舟行碧波上，人在画中游”；借用古诗的解说“一行白鹭上青天，一只白鹭停溪边”；对于天游峰的讲解“一块石头玩半天”；将山峰比作“美国世贸大楼”、“麦当劳、肯德基汉堡”、“泰坦尼克号”、“金华火腿”等，具有现代的气息和时代的元素。

“印象大红袍”是张艺谋、樊跃和王潮歌铁三角策划、编导的印象系列之五，独创了观众席 360 度旋转，2 000 坐席转着看演出。场场演出爆满，国庆节期间竟然每天演出三场，足见其对游者的吸引力。尤其是在雨中享受着“茶说”，“大王峰与玉女峰”的相知、相恋、相聚、分离与相期，“印象茶馆”的茶馆与茶，大红袍的传说与制作，让生活的我们放下烦恼、痛苦、抱怨、郁闷，享受茶、享受生活。印象茶馆给所有的顾客敬献三杯茶，第一碗献给党和人民信任的人；第二碗敬献给为人民服务的人；第三碗献给孝敬父母的人。品饮大红袍竟能品出这样的情感、意境，在放空和放松中享受茶吧……

“不登天游，武夷虚游”，云窝、茶洞是云蒸霞蔚、洞天福地之所，山水竹茶融为一幅绝妙的画卷。攀爬天游，不同的角度、不同的高度，都有入眼的景致。登临天游，山水的刚柔并济结合得如此美妙；碧水如带，山峰似环，竹筏漂流，点缀着武夷山的美景。攀登天游的过程，是养眼、养心、养肺的体验。

8. 印象大红袍牵手国际旅游业①

张艺谋印象系列之五的武夷山印象大红袍山水实景演出，经过多场试演后，于 3 月 29 日举行全球公演，获得巨大成功，好评如潮。此间，福建省海外环球国际旅行社股份有限公司借助这一名声，以 416 万元一举夺得“印象大红袍”金票，成为国际旅游界同仁热议的焦点。

以 416 万元拍得印象大红袍金票，这意味着未来一年内，无论票源紧张状况如何，福

---

① 熊慎端：《中华合作时报·茶周刊》2010 年 4 月 13 日 B2 版。

建海外环球国旅每天都将保留有100张门票，这为该公司及所属分公司，在武夷山为海内外游客提供一条龙服务创造了得天独厚的条件。这是该公司大胆先行先试的创举，也是大红袍魅力的象征。

董事长裘福兴认为拍下金票完全值得，这是公司注重品牌建设与推广，借力印象系列打造公司品牌与形象的结果，相信会取得预期的利好效果。

福建海外环球国旅总部设在厦门，将触角延伸至国内主要城市及部分境外地区，将海内外游客吸引到武夷山世界自然与文化遗产地观光旅游。去年，福建海外环球国旅在武夷山就接待游客7.2万人次。

印象大红袍山水实景演出目前已成为武夷山文化旅游的最大亮点和品牌，有力地推动了武夷山旅游文化、创意产业发展及旅游业转型。

9. 走向原野的茶文化[①]

浪漫的春季，漫步在茶山之上，享受着春日的美景，这是何等的惬意啊！

茶园旅游，已经成为春季旅游的重要项目。这不仅增加了茶乡的经济收入，丰富着茶产业的内涵，也彰显了茶文化的另一个侧面——走向自然，回归田野。

都市生活，帮助我们亲近现代工业文明，也让我们远离了田野与乡村的宁静。得失之间，是城市生活的便利，与田野情致的陨落。在匆忙与无意之间，现代人不曾忘记寻找心灵中深深潜伏的田野意境——对自然与美的追求，从来不曾泯灭。

乡村游、田野游的日益兴盛，正印证着这一诉求的觉醒与迸发，也诠释着茶乡游的新价值与新时代。当我们漫步在茶园的时候，欣赏的不仅是美景，更是那颗潜伏在工业文明面具后，对原始田野的爱与追逐。当我们在茶园中睹景思人、追思往事的时候，我们也沉浸在对区域风景与历史人文传统的思索中。

新的时代，赋予茶园新的价值，也为悠久、光辉灿烂的茶文化增加了新的内涵。

历史与现实的脚步已经启动，让我们在茶文化的解释中，再名正言顺地增添一个关于"田野价值"的新解释吧！

10. 古丈听茶歌[②]

这个春天，我来到美丽的湘西，这里不仅有沈从文笔下的凤凰古城，也有宋祖英歌中的茶乡古丈。

古丈县，位于湖南湘西州的中部偏东。县城虽小，但却很精致，是一个休闲宜居的地方。漫步在街头，从一处古香古色的茶叶店里飘出了"古丈毛尖"的清香并裹挟着一曲甜甜的音乐："青青茶园一幅画，迷人画卷天边挂。花里弯出石板路，弯向海角和天涯。春茶尖尖叶儿翠，绿得人心也发芽。小城故旧迎远客，乡情溶进古丈茶……"其实，知道古丈，就是源于宋祖英这首歌唱家乡的《古丈茶歌》，曲调婉转，茶韵飘香。

清澈明净的古阳河水穿城而过。站在河堤，放眼远望，只见翠绿的茶树遍布在四周的峰峦山坡之上，而小城也就被这浓浓的茶香裹藏着。"高山出好茶"，古丈境内群山绵延，溪谷交错，并且水质甘甜，空气湿润，非常适宜于茶叶种植。"古丈毛尖"即以"色绿、形美、香馥、味醇"而著称，早在东汉时期就已列为贡品了。

---

① 薛城：《中华合作时报·茶周刊》2010年4月20日B3版。

② 张辉祥：《中华合作时报·茶周刊》2010年3月30日B3版。

行走在古丈，你可能留恋在高望界、栖凤湖、红石林、坐龙峡等处的迷人风景中，但你更可能陶醉在悠悠的茶歌声中。在古丈，茶和歌就是人们不可缺少的生活元素，无论是在装修豪华的茶楼，或是景区的露天茶座，还是乡间简陋的茶馆，你都会听到那美妙的茶歌。品着香茗，伴着“客到茶乡莫想走，茶乡风情品不够。杯杯毛尖浓似酒，干脆留在青山沟”的歌声，真可谓是：茶香润心，茶歌悦耳。

此时的古丈，正值采茶时节，寻着那响彻在天地间的悠扬茶歌，登上一处茶山。在山顶，只见身穿土家族、苗族服饰的俊男俏女背着背篓，挎着竹篮，穿梭在高高矮矮、浓浓郁郁的茶园里。他们放开甜美清丽的嗓子，对着游走漂浮的白云唱一首，对着嫩绿碧翠的茶芽唱一曲，对着自己的心上人唱一段，把真挚的情感淋漓尽致地释放出来：“清明茶树发嫩芽，阿哥阿妹来采茶。情歌飞出一串串，飞向海角和天涯”。“采茶妹子长得乖，你敢采茶就过来。红红帕子把你盖，花花轿子把你抬”……好一幅茶乡风情画！

这个时候，我只想静静地坐在这片绿意盎然的茶色中，让浸润着茶香的歌声在心中此起彼伏，久久回荡。

11. 茶乡生态旅游实例①

蒙山茶乡之旅

在蒙山三日游中有一日是蒙山茶之旅。其路线是：早饭后从名山县城出发至蒙山，在上清峰看7棵仙茶，听茶文化故事讲解，观茶艺表演，游蒙山风光。午餐在山上品蒙山茶膳风味。餐后沿天梯古茶道下至蒙山茶史博物馆，了解蒙山茶叶发展史，听取那些神话般的传说。

最后到蒙山茶场（厂）观看采茶（也可自己采）、制茶（也可在师傅的指导下自己制作），制出的茶可以带回赠送亲友品尝。晚宿蒙山或县城。宿蒙山可夜看星空，听百虫齐鸣，晨看日出、炊烟，好一副深山茶园风光。宿县城晚上可去茶馆领略一下四川“茶博士”的茶艺“绝活”。

杭州西湖茶乡之旅

西湖茶之旅一日游路线：游西湖；在湖畔居品茶，观湖上风光。到西湖龙井茶叶公司总部看毛主席采过的茶树和纪念亭；到六和塔观钱塘胜景；到茶叶博物馆参观，了解中国茶文化；到虎跑泉、龙井泉、龙井寺（老龙井）烹茶品茗；到胡公庙看乾隆皇帝所封的18棵御茶树；到梅家坞农家看龙井茶炒制（家庭手工）；到茶科所看龙井茶机械化生产和大棚茶园。晚回市里。

① 于观亭编著：《茶文化漫谈》，中国农业出版社2003年版，第185～188页。

第四章

茶艺、茶道与旅游

本章学习重点提示

1. 茶艺、茶道的由来
2. 茶艺、茶道的定义
3. 茶艺的主要种类
4. 茶艺、茶道表演设计

茶艺、茶道是茶文化的重要组成部分，如何将茶艺、茶道与旅游结合，这是本章要探讨的。

第一节　茶艺、茶道的由来

我国是茶的故乡，发现茶、利用茶有几千年的历史，因此，茶艺、茶道也有悠久历史。神农发现茶后，世人先是当药用，再作饮品用。西周时，四川茶已作为贡茶进贡周朝廷。至汉代，饮茶逐渐流行。唐代时更加盛行，西安、洛阳、湖北、四川等地，“以为比屋之饮”。至宋代，饮茶已成为人家每日不可缺的七件事之一。如何植茶、制茶、煎茶、煮茶、点茶、冲泡茶，茶人讲究技巧，形成茶艺。在饮茶、品茶中，将体验、经验、精神感受加以总结，就形成茶道。所以，茶艺先于茶道。先有感性知识，再有理性知识。

唐朝陆羽撰写的《茶经》是我国及世界上第一部茶书，第一部关于茶的来源、茶的制作、茶的器具、茶的煮饮、茶的产地等的记载和论述的专著，将前人对茶的感性认识总结、上升为理性认识，总结出关于茶的条条道道来，这是茶道形成的标志性著作。中国的茶道从这里诞生。在此之前，虽然有茶的制作、茶的品饮、茶的文献记载，但没有像《茶经》一书那样作系统研究、考察和总结，所以，没有产生明确的茶道。

唐代封演在《封氏闻见记》卷六“饮茶”篇中写道：“楚人陆鸿渐为茶论，说茶之功效，并煎茶炙茶之法，造茶具二十四式以都统笼贮之，远近倾慕，好事者家藏一副。有常伯熊者，又因鸿渐之论广润色之，于是茶道大行，王公朝士无不饮者。”封演所说“茶道大行”，是较早提到“茶道”一词的。而正如他所指出，“茶道大行”是从陆鸿渐的“茶论”《茶经》开始的，经常伯熊对《茶经》进行“润色”推广，而广加流行起来。陆羽《茶经》中的“茶论”，如《茶经》中指出：“茶之为用，味至寒，为饮最宜。精行俭德之人，若热渴、凝闷、胸疼、目涩、四肢烦、百节不舒，聊四五啜，与醍醐、甘露抗衡也。”这里将茶的功用作了精辟的总结，意思是说，茶的功用，味至寒，最适宜饮用。“精行俭德”的人，如果热渴、凝闷、胸疼、目涩、四肢烦、百节不舒，煎好茶，喝上四五口，可以与理想中的饮料“醍醐、甘露”相媲美，有如饮“醍醐、甘露”之感。《茶经》中还说：“荡昏寐，饮之以茶”，“茶有九难：一曰造，二曰别，三曰器，四曰火，五曰水，六曰炙，七曰末，八曰煮，九曰饮”等。

陆羽还曾写有《六羡歌》，歌曰：“不羡黄金罍，不羡白玉杯，不羡朝入省，不羡暮登台，千羡万羡西江水，曾向竟陵城下来。”表达他淡泊名利、地位，独钟情于茶及煎茶的西江水的浓浓情怀。

与陆羽同时的陆羽好友至交皎然僧人也提到茶道。他在《饮茶歌诮崔石使君》一诗中写道：“一饮涤昏寐，情思爽朗满天地；再饮清我神，忽如飞雨洒轻尘；三饮便得道，何须苦心破烦恼”。“熟知茶道全尔真，唯有丹丘得如此”。这里的“涤昏寐”、“清我神”、“便得道”、“破烦恼”都是品饮茶的精神感受，说出了“茶道”的内涵。皎然还写有《寻陆鸿渐不遇》的诗，诗曰：“移家虽带郭，野径入桑麻。近种篱边菊，秋来未著花。扣门无犬吠，欲去问西家。报道山中去，归来每日斜。”描述了陆羽的住处和每天忙于到“山中”考察茶的情景。[①]

陆羽之后，唐代论及茶道的还有刘贞亮、卢仝、斐汶等。

刘贞亮提出“饮茶十德”，他说：“以茶散郁气，以茶驱睡气，以茶养生气，以茶除病气，以茶树礼仁，以茶表敬意，以茶尝滋味，以茶养身体，以茶可行道，以茶可雅志。”道出了饮茶的感受：散郁气，驱睡气，养生气，除病气，树礼仁，表敬意，尝滋味，养身体，可行道，可雅志。

卢仝在《走笔谢孟谏议寄新茶》诗中概括了饮茶七碗的不同心境体会。诗中写道：“一碗喉吻润，两碗破孤闷。三碗搜枯肠，唯有文字五千卷。四碗发轻汗，平生不平事，尽向毛孔散。五碗肌骨清，六碗通仙灵。七碗吃不得也，唯觉两腋习习清风生。蓬莱山，在何处？玉川子，乘此清风欲归去。”[②]破孤闷、散不平、肌骨清、通仙灵等，都是品饮茶的心境体会。

斐汶在《茶述》中指出茶的功用：“其性精清，其味淡洁，其用涤烦，其功致和。参百品而不混，越众饮而独高。”精清、淡洁、涤烦、致和，也是感受，而且，斐汶指出，茶是“越众饮而独高”的饮品。

综上所述，中国茶道，从唐朝陆羽《茶经》开始产生，提出茶“为饮最宜”，对“精行俭德”之人，饮茶有如饮“醍醐、甘露”之感，可以“荡昏寐”。皎然、刘贞亮、卢仝、斐汶等都概括了饮茶的精神感受，饮茶所起到的涤昏、清神、破闷、散郁、示敬、雅志、淡洁、致和等修养功效。这些都是茶道的重要内涵，奠定了中国茶道的基础。宋、元、明、清的中国茶道是在此基础上发展起来的。

---

① 《唐诗鉴赏辞典》，上海辞书出版社 1983 年版，第 653 页。

② 《唐诗鉴赏辞典》，上海辞书出版社 1983 年版，第 1036 页。

而茶艺是从茶的饮用、种植就开始产生，在《茶经》之前就有茶艺了。陆羽的《茶经》对茶艺作了经验总结，成为研究、介绍茶艺的经典作品。如植茶之“艺”，陆羽指出：“凡艺而不实，植而罕茂，法如种瓜，三岁可采。野者上，园者次。阳崖阴林，紫者上，绿者次；笋者上，芽者次；叶卷上，叶舒次。”茶之造的技艺，陆羽说，“凡采茶，在二月、三月、四月”，要在晴天时，“采之、蒸之、捣之、焙之、穿之、封之”。“自采至于封，七经目”。茶之煮的技艺，包括如何看火、用水，如何煮，陆羽都一一记述。茶之饮，陆羽写道：“饮有粗茶、散茶、末茶、饼茶者。”“茶有九难：一曰造，二曰别，三曰器，四曰火，五曰水，六曰炙，七曰末，八曰煮，九曰饮。阴采夜焙，非造也。嚼味嗅香，非别也。膻鼎腥瓯，非器也。膏薪庖炭，非火也。飞湍壅潦，非水也。外熟内生，非炙也。碧粉缥尘，非末也。操艰搅遽，非煮也。夏兴冬废，非饮也。”等等。所有这些，都是茶艺的内涵，陆羽的研究和介绍具有开创性意义，对茶艺的传承和发展具有深远的影响，其“茶圣”、“茶神”之称是当之无愧的。

“道”和“艺”是中国古老的命题，在先秦就有关于“道”、“艺”的提出和认识。如我们所说的“孔孟之道”就是儒家之道。儒家之道即“仁”、“礼”、三纲五常等。孔子《论语》中说：“人能弘道，非道弘人”。“吾道一以贯之”(即“仁”)，“修道之谓教”，“道之以德，齐之以礼，有耻且格”。《孟子》曰：“仁也者，人也；合而言之，道也。”这里所说的“道”就是某种道理，某种思想观念体系、道德体系，特别是指某种行为规范、准则，为人处世之道。道家的所谓“道”则有不同的内涵。《庄子·天地》说：“夫道，覆载万物者也，洋洋乎大哉！”老子《道德经》曰：“道可道，非常道；名可名，非常名”。“人法地，地法天，天法道，道法自然”。这里所说的“道”是一种无形的“覆载万物”的东西，只有神人才知道的东西，深奥莫测，实则自然规律。

“艺”是与“道”相对应的，是指技艺、工艺，各种匠作的技艺、工艺。“儒者习于道，匠者习于艺”，这就是儒家的道艺观。他们认为，儒者(读书人)考究、学习的是“道”，工匠们考究、学习的是“艺”。“奇技淫巧”是不值得儒者考究学习的。道是精神的、观念的、理论的，艺是一种工艺、技术、技巧。

根据儒家的这种道艺观，将茶的学问，品饮茶的精神感受、体会加以概括、总结，成为人们认可的共同体会而称为“茶道”就很自然了。而植茶、制茶、煮茶、品饮茶的工艺、技艺、技巧被称为“茶艺”，同样是顺理成章的事了。茶道和茶艺与儒家所说的道、艺内涵不同，但实质或属性是一样的。

这里，要澄清几种不符合史实和不恰当的观点：

第一，说茶道是日本发明的，这是不符合历史事实的。日本的茶道是从中国传过去的，时间是宋代，由日本僧人荣西等传到日本。荣西是在南宋孝宗乾道四年(1168 年)到浙江天台山万年寺学佛的。前后到中国两次，于宋光宗绍熙二年(1191 年)回日本。回日本后撰写《吃茶养生记》，成为日本茶道的奠基之作。1259 年，日本僧人南浦绍明在余杭径山禅寺学法，将径山禅寺的禅茶宴传到日本后，逐步形成日本禅茶合一的茶道。体现日本茶道基本精神的“和、敬、清、寂”的概括是更后的千利休(1521—1591)提出的。所以不能说茶道是日本发明的。

第二，说茶艺与茶道同时形成是不恰当的。而是先有茶艺，才有茶道。虽然陆羽《茶经》对茶艺和茶道都作了总结，尤其是茶艺，更有系统总结，但是，并非茶艺、茶道在此时同时产生。茶艺在此前已有很长时间的实践。

第三，说茶艺就是茶道，茶道就是茶艺，是不恰当的。道和艺具有不同的内涵，是相对应的一组概念，不能等同，不能混为一谈。

第四，说茶艺是20世纪80年代在台湾兴起的，是不恰当的。只能说80年代在台湾传承、弘扬、复兴了中国传统茶艺。因为茶艺在中国已有几千年的历史。陆羽《茶经》总结的茶艺，至今也有1200多年了。

第二节　茶艺、茶道的定义

茶艺、茶道有不同的定义。

王玲著《中国茶文化》书中写道："茶艺和茶道精神，是中国茶文化的核心。我们这里所说的'艺'，是指制茶、烹茶、品茶等艺茶之术；我们这里所说的'道'，是指艺茶过程中所贯彻的精神。有道而无艺，那是空洞的理论；有艺而无道，艺则无精、无神……茶艺，有名，有形，是茶文化的外在表现形式；茶道，就是精神、道理、规律、本源与本质，它经常是看不见、摸不着的，但你却完全可以通过心灵去体会。茶艺与茶结合，艺中有道，道中有艺，是物质与精神高度统一的结果。""中国茶艺中第一要素便是'艺茶'，无论评名茶、择产地、采集、制作，均需得地、得时、得法。"[①]

于观亭在《茶文化漫谈》中说："茶道是茶叶文化的重要组成部分，有人说它是'核心'。"[②]第十届中国信阳茶文化节的茶道（茶艺）表演《通则》中写道："茶道是一种积极向上、文明健康的活动，是茶事与文化的完美结合。古今中外，茶道反映的都是人与茶的关系，是由物质向精神的飞跃。在茶事活动中追求某种精神享受、某种审美情趣、某种修养、某种哲理。茶道特重人际关系，友谊是永恒的主题。""信阳民间有着各种不同形式的饮茶之道，通过走访采集，探讨总结，所表现的内容可综合概括为五个字，即：和、美、清、敬、雅。和：和谐、和蔼、和睦。美：朴素庄重、美观大方。清：不求名利，乐于服务。敬：互相尊敬，谦和礼让。雅：雅致，品味高，突出文化氛围。"[③]陈虹编著的《茶道艺术》中认为："所谓茶道是指品茗的方法及意境。""探究茶叶的品质、冲泡的技术、茶具的鉴赏、品茶的环境及茶在人际间的关系，那就进入茶艺的境界了。"[④]陈珲、吕国利认为："茶道就是以'茶'来表达哲学观念的形式和内容，以茶来明道、弘道、传道的带有宗教性、哲学性的饮茶方式。……尽管在表面上，茶道似乎也在追求茶的'好吃'等物质享受方面的东西，但其深层的内涵却是指向精神的、哲学的。""茶艺就是追求着美的饮茶。当饮茶不是为了解决生理的需求，而是为追求精神的表现与情感的传达，以一种艺术的审美方式来进行时，这样的饮茶就可

---

① 王玲：《中国茶文化》，中国书店1992年版，第87～91页。

② 于观亭编著：《茶文化漫谈》，中国农业出版社2003年版，第44页。

③ 于观亭编著：《茶文化漫谈》，中国农业出版社2003年版，第181页。

④ 陈虹编著：《茶道艺术》，内蒙古人民出版社2006年版，第145、147页。

以称为‘茶艺’了。”“‘茶艺’有三大要素：(1)好茶。从天生优异到采、制、运、藏的精心而恰当的‘技艺’运用所达到的完美。(2)泡或煮的好技艺。从好水、好火、好茶、好茶器等一系列用品的精到选择到好技艺的发挥自如。(3)美感与人文精神的追求与体现。”①

刘勤晋编著《茶馆与茶艺》一书中写道：丁以寿等认为“‘茶道’是以养生修心为宗旨的饮茶艺术，包含茶艺、礼法、环境、修行四大要素”；“茶道以茶艺为载体，依存于茶艺，茶道不能离开茶艺而存在”；“茶道的重点在‘道’，旨在通过茶艺修心养性、参悟大道”；“茶艺即饮茶艺术，是艺术性的饮茶，是饮茶生活的艺术化，主要包括备器、择水、取火、候汤、习茶的技艺”。对于这种观点，刘勤晋表示同意。但是，他认为：“在我国茶道就是茶艺。二者是一个范畴的东西。艺精则成道，道中必有艺。是你中有我我中有你，不能把二者对立起来。”②

蔡荣章认为：“茶道是以‘茶’为载体，用以表现‘美感’与‘艺术’、‘思想’与‘道德’等内涵的学科。支撑‘茶’，让茶得以表现茶道内涵的平台是茶法与茶会。”③

康乃主编《中国茶文化趣谈》中说：汉魏南北朝时期以前没有茶道，“茶道”一词，最早见于唐人封演的《封氏闻见记》卷六“饮茶”篇的记载。④ 作者指出：“中国茶道的演变规律是在煮茶法的基础上形成的煎茶道，在煎茶道的基础上形成了点茶道，又在点茶道的基础上形成了泡茶道，一直延续至今。”作者对茶道下的定义是：“茶道”，简单地说就是饮茶之道，是指沏茶、品茶的完整过程。其中的“道”，含有规律、方法、学说的意思。如果从哲学和美学的角度看，茶道是一种以茶为媒的生活礼仪，通过沏茶、赏茶、饮茶等茶事活动，融入哲理、伦理、道德的因素，通过饮茶的行为来修身养性、陶冶情操、品味人生、参禅悟道，在精神享受、心灵净化和人格操守等方面得到提升，以及有助于增进友谊、学习礼法等和谐氛围的形成。作者说：“对于茶道的概括最精当的莫过于陈香白教授提出的‘和’。他认为‘和’是中国茶道精神的核心。……这种‘和’的观念，是中国茶道的灵魂，是‘以儒治世，以佛治心，以道治身’的中国儒佛道三家思想相糅合的体现。……中国茶道就是通过茶事过程的实施，来引导饮茶者在美的享受过程中，完善品格修养，实现和谐安乐之道。”⑤

林治主编的《中国茶道》认为：“茶道是中国优秀传统文化的重要组成部分，是茶文化的核心和灵魂，它知行并重，心术兼修。理论上，中国茶道是研究茶与中国传统文化的关系，以及以茶修身养性、愉悦心灵、感悟人生的一门人文科学；实践上，中国茶道是以茶修道的人生体验。茶道即人道。”“泡茶的艺术也简称为茶艺。狭义的茶艺是指在茶道基本精神指导下的茶事实践，是一门生活艺术。它包括艺茶的技能、品茶的艺术，以及茶人在茶事过程中以茶为媒介去沟通自然、内省自性、完善自我的心理体验。”⑥

以上是几种关于茶艺茶道的定义。表述虽有不同，但精神实质是一致的。根据以上所说情况，我们对茶艺茶道也试作如下定义：茶艺是植茶、制茶、煎茶、点茶、泡茶、饮茶、茶

---

① 陈珲、吕国利：《中华茶文化寻踪》，中国城市出版社 2000 年版，第 231、257、259 页。

② 刘勤晋：《茶馆与茶艺》，中国农业出版社 2007 年版，第 84 页。

③ 蔡荣章：《如何培植人的茶道体能》，载《茶艺月刊》第 303 期。

④ 康乃主编：《中国茶文化趣谈》，中国旅游出版社 2006 年版，第 10～14 页。

⑤ 康乃主编：《中国茶文化趣谈》，中国旅游出版社 2006 年版，第 15～16 页。

⑥ 林治主编：《中国茶道》，世界图书出版西安公司 2009 年版，第 5、205 页。

具、茶器的工艺、技艺、技巧。茶道是品饮茶体验、感受的观念总结,形成被认可传承的一种精神。

第三节 中国茶艺资源

我国茶艺多种多样,资源丰富,十分可观。这里说的茶艺,是茶汤制作技艺。下面作简要介绍。

一、古代茶艺

古代的茶艺,从唐朝的煮茶,宋代的点茶,发展到明朝的泡茶,泡茶技艺一直沿用至今。

(一)唐朝的煮茶

陆羽《茶经》中的"五之煮"、"六之饮",对煮茶、饮茶技艺作了可贵的记载,使我们得以窥见唐朝是如何煮茶、饮茶的。

唐朝煮茶用的茶是饼茶,饼茶需先"炙",即烤干。烤的时候,"勿于风烬间炙,熛焰如钻,使凉炎不均"。意思是,不要在鼓风的间隙余火上烤,因为飘忽不定的火苗像钻子,会使茶饼受热不均匀。要将茶饼"持以逼火,屡其翻正,候炮出培塿状,吓蟆背,然后去火五寸"。将茶饼靠近火,不断地翻转,等到烤出茶饼上突起一个个小疙瘩,像蛤蟆背上的疙瘩一样的时候,然后离火五寸继续烤。烤到茶饼的外形卷曲又有些展开时,再按原本的办法烤。如果制茶饼时是用火烘干的,以烤到冒热气为止;如果是太阳晒干的,以烤到柔软为度。[①]

茶饼烤毕,"承热用纸囊贮之",将茶饼装在纸袋中,以免茶的香气散发,等茶饼凉了再研成末。

烤茶饼的火,最好用木炭,其次用烧起来火力猛的木柴,如桑、槐、桐、枥之类的木柴。曾经烤过肉,染上了腥膻气味的炭,及烧起来很多油烟的木柴、朽坏的木器,都不能用来烧火烤茶饼。[②]

煮茶的水,最好的是山水,其次是江水,再次是井水。山水最好选取乳泉和在石池漫流的水。瀑涌、湍急的水不要饮用。久喝这种水会使人患颈部疾病。在山谷中蓄积的水,因不流动,水虽然澄清,但在夏天至霜降以前,或许有蛇螯的毒蓄积其中,要饮用此种水,

---

① 陆羽:《茶经》,中国市场出版社 2006 年版,第 58 页。

② 陆羽:《茶经》,中国市场出版社 2006 年版,第 58 页。

应先把蓄水决开流去，使新的泉水涓涓流来，再饮用。其江水，要在离人居所远的地方取。井水要从很多人汲水的井取用。

煮茶时，要掌握煮沸的程度，像鱼的眼睛一样冒气泡，有微小的响声，“为一沸”；茶器的边缘有连珠似的泡涌现，“为二沸”；腾起波，鼓起浪，“为三沸”。三沸后再继续煮，则“水老，不可食也”。初沸时，按水量，放入适量的盐，把尝味剩下的茶汤倒弃。不要因味淡而过分加盐，否则，就是对盐味情有独钟了。第二沸时，舀出一瓢水，用竹夹在汤中央环绕搅动，使茶末沿漩涡中心而下。一会儿，水大开，势如奔涛溅沫，此时将取出的那瓢水倒入，以止住沸腾，而育养水面形成的泡沫精华。

茶汤倾入茶碗，要使泡沫均匀。泡沫是茶汤的精华，“薄者曰沫，厚者曰饽，轻细者曰花”。花如枣花漂漂然在圆形的池塘上；又如回环曲折的潭水、绿洲间新生的青萍；又如晴天爽朗天空中鳞状的浮云。沫像青苔浮在水边，又如菊花落入杯中。饽以茶滓煮之，至沸时，“则重华累沫，皤皤然若积雪耳。”

第一煮沸水，弃其上一层如黑云母的水膜，饮茶汤味道就不正了。第二沸取出的那瓢水为“隽永”，味美持久，“或留熟盂以贮之，以备育华救沸之用”。第一、第二、第三碗茶汤，味道依次递减，第四、第五碗后，不是口渴得厉害就不要饮用了。

煮茶时，用一升的水，可以分五碗。碗数少则三，多则五，若人多至十，则要加煮两炉。茶汤要乘热“连饮之”。因为热时，“重浊凝其下，精英浮其上”。如果凉了，“则精英随气而竭”。饮茶剩下，同凉了是一样的。①

陆羽在《茶经·六之饮》中说：饮茶可以“荡昏寐”。时茶有粗茶、散茶、末茶、饼茶。他指出：“天育有万物，皆有至妙”。饮茶也一样，要讲求“精极”、“至妙”。如何饮茶？他总结道：“茶有九难：一曰造，二曰别，三曰器，四曰火，五曰水，六曰炙，七曰末，八曰煮，九曰饮。”从“造”到“饮”，都有讲究。他强调要注意避免用不恰当的做法，如制造茶，不能“阴采夜焙”；辨别茶时，不是“嚼味嗅香”；煮茶不要用“膻鼎腥瓯”；烧火不要用“膏薪庖炭”；“飞湍壅潦”的水不能用；把茶饼烘烤得外熟内生，不是正确的烘烤法；把茶饼研磨的太细，成为绿色的粉尘，就不对了；煮茶时，不能过猛过激搅动；饮茶不能夏天饮茶，冬天不饮茶。

“珍鲜馥烈”的茶汤，最佳的碗数是三碗。次佳的是五碗。如果座客数是五位，以三碗匀着喝；座客数七位，以五碗匀着喝；座客数六人以下，缺一人的茶，可以“隽永”补充。

以上是陆羽总结的唐朝煮茶茶艺。饮茶在唐代已很盛行，在西安、洛阳、江陵、重庆等地，“以为比屋之饮”，挨家挨户都饮茶。陆羽总结的煮茶茶艺具有普遍性、典型性、规范性。

(二)宋代的点茶

点茶是宋代很讲究、时尚的茶艺。与唐代煮茶不同的是，不是将茶末与汤一起煮，而是以汤冲点茶末。蔡襄在进献皇帝阅览的《茶录》中对点茶有精到的记述。②

《茶录》分上下两篇，上篇论茶，下篇论茶器。“论茶”包括从色、香、味辨别茶，如何藏茶、炙茶、碾茶、罗茶、候汤、熁盏、点茶；“论茶器”论及的茶器有茶焙、茶笼、砧椎、茶钤、茶

---

① 陆羽：《茶经》，中国市场出版社2006年版，第58～59页。

② 《蔡襄集》，上海古籍出版社1996年版，第638页。

碾、茶罗、茶盏、茶匙、汤瓶。

蔡襄指出：茶色以青白胜黄白。因为饼茶大多以珍膏油其面，所以有青、黄、紫、黑之色。“善别茶者，正如相工之视人气色也，隐然察之于内，以肉理实润者为上。”

论香，蔡襄说，“茶有真香”，“建安民间试茶，皆不入香，恐夺其真”。他推崇纯天然的茶香（“真香”），否定用“龙脑和膏”助茶香，或在“烹点”的时候，“杂珍果香草”，认为这是不可取的做法。

论味，蔡襄认为，“茶味主于甘滑，唯北苑凤凰山连属诸焙所产者味佳”。北苑凤凰山即福建建州（今建阳、崇安一带）。蔡襄曾在此监制“上品龙茶”（“小龙团”饼茶），成为取代“阳羡”茶的名贵贡茶。茶味还与所用的水有关系，“水泉不甘，能损茶味”。

“茶宜蒻叶而畏香药，喜温燥而忌湿冷”。所以，收藏时要以蒻叶封裹茶袋入“焙”中，两三日一次用火烘烤，保持如人体温度，“以御湿润”。如果是陈年旧茶，“则香色味皆陈”，要先置于净器中“以沸汤渍之”，刮去膏油一两为止，再以钤箝之，“微火炙干，然后碾碎”备用。如果是当年新茶，则不用如此处理。

备好要用的茶后，接着的步骤是：

碾茶。先以净纸密裹“椎”（碾碎茶的茶器），然后将茶置于“砧”中用椎熟碾。烘烤后的茶马上碾，茶色白则佳，如果隔夜后再碾，茶色就变黄了。

罗茶。罗茶用的茶器是“茶罗”，罗底是用蜀东川鹅溪密的画绢制作的。将碾细的茶倾入茶罗中罗筛，掌握粗、细，“罗细则茶浮，粗则水浮”，不能过粗也不能太细。

候汤。候汤用的茶器是“汤瓶”，“瓶要小者，易候汤，又点茶注汤有准”。以黄金做成的汤瓶为上等，民间一般是以银、铁或瓷石做成。“候汤最难，未熟则沫浮，过熟则茶沉”。意思是要控制好汤的温度，温度不能过高，也不能太低。太低则茶沫浮在汤面，过高则茶沉入汤底。所以掌握到适当“最难”。

熁盏。盏就是茶盏，喝茶的茶器。蔡襄认为，“茶色白，宜黑盏”。黑色的茶盏以福建建安所造的最好，其色“紺黑，纹如兔毫。其坯微厚，熁之久热难冷，最为要用”。建安茶盏熁热后不容易冷，所以最为好用。其他地方制作的都不及建安黑盏。

点茶。点茶的做法，蔡襄写道：“茶少汤多则云脚散，汤少茶多则粥面聚（建人谓之云脚、粥面）。钞茶一钱匕，先注汤，调令极匀，又添注之，环回击拂。汤上盏，可四分则止，视其面色鲜明，着盏无水痕为绝佳。建安斗试，以水痕先者为负，耐久者为胜。故较胜负之说，曰相去一水两水。”点茶是在温热后的茶盏中进行。取茶“一钱匕”，放进茶盏，注入少量汤，用茶匙“调令极匀”，再添注茶汤至“四分”则止，“环回击拂”搅拌，观察茶汤面色鲜明，茶盏边无水痕为“绝佳”。建安地方斗茶，以茶盏边先出现水痕者为负，耐久未出现水痕者为胜。

以上是蔡襄对当时点茶茶艺的精辟总结，体现当时点茶茶艺的高超水平。

（三）明朝的泡茶

明朝时期，开始逐步盛行将茶叶用沸水冲泡的泡茶技艺，改煮、点末茶为冲泡叶茶。茶的加工制作也发生变化，由制作饼茶改为制作叶茶，使茶色、茶香、茶味更天然。这种泡茶茶艺的改变，与明朝开国皇帝明太祖朱元璋对贡茶茶品的更改有直接影响和推动。

《明史·食货四》载：贡茶“旧皆采而碾之，压以银板，为大小龙团。太祖以其劳民，罢

造，惟令采茶芽以进，复上供户五百家”。[①] 据沈德符《万历野获编》记载：“国初四方贡茶，以建宁、阳羡茶品为上。时犹仍宋制，所进者俱碾而揉之，为大小龙团。至洪武二十四年九月，上以重劳民力，罢造龙团，惟采芽茶以进。其品有四：曰探春、先春、次春、紫笋。置茶户五百，免其徭役。”[②]由此可见，朱元璋将贡茶茶品由原先的建宁、阳羡龙团饼茶，改为采芽茶制作成的探春、先春、次春、紫笋四种叶茶茶品，并设置“茶户”，免其徭役，保证朝贡这些茶品。从此，龙团饼茶“罢造”，退出贡茶行列。沈德符称明太祖此举，“遂开千古茗饮之宗”。朝廷贡茶茶品的改变，起了重要的倡导、开风气作用。但认为明太祖“首辟此法”，则言过其实。实际上，当时民间已有“采芽茶”制作新茶品了，朱元璋指名朝贡的“探春、先春、次春、紫笋”茶品已经是民间新茶品了。所以，应该说，在朱元璋1391年改贡茶之前，民间的饮茶茶艺已在发生变化，朱元璋改贡茶，起了肯定、倡导、开风气的作用，极大推行了泡茶茶艺的普及。该泡茶茶艺经清代、民国，一直流传至今，至少有600多年历史。

(四)清代的宫廷茶礼

清代宫廷茶礼同历代一样，十分讲究。有“进茶”、“赐茶”礼仪。进茶与进酒、进馔，都有专门的职官掌管，配备一定的操作人员，演奏专门的乐章，营造相应的气氛和场景。有“进茶大臣”、“尚茶女官”、“进茶女官”、“尚茶妇”、“尚茶”等职官之设。

据《国朝宫史》载，在乾清宫，乾隆皇帝会见藩属国陪臣时，“理藩院尚书引陪臣自乾清右门入，趋西阶，升丹陛上北面，行三跪九叩礼，毕，理藩院尚书引入殿西门，于班末一叩坐。赐茶。尚茶以茶案由中道进至檐下，进茶大臣恭进皇帝茶，王以下暨陪臣咸行一叩礼。侍卫等分赐茶各于坐，行一叩礼，饮讫，复叩坐如初。皇帝召陪臣至御座前，亲以回语慰问，咸震慑跪答。复赐以彩缎等物，咸欢忭叩首。谢恩毕，理藩院尚书引陪臣退，仍由殿右门趋出。众咸退。皇帝迁便殿。”[③]

逢皇太后祝寿及元旦诸庆典，在慈宁宫举行筵宴，届时，“引礼女官引皇后以下就宴位，引公主以下各趋宴次。咸于本座行一拜礼，坐进茶，丹陛清乐作，奏‘海宇升平日之章’。……尚茶女官率尚茶妇举茶案由中道进至殿檐下，跪，皇后以下咸就本位跪。进茶女官奉茶入殿中门，由中陛陞，跪进皇太后茶，兴，立于右。皇后以下行一拜礼。女官跪受茶瓯，由右陛降，出中门。皇后以下咸坐，侍卫妻进皇后茶，次分赐皇贵妃以下暨命妇茶，各于坐行一拜礼。饮讫，复拜如初，坐。尚茶女官等撤茶案，退，乐止。”[④]

遇皇帝祝寿及元旦、上元、端阳、中秋、重阳、冬至、除夕等节，在乾清宫曲宴王公、大臣。“届时，尚膳具馔，尚茶具茶，司乐陈悬如仪，承应戏人等毕集祗竣。”[⑤]

每年春节初一，“特召内廷大学士、翰林于重华宫茶宴联句”。“宫殿监豫请所司具茶果，承应宴戏，懋勤殿首领太监等具笔墨纸砚。诸臣俱以一叩列坐。御制诗下，授简联赓。

---

① 张廷玉：《明史》卷八十《食货四》，中华书局1974年版，第1955页。

② 郭孟良：《中国茶史》，山西古籍出版社2002年版，第128页。

③ 鄂尔泰、张廷玉等编纂：《国朝宫史》，北京古籍出版社1987年版，第71～72页。

④ 鄂尔泰、张廷玉等编纂：《国朝宫史》，北京古籍出版社1987年版，第113～114页。

⑤ 鄂尔泰、张廷玉等编纂：《国朝宫史》，北京古籍出版社1987年版，第125页。

宴毕，颁赏，诸臣跪领，趋退。”①

乾隆二十六年(1761年)正月初二日，紫光阁武成殿落成，乾隆皇帝“赐宴于阁下，钦命大学士、忠勇公傅恒，尚书、武毅谋勇公兆惠暨满汉文武大臣、蒙古王公、台吉、回部等一百七人入宴”。“届日武备院张黄幕于丹陛上正中，掌仪司陈反坫于幕内，尊、爵、金卮、壶、勺具，司乐以次陈乐悬如仪。尚膳总领等设御筵于宝座前，加黄幂。设入宴大臣等宴席于阁下左右及丹陛上，左右皆有幂。乐舞、善扑、回部乐舞、杂技、百戏人等毕集。内务府张青幕于丹陛下，两旁陈列恩赐入宴诸臣文绮等物。入宴诸臣俱蟒袍补服，各于本宴次安设坐褥。鸿胪寺卿、理藩院尚书等引大学士以下至丹陛下左右分翼序立。皇帝吉服乘舆出宫，设卤簿沿宴次。大学士以下跪迎。皇帝至丹陛上降舆，入阁门，中和韶乐作，奏‘隆平之章’。……陞座，乐止。鸿胪寺卿、理藩院分引大学士以下各就宴次，行一叩礼，坐。进茶，丹陛清乐作，奏‘海宇升平日之章’。……尚茶举茶案由中道进至阁檐下，跪，大学士以下咸就本位跪。进茶大臣奉茶进阁，由中陞陛，跪进皇帝茶，兴，立于右。大学士以下行一叩礼。进茶大臣跪，受茶瓯，由右陛降，出中门。大学士以下咸坐，侍卫等分赐大学士暨入宴诸臣茶，各于坐行一叩礼，饮讫，复叩如初，坐。尚茶撤茶案，退，乐止。”②

由上述记载可见，清朝宫廷的茶礼，给皇太后、皇帝的茶称“进茶”，由“进茶女官”或“进茶大臣”向皇太后或皇帝“进茶”。宫廷宴会上给公主、命妇们或给大臣们的茶称“赐茶”，由进茶女官传给侍卫妻或进茶大臣传给侍卫向受赐者赐茶。向皇太后或皇帝进茶，进茶女官或进茶大臣要跪着进茶。在座的入宴者在座位上行一叩礼。受赐者在接受赐茶时行一叩礼，饮后再行一叩礼。在整个进茶、赐茶过程中都始终奏乐，奏《海宇升平日之章》。

清朝宫廷进茶乐章还有《玉燭调元之章》、《雨旸时若之章》、《喜春光之章》、《瑞旭中天丽之章》、《寿愷升平瑞之章》、《文物京华盛之章》、《景运乾坤泰之章》、《圣武光昭世之章》、《图肇鸿基之章》、《庆叶重熙之章》等。赐茶乐章还有《君师兼》、《皇图昌》等。③

清朝宫廷文化氛围很浓，处处有牌匾、对联、字画、题字，特别是皇帝的“御制”匾、联、诗、字、画等。如：重华宫东庑为葆中殿。殿内匾曰“古香斋”。联曰：“四壁图书饶古色，重簾烟篆挹清芬。”西庑为浴德殿。殿内匾曰：“抑斋”。联曰：“赏心于此遇，即事多所欣。”

御制题《抑斋诗》(壬戌)：“窗纱浸绿鸟声频，拂拂花香户外新。座有兰烟文作篆，壁留筝字额题银。偶然得句缘新意，长自耽书是宿因。惭愧当年斋内客，擘笺煮茗一闲身。”④

重华宫东室匾二，一曰“庄敬日强”，一曰“高云情”。联二。一曰：“清燕凝神，天和闲处养；从容守正，元化静中涵。”一曰：“花香鸟语群生乐，月霁风清造物心。”东次室门上联曰：“由旧典时式，其永无愆；恩庶政惟和，不敢自逸。”门内匾曰“静憩轩”。西室联，一曰：“写诚敬之心，礼章乐亮；会恬熙之象，日丽风和。”一曰：“绿绮琴弹白雪引，乌丝绢写黄庭经。”

宫中敬胜斋有联曰：“素心悦澹泊，胜托惟静虚。”又曰：“窗意包涵画，无容酝釀春。”

---

① 鄂尔泰、张廷玉等编纂：《国朝宫史》，北京古籍出版社 1987 年版，第 126 页。

② 鄂尔泰、张廷玉等编纂：《国朝宫史》，北京古籍出版社 1987 年版，第 135～136 页。

③ 赵尔巽等：《清史稿》第十一册“乐志”，中华书局 1976 年版。

④ 鄂尔泰、张廷玉等编纂：《国朝宫史》，北京古籍出版社 1987 年版，第 240 页。

养心殿是皇帝寓所兼办公场所，"皇上宵旰寝兴之所"。[①]

"凡办理庶政，召对引见，一如乾清宫。"殿内世宗宪皇帝御笔匾额曰"中正仁和"。宝座屏上御笔联曰："保泰常钦若，调元益懋哉。"东暖阁内御书皇祖圣祖仁皇帝圣训曰："天下之治乱休咎，皆系于人主之一身一心。政令之设，必当远虑深谋，以防后悔。周详筹度，计及久长。不可为近名邀利之举，不可用一己偏执之见。采群言以广益，合众志以成城，始为无偏无党之道。孝者，百行之原，不孝之人断不可用。义者，万事之本，不义之事必不可为。孝以立身，义以制事，无是二者，虽君臣父子不能保也。"皇考世宗宪皇帝圣训曰："敬天法祖，勤政亲贤，爱民择吏，除暴安良。勿过宽柔，勿过严猛。用气至亲，实为一体。诚心友爱，休戚相关。时闻正言，日行正事。勿为小人所诱，勿为邪说所惑。祖宗所遗之宗室宜亲，国家所用之贤良宜保，自然和气致祥，绵宗社万年之庆。"阁下联曰："忧其所可恃，惧其所可矜。"后室门上匾曰"寄所托"，联曰："汲古得修绠，守道无异营。"又曰："书圃礼园无斁好，瓯香研净有余清。"东室为寝宫，西室匾曰"随安室"，联曰："无不可过去之事，有自然相知之人。"西暖阁世宗宪皇帝御笔匾曰"勤政亲贤"，又联曰："惟以一人治天下，岂为天下奉一人。"[②]

养心殿"四箴"，即康熙皇帝圣训曰："敬天，法祖，勤政，亲贤。"[③]以上列举，可见清朝宫廷中丰富、浓厚的文化氛围，体现文明古国的传统风韵。这些都是开发宫廷茶礼、茶艺可供参照的场景布置资料。

至于清代茶艺，沿用至今，基本上与现代茶艺相同。

二、现代普通茶艺

现代泡茶茶艺，各种著作介绍大同小异。下面据《茶经》编译者萧晴的介绍，摘录如下：

(一)工夫泡法

工夫泡法是近代各式品茶方法中最具风味的一种。这种泡法所须掌握的步骤最多，不仅茶艺高低的纯熟度最为明显，茶趣与茶品的流露也较为直接。工夫泡法原特指乌龙茶的冲泡，现在也有借鉴此泡法来冲泡其他茶类。具体步骤是：

1. 赏茶。冲泡前先将茶叶置于干燥的盘上或茶荷里鉴赏一番，一方面使喝茶人了解茶的品质，同时也将茶的来历特性娓娓道来，增添品茗的乐趣。

2. 温壶。用热水温壶，一可清洁茶具，二可清除每泡过一次或一种茶叶后残留在壶里的茶味，以免再泡另一种茶时，茶汤带异味及杂味，隐没所泡茶的真味。此外，壶身温热才可将茶叶色、香、味的本质适宜地表现出来。温壶后的水倒在茶船中，也可预先用来温洗茶杯，然后将这些水倒掉。

3. 置茶。温壶后便可将茶叶放入壶内，茶量以占壶的二分之一至三分之二为宜(乌

---

① 鄂尔泰、张廷玉等编纂：《国朝宫史》，北京古籍出版社 1987 年版，第 249 页。

② 鄂尔泰、张廷玉等编纂：《国朝宫史》，北京古籍出版社 1987 年版，第 249 页。

③ 鄂尔泰、张廷玉等编纂：《国朝宫史》，北京古籍出版社 1987 年版，第 250 页。

龙茶）。置茶时尽量避免用手抓茶或撮茶，因为茶性干燥，容易吸收手掌上的湿气及杂味。置茶最好用茶匙取茶，且在壶口放个茶漏，让茶叶轻易进入茶壶，不致散落于壶外。置茶时，如欲多置些茶时，可将茶叶拨至壶边四周，不要用力压挤，免得茶叶压碎，尽量保持茶叶的完整。

4. 温润泡。置茶后，注入沸水，并以壶盖刮去泡沫，随即将茶汤倾入茶海或茶船、杯中，称为温润泡。其作用一是可冲掉茶叶中的杂质或附于表面上的杂味，使茶叶更加纯净；二是让茶叶先吸收温热和湿度，助其舒展，为发挥香气及滋味作准备；三是可去除茶叶中的青草味，使茶味更佳。

5. 冲泡。茶叶一经温润后，茶质即显而易见，继而以热水冲入壶中，即所谓冲泡。第一次为“第一泡”，第二次为“第二泡”，以此类推。每种茶的冲泡次数都不同，熟茶汤色一般较浓，不宜泡太久，只要几秒钟即应倾壶倒出；而生茶通常第一泡要浸约一分至一分半时间，冲泡次数亦较熟茶少。

6. 冲壶。壶内注入热水后盖好壶盖，进行冲壶，如此冲泡动作才算完全。一般都习惯以热水从壶盖上冲浇一趟，或绕浇茶船，水量达到半茶船即可。冲壶的目的是为壶盖加温，使壶盖与壶身温热相仿，有助上下交触。同时还可洗去温润泡时所溢出或刮除的茶泡，使茶壶清净舒爽。

7. 计时。茶叶浸泡时间的长短，对于茶的色、香、味等都有很大的影响，而浸泡时间的长短则因茶的种类、个人习惯及嗜好而不同。了解茶的特性，累积泡茶的经验，便能将时间把握得恰到好处，泡出色香味俱全的茶。品茶高手可凭经验判断，一般人还要借助工具计时。手表计时最方便，而各种造型的沙漏则富有情趣。

8. 温杯。在计时的时候，第一泡未倒出之前，最好能用热水温烫茶杯，因为茶杯的温度可使茶的香气更明显，滋味更佳美。如果讲究的话，应每泡都温杯。温杯形式有茶船里温杯和茶船外温杯两种。茶船里温杯是借用蓄于茶船中的水温杯，将所有茶杯置于茶船里，以食指、拇指或夹子转杯温洗。茶船外温杯是借用温润泡所倒入茶海中的茶汤或另行添进的热水温杯，将茶杯排在一起，将热水倒进第一个杯子或少量分入每个杯子。

9. 运壶及干壶。温杯后，待浸泡时间充足，将茶壶从船中提起，沿茶船边缘运行一番，称为运壶。运壶的作用在于去除壶底大部分的水，以免壶底的水滴湿桌面或顺流到杯中，影响茶质及失礼。运壶之后，再沾贴于茶巾上，以去除残附的水分，如此干壶的动作便完成。

10. 倒茶。倒茶方式一般有两种，一是直接倒入茶杯，将茶杯紧邻接排，然后在每个杯子上均匀地倒茶，使每个茶杯里的茶汤都有同样的浓度及分量。二是倒入茶海，再分入各茶杯。此种方式可使茶汤浓淡均匀，也有助于茶末沉淀，将之滤留在茶海里。倒茶以茶杯八分满为宜，且应将茶壶里的茶汤全倒出，壶里不宜留有剩余的汤水，以免过分浸泡茶叶。

11. 奉茶。最正式的奉茶是将茶杯置于茶盘上，且应以辈分大小、年龄长幼来区分顺序，主人的一杯要留在最后。如果用茶者围坐一起，则不用茶盘奉茶，只以手势说“请”。主人请用茶后，客人应尽快品用，以免因茶汤降温而散失精华。①

① 陆羽：《茶经》，中国市场出版社 2006 年版，第 66～69 页。

(二)盖杯泡法

盖杯法也是常见的一种泡茶方式。做法如下：

1. 温杯。将盖杯和茶杯用开水浇烫，这样做一是为了清洁，二是为了提高温度。因为据测试，用 100℃的沸水注入冷茶杯时，水温即降低至 82℃，若先温杯则可保持在 90℃左右。

2. 放入茶叶。温杯后，投入适量的茶叶到盖杯中，一般标准是 3 克。

3. 湿润泡。把开水注入盖杯中，然后马上将水倒出。如果茶汤面上有泡沫，可注入开水至近乎满泻，然后再用杯盖刮去浮在茶汤面上的泡沫。这道工序的目的在于洗茶，同时使茶叶在吸收一定水分后呈舒展状态，有利于冲第一道茶汤时香气与滋味的发挥。

4. 第一泡。茶叶经温润后，就可注入开水冲泡了。温度上，泡绿茶类约 80℃，花茶类约 85℃，乌龙茶类与红茶类一般不以低温冲泡。

5. 静置备饮。冲泡后，浸泡适当时间，然后将茶汤倒进茶杯内，即可饮用。其后每泡一次，浸泡的时间适当延长。[①]

(三)袋装茶泡法

袋装茶泡法比较方便、简单。做法如下：

1. 温杯。用开水冲烫茶杯。

2. 置茶于茶杯泡。一袋袋装茶，约加入 150 毫升的水量为宜。如果多冲进一些水或放进两袋茶，而使茶汤较为清淡或浓密，则视个人喜好而定。

3. 静置。泡袋装茶的时间，约以五分钟为宜。在去袋饮用前，提袋摇晃几下，有助于增强茶汤的浓度。一般袋装茶都只泡一次，如要泡第二次，第一泡的时间就要减半。

4. 拿出茶袋备饮。饮用之前把茶袋取出，即可饮用。[②]

以上是《茶经》编译者萧晴介绍的三种现代普通茶艺。

工夫泡法中的一些步骤还流行有风趣的称呼，如运壶及干壶，称“游山玩水”；倒茶汤注入每个茶杯，称“关公出城”；茶壶中的茶汤必须倾倒干净，不留余汤，此时，一滴一滴分别注入各茶杯，称“韩信点兵”；温茶壶称“内外夹攻”；泡茶时，将烧开水的水壶高高提起，开水冲入茶壶，称“高冲”；有的将头泡茶汤倒掉，叫“洗茶”；倒茶汤入茶杯，叫“斟茶”；斟茶宜低，称“低斟”等。

三、民族茶艺

这里要介绍的是少数民族茶艺。我国是多民族国家，各少数民族同汉族一样，具有悠久的吃茶、饮茶、喝茶的历史。但是，饮茶、喝茶的茶艺、习俗各有不同，下面介绍部分少数民族茶艺。

---

① 陆羽：《茶经》，中国市场出版社 2006 年版，第 65～66 页。

② 陆羽：《茶经》，中国市场出版社 2006 年版，第 66 页。

(一)白族三道茶和响雷茶

白族主要聚居于云南大理白族自治州及云南碧江、元江、昆明、昭通,贵州的毕节,四川的西昌等地。

白族居民时尚用三道茶款待客人。喝三道茶也成为子女学艺、求学、新女婿上门、女儿出嫁以及子女成家立业时的一套礼俗,称为“一苦二甜三回味”。制作方法:

第一道茶:先将水烧开,司茶者先用一只粗糙的小砂罐,置于文火上烘烤,不停地转动罐子,待罐烤热后,取适量茶叶放入罐内,并不停转动砂罐,使茶叶受热均匀。待罐内茶叶发出“啪啪”声响,茶的叶色转黄,并发出焦糖香时,立即注入烧沸的开水,即成第一道茶。将茶汤倒入小茶杯,双手举盅献给客人。此道茶为“苦茶”。

第二道茶:主人重新用小砂罐置茶、烤茶、煮茶,并在茶盅放入少许红糖,将煮好的茶汤注入八分满,即成第二道茶。此道茶为“甜茶”。

第三道茶:其煮茶法相同,不同的是,要在茶盅中放入适量蜂蜜、炒米花,3～5 粒花椒,一撮核桃仁,将茶汤注入六七分满,即成第三道茶。此道茶为“回味”茶。

响雷茶制法:主人将刚从茶树上采回来的芽叶,或经初制成的毛茶,放入一只粗糙小砂罐内,用钳夹住,在火上烘烤。烘烤时,要翻滚罐子,以防茶叶烤焦,罐内茶叶“噼啪”作响,并发出焦糖香时,立即向罐内冲入沸水,此时罐内会发出雷鸣声,响雷茶因此得名。将茶汤注入茶盅,即成响雷茶。

(二)畲族的二道茶和宝塔茶

畲族分布在福建、浙江、江西、广东、安徽等省。二道茶和宝塔茶是畲族的茶俗。

畲族主人泡茶敬客,客人喝茶必须茶过“二道”:主人奉茶时称为第一道茶,为冲茶;续杯为第二道茶,称泡茶。喝过二道茶,才算尽礼。如果客人不饮二道茶即走,视为失礼,第三道茶则主随客便。若三道茶后客人还想喝,则主人会重新换茶续水。畲族同胞认为:“头碗苦,二碗补,三碗洗洗肚”,只喝一碗是“无情茶”。

饮宝塔茶多在迎亲时举行。迎亲时,新娘哥嫂们要向前来迎亲的亲家伯和轿夫敬奉宝塔茶。

做法是:用红漆樟木八角茶盘,底层放一碗茶,上放一片红漆小木片,木片上再放上三碗茶;其上再放上小木片,木片上放一碗茶作顶,五碗茶造型如一座宝塔,故名宝塔茶。哥嫂将宝塔茶端上献给亲家伯,亲家伯用牙齿咬住顶端一碗茶,再用手挟起中层的三碗茶,连同底层的一碗茶,分别转送同来的四位轿夫。奉毕,亲家伯喝干用口咬住的那碗热茶。要是茶水一滴不外溅,将得到满堂喝彩,否则会遭到嗤笑。

(三)土家族的打油茶和擂茶

土家族主要分布在湘西、鄂西、黔东北和渝东一带,流行吃打油茶和擂茶。

打油茶制作:用一只小土陶罐,在火塘上加热后,加上适量茶油或猪油。而后放入茶叶,待茶叶变黄,发出焦香时候,加水煮沸即成。也有在油茶罐发热时,放入花生米、黄豆之类,经烤、炸后,再放入自制的绿茶,加水煮沸即成打油茶。喝茶汤时,要将花生米、黄豆和茶叶一起吃干净。

擂茶制作：以生茶、生姜、生米仁为原料，在擂罐中研磨后，用沸水冲泡煮沸而成。也称“三生汤”。

(四)苗族的八宝油茶汤和虫茶

苗族主要居住在贵州省，湖南、湖北、重庆、广东、广西等省、市、自治区也有分布，流行吃八宝油茶汤和饮虫茶。

八宝油茶汤是在油茶汤中放入多种佐料而成。

油茶汤制作：往发热锅里倒入适量茶油，待油冒青烟时，放入茶叶和少许花椒，翻炒至茶叶变黄，发出焦香味时，加上少量的水，放上姜丝，再用铲挤压，压出茶汁、姜汁。待锅内水沸时，加上适量食盐、大蒜和胡椒之类，翻炒后，再徐徐加足量的水，煮沸即成油茶汤。

备好佐料：炸炒熟的玉米、黄豆、花生米、核桃、团散(米薄饼)、豆腐干丁、粉条等，分装入碗。

将煮沸的油茶汤冲入备好佐料的碗中，即成八宝油茶汤。

虫茶，又称虫屎茶，流行于湖南城步苗族自治县和广西桂林地区。制法：在每年4—5月间，将茶树上的嫩枝摘下置于竹篓中，浇上清洁的淘米泔水，再将竹篓搁在通风的阁楼上。几天后，茶枝上长出米蛀虫，以嫩茶叶为食料。米蛀虫的屎留在竹篓底部，收集在瓷瓶内备用。

泡虫茶时，取适量虫屎放在碗中，冲泡沸水即成虫茶。

(五)藏族的酥油茶和奶茶

西藏、四川、青海、云南、甘肃的藏族居民，时尚喝酥油茶和奶茶。

酥油茶是在茶汤中加入酥油等佐料而成。酥油是把牛奶或羊奶煮沸，经搅拌冷却后凝结在牛奶或羊奶表面的一层脂肪。所用茶一般是砖茶、普洱茶等。先将紧压茶打碎放入壶中，加水煎煮15～20分钟，滤去茶渣，把茶汤注入长约1米、直径为20厘米的长柱形打茶筒内，并加入适量酥油。还可根据需要加入炒熟研碎的核桃仁、花生米、芝麻粉、松子仁等佐料。并可放上少量食盐、鸡蛋等。接着，用木杵在圆筒内上下抽打。打至茶筒内发出的声音由“伊啊、伊啊”转为“嚓伊、嚓伊”时，表明茶汤和佐料已混为一体，酥油茶即制成，随即将酥油茶倒入茶瓶待用。

奶茶制作，大多用四川的边茶，用50克茶加2升水在锅内或茶壶里熬煮10～15分钟后，滤去茶渣，加四分之一量的牛奶再煮开就成了奶茶。

(六)维吾尔族的香茶和奶茶

新疆维吾尔族居民流行饮用香茶和奶茶。煮香茶用的是铜制的长颈茶壶，也有陶质、搪瓷或铝制长颈壶的，而喝茶用的是小茶碗。先将茯砖茶敲成小块备用。在长颈壶内注水至七八分满，加热，水沸时，取适量碎块砖茶放入壶中，再次烧沸壶中水约五分钟，将预备好的适量姜、桂皮、胡椒等香料，放入壶中，轻轻搅拌3～5分钟即成。

奶茶制作：先将茯砖茶打碎，放入铝壶中，加水煮沸后，再加入茶汤量五分之一至四分之一的鲜奶和适量盐，搅匀即成。

(七)蒙古族的咸奶茶

内蒙古的蒙古族居民流行喝咸奶茶。咸奶茶以青砖茶或黑砖茶为原料，将砖茶用砍茶刀劈成小块，再放入石臼中捣成末，将茶末放入铁锅熬煮，3～5 分钟后掺入几勺鲜牛奶，奶量为水的五分之一左右，加以搅拌，并放入适量的盐，经煮沸后即成咸奶茶。

(八)傣族的竹筒茶和茶泡饭

傣族聚居于云南的西双版纳州和德宏地区，也散居于云南其他县、市。

竹筒茶的制作：用晒干的春茶，或经初加工而成的毛茶，装入刚砍回来的生长期为一年左右的嫩香竹筒中。将装茶竹筒放在火塘三脚架上烘烤 6～7 分钟，茶叶软化后，用木棒将竹筒内的茶压紧，再填满茶，继续烘烤。如此边填、边烤、边压，直至竹筒内的茶叶填满压紧为止。随后用刀剖开竹筒，取出竹筒内的茶待冲泡，竹筒茶即制成。

茶泡饭制作：先在锅内放上水，加上适量茶叶，待水煮沸后，捞起茶渣，加入已煮好的米饭，捣散结块的饭团即成茶泡饭。

(九)侗族的油茶

贵州、湖南、广西一带的侗族居民，喜欢喝油茶。油茶是侗族聚会、议事、娱乐、待客时最好的饮食。

油茶的制作：将适量茶油放入发热的锅内，待油面冒青烟时，放入一撮生糯米翻炒，待糯米发出焦香时，再投入刚从茶树上采下来的嫩芽茶入锅翻炒，茶叶发出清香时，加入少许食盐，放水后加盖，煮沸 3～5 分钟，再将茶叶捞起，即成油茶汤，盛入碗即可喝。

(十)哈尼族的土锅茶和土罐茶

哈尼族主要居住在云南的红河地区及普洱、澜沧等县，爱好喝土锅茶。

制法：用土锅(或瓦壶)将水烧开，放入适量茶叶，再煮沸 3～5 分钟即成土锅茶。主人将茶水倾入用竹制的茶盅内，敬奉给客人。

土罐茶制作：在土陶罐中注入七八分满水，再放入一把初制青毛茶，在火塘上煮沸 2～3 分钟即成。

(十一)傈僳族的油盐茶和糖茶

傈僳族聚居于云南怒江一带，也散居于云南丽江、大理、德宏、楚雄、迪庆等地，流行喝油盐茶和糖茶。

制作：先将小土陶罐在火塘(坑)上烘热，再放入适量茶叶，将茶叶烘烤均匀，待茶色变黄、发出焦香时，再加上少量食油和盐，并加适量水，再煮沸 3 分钟即成油盐茶。如放糖，不放食油和盐，即成糖茶。

(十二)哈萨克族的马奶子茶和奶皮子茶

哈萨克族主要居住在新疆维吾尔自治区天山以北的伊犁、阿尔泰和巴里坤、木垒等地，也有散居在青海海西和甘肃的阿克塞。

马奶子茶制作：用铝锅壶或铜壶煮水至沸，将打碎的茯茶放入锅内，再煮5分钟左右，加入马奶子，用奶量约为茶汤的五分之一，搅拌后，投入适量食盐，再煮沸3分钟即成。也有加食糖、核桃仁，不加盐的。

奶皮子茶制作：将捣碎的茶叶放进铝锅或壶里，加水煮沸后，加入已经熬好带奶皮的牛奶，用量是茶汤的五分之一左右。

除上述列举的以外，还有回族的罐罐茶和八宝盖碗茶，佤族的苦茶和土锅茶，拉祜族的烤茶和糟茶，纳西族的"龙虎斗"和盐茶，景颇族的腌茶和鲜竹筒茶，布朗族的青竹茶和腌茶，撒拉族的碗子茶、茯茶、麦茶，基诺族的凉拌茶和煮茶，彝族的烤茶和清茶，德昂族的腌茶，普米族的油茶和茶汤，布依族的姑娘茶，仡佬族的茶泡，鄂温克族的奶茶、面茶、肉茶，裕固族的酥油炒面茶，瑶族的打油茶等。可见，我国的民族茶艺、茶俗资源十分丰富。①

第四节　观赏游：茶艺、茶道表演

茶艺、茶道作为旅游资源的主要形式之一，是通过茶艺、茶道表演，让旅游者观赏、体验，使旅游者得到赏心悦目的精神享受。

一、表演项目设计

茶艺、茶道表演有如下项目可以表演：

1. 中国茶艺表演，包括古茶艺和当代茶艺表演。

古茶艺表演有：唐代煮茶(煎茶)茶艺表演、宋代点茶茶艺表演、明清泡茶茶艺表演、宫廷茶艺表演等。

当代茶艺表演有：民俗茶艺表演，如四川茶艺、云南茶艺、浙江茶艺、闽南茶艺、藏族茶艺、白族茶艺表演等，禅茶茶艺表演，"无我茶会"的茶艺表演，各种茶如乌龙茶、绿茶、红茶等的冲泡茶艺表演等。

2. 日本茶道表演。

3. 韩国茶礼表演。

---

① 参阅姚国坤等编著：《饮茶习俗》，中国农业出版社2003年版；施联朱编著：《畲族风俗志》，中央民族学院出版社1989年版；范玉梅等编著：《中国少数民族风情录》，四川民族出版社1987年版；康乃主编：《中国茶文化趣谈》，中国旅游出版社2006年版。

二、表演场景布置

(一)中国茶艺表演场景

古茶艺表演场景要体现历史感、时代感,体现中国茶道精神。在表演厅、台要有茶道精神的文字展现,与茶艺表演相得益彰。

表演者的服饰、发型、举止要有历史的再现感、真实感。如唐代、宋代、清代有不同的服饰和发型。

当代茶艺表演要体现茶风茶俗,体现历史的传承,民族的特色,既不脱离当代实际,又体现古茶艺的当代延续。

(二)外国茶艺表演场景

以天福茶博物院的日本茶道表演、韩国茶礼表演的场景为例:日本茶道馆建有日本式庭院及茶室,设有精亭、俭亭、敬亭,分别代表三个不同时代的日本茶室风格;茶室每天为游客表演日本茶道,让人一睹日本茶道"和、敬、清、寂"的奥妙所在。韩国茶礼馆按照韩国传统茶室的建筑风格,采用原杉木构建而成。馆内摆设的各项道具和茶具,均由韩国太平洋集团提供。

三、表演项目实例

茶艺茶道表演,选择哪一项目进行设计、训练、表演,要根据不同的地点、场所,作不同的安排。如在茶乡,主要表演当地的民俗茶艺;在场所有限的茶庄、茶馆,主要表演当代各种茶的冲泡茶艺;在场所比较宽敞的茶博物院、馆,可以表演中国古茶艺和外国茶道,如天福茶博物院在这方面就安排得很有特色。下面举几个实例。

(一)"东方美人颂"表演

这是天福茶博物院中国茶艺馆表演的实例。

1. 精神要义

东方美人的风华韵味及茶汤的层次美。

清闲贞静、优游从容的情操教养。

成长的喜悦、往日的情怀、未来的憧憬。

2. 茶席布置

道场正前方,设一展示花香案,正中央置司茶席,左右两旁分别置花、香案,道场一旁置茶桌一张邀茶友入座。

茶挂:李奇茂绘"东方美人图"及对联"尘外寻春香在手,茶中顾影艳于花"。(林荆南句)

司花:引花明秀,申花清丽,承花典雅。分三次建花。

司香：引香淡雅，申香清凉，承香温润。分三次建香。

司乐：八展舞。

司茶：冲泡“白毫乌龙茶”。初巡茶：以 90℃开水，冲泡 7 秒钟。汤色鹅黄明秀，香气清凉恬雅，滋味软甜，质感娇柔。再巡茶：以 95℃开水，冲泡 30 秒钟。汤色金黄鲜丽，香气甜蜜温润，滋味甘醇，质感丰腴。三巡茶：以 90℃开水，冲泡 90 秒钟。汤色橘红，浓郁蜜香，滋味微苦涩，略带果香，质感强劲。

3. 茶会仪式

司乐乐起。

司花捧引花入席，司香捧引香入席。行花礼、香礼。置瓶花、香炉于花香案；退席。

司茶入席，行礼，沏初巡茶，置一杯茶于展示桌上。奉茶给茶友，司茶返座举杯请茶友饮茶。

司花捧申花入席，司香捧申香入席。行礼，易花，易香；退席。

司茶入席，沏再巡茶，置一杯茶于展示桌上。奉茶给茶友。返座，饮茶。

司花捧承花入席，司香捧承香入席。行礼，易花，易香；退席。

司茶入席，沏三巡茶，置一杯茶于展示桌上。奉茶给茶友。返座，饮茶。

司茶起身，收回茶友手上之茶杯、杯托。

司花、司香入席，行礼，撤承花、承香，置于展示桌上。

司茶行礼，乐止，请茶友退席。①

（二）“四序茶会”表演

这是天福茶博物院中国茶艺馆表演的又一实例。

1. 精神缘起及功用

(1)《易经·乾卦》：“夫大人者，与天地合其德，与日月合其明，与四时合其序，与鬼神合其吉凶。”

(2)《易经·系辞》：“法象莫大乎天地，变通莫大乎四时，悬象著明莫大乎日月。”

(3)《礼记·礼运》：“故人者，其天地之德，阴阳之交，鬼神之会，五行之秀也。故天秉阳，垂日星；地秉阴，窍于山川。播五行于四时，气和而后月生也。”

(4)《魏书·律历志》：“四序迁流，五行变易。”

(5)以茶道艺术来诠释大自然圆融的韵律、秩序、生意。

(6)茶人精神与大自然节气之相应感通。

(7)合敬同爱的茶会，风义师友的茶会。

2. 茶席布置

茶席布置以正四方形为惯例。四角落分置茶桌一部，朝四方。司茶及客人坐椅一式，计二十四把，分四列平排；茶席正中央置花香案一部。茶桌依春夏秋冬(东南西北)铺四色茶巾，即青赤白黑四色八尺见方桌巾；花香案铺八尺见方黄色桌巾。茶桌之桌面四尺长，二尺半深，桌高二尺半。花香案之桌面三尺见方，桌高二尺半。坐椅一式，椅面约一尺四寸见方，高约一尺三寸。茶席以十五尺见方为宜。

---

① 林易山：《茶心——茶道礼仪艺术之创作》，台湾台北市 2006 年版，第 104～108 页。

3. 茶挂

四季山水图,卷轴。对联联文:“名壶名器名山在,佳茗佳人佳气生”(林荆南撰),或“万物静观皆自得,四时佳兴与人同”(程颢句)。

若茶席无适当位置挂卷轴,则于四部茶桌上,使花后,置“四季山水图”立扇。

4. 茶花

司花兼任司茶,有4人。

花香案设“主花”,旨意“六合”,天地四方之意;黄色水方花器。

四部茶桌设“使花”,旨意“春晖”、“夏声”、“秋心”、“冬节”;花器为青、赤、白、黑四色花瓶,分别置于茶桌右上角。

瓶花后分置立扇四面,书“春晖”、“夏声”、“秋心”、“冬节”,或书“春风”、“夏露”、“秋籁”、“冬阳”。

主花与使花相应涵摄,说明了大自然的节序,及普遍生命之美。

主花的花材种类需含括使花所有的花材。

5. 香赏

司香2人。

球型香炉二件,象征“日”“月”。香炉名“四季香炉”、“两仪香炉”或“天宝香炉”。

香料以自然香材为宜。

6. 茶器

主茶器:青、赤、白、黑四色瓷器壶组,每组含一壶、一盅、一茶船、六组茶杯茶托、一水方。电茶壶四组,分置于四部茶桌。

茶艺用品组四套,计有沏茶巾、小茶巾、茶荷、奉茶盘、壶垫、盅垫、茶渣匙、茶拂、茶巾盘、计时器、盖置。

7. 茶叶

四色(青赤白黑)茶叶盒,或四色瓷罐均可,分装四种不同茶叶。如文山包种茶(春)、白毫乌龙茶(夏)、铁观音茶(秋)、金萱乌龙茶(冬);或龙井茶(春)、凤凰单枞(夏)、安溪铁观音茶(秋)、普洱茶(冬);或玫瑰剑毫(春)、珍珠茉莉(夏)、桂花乌龙茶(秋)、菊花普洱茶(冬)。

8. 音乐

现场演奏或录音带、CD片播送均可。

南管:曲名“四时景”。

古琴:曲名“玉楼春晓”、“流水”、“平沙落雁”、“梅花三弄”。

西乐:韦瓦第(四季协奏曲)

9. 仪式

(1)司香、司茶于入口迎宾。

(2)演奏或播放乐曲。

(3)主人引茶友20名入席,就座位。

(4)司香入席,立于花香案前,行香礼、退席。

(5)司茶4人捧茶花入席,就位,立于茶席后,行花礼,就座,沏茶四巡。

(6)司茶奉第一道茶、第二道茶、第三道茶、第四道茶。

(7)司茶收回茶友们的茶杯、茶托。

(8)司香入席行香礼,退席。

(9)司茶入席行花礼,退席。

(10)司香、司茶列队恭送主人、茶友离席。

(11)乐止。

10. 行香礼法

(1)司香2人,捧香炉分立于迎宾处两侧之首位,两手肘与地面平行。

(2)主人引茶友就座后,左侧司香先行入席三步后,右侧司香随行入席。

(3)司香徐行至花香案前二尺,转身,互视,行前一步,立正。

(4)举香炉直上至额前,停二秒钟,直下,将香炉置于花香案。收掌,双掌相并离身一寸。

(5)司香相视行默礼,俯身,右脚先退一步,立正。

(6)右司香侧身,绕行花香案三步后,左司香侧身,与右司香先后退出,立于迎宾处。(若主人与客人仅18个,则司香2人可入席,接受奉茶)。

(7)待司茶收回茶杯、茶托,就座之后,司香二人入席,左司香、右司香相距三步,并掌徐行至花香案前二尺,转身,互视,行前一步。

(8)双手捧香炉,立正,举香炉直上至额前,停二秒钟,直下,两手肘与地面平行。

(9)司香相视行默礼,俯身,右脚先退一步,立正。

(10)右司香侧身,绕行花香案三步后,左司香侧身,与右司香先后退出,立于迎宾处。(待主人领客人全部退席后,司香再入席,将香炉置于香案,退席)。

11. 行花礼法

(1)司花4人,右掌握花瓶颈,左掌托瓶底,捧使花分立于迎宾处两侧之中位、末位,两手肘与地面平行。迎宾入席。(左中位为当季司花,引领右中位、左末位、右末位,依四时节序行花礼,行茶礼。)

(2)待司香行香礼迎宾退席或就座之后,司花依序入席,绕行花香案后,分别立于四部茶桌后二寸。

(3)行花礼。司花四人同时将使花左移于心脏位置下方,升使花直上五寸,停二秒钟,行默礼,直下,将使花置于茶桌右前方,立扇前。立正。

(4)司花4人同时坐下,行茶礼。(奉四道茶,收回茶杯、茶托,待司香入席行香礼谢退席之后。)

(5)司花起身站立,取使花捧于胸前,离位,立于茶桌右前方。

(6)司花4人徐行至花香案前一尺,双双面对,立正,转身,面朝20位茶友。

(7)行花礼。司花4人同时将使花左移于心脏位置下方,升使花直上五寸,停2秒钟,行默礼,直下,移使花于胸前。依序退席,立于送宾处。

12. 行茶礼法

(1)行花礼坐下后,先调整好茶桌上所有的茶器,以适合自己运用的位置。

(2)双掌合并于身前(女右掌在前,左掌在后,男左掌在前,右掌在后),起身,弯腰30度,行鞠躬礼。

(3)行礼后坐下,双手拿起小茶巾,吸气调息,平托小茶巾,直升至双眼前,再轻轻放下，双手指尖按小茶巾。收掌。

(4)右手取下壶盖，放在盖置上。左手提电茶壶温壶，注水七分满。放下电茶壶，取壶盖放回茶壶上。

(5)右手取茶罐至胸前，交左手，双手握茶叶罐，右手打开茶叶罐，将茶叶罐及盖子置于小茶巾上。收掌。

(6)右手取茶荷交至左手，右手拿茶叶罐将适当茶叶量倒入茶荷中。(茶叶如较蓬松，先将茶荷放桌上，再用茶匙掏取茶叶入茶荷中)置好茶叶后，依序将茶荷、茶叶罐归位。

(7)取下盅盖置于盖置上，将温茶壶的水倒入茶盅。茶壶归位，取盅盖放回茶盅上。

(8)右手取下壶盖置于盖置，右手取茶荷交左手，右手取茶匙将茶荷内茶叶拨入壶中，茶匙归位，盖上壶盖。

(9)右手取茶拂，清理茶荷内之茶末入水方，再将茶拂、茶荷归位。

(10)右手掀茶杯，杯口朝上。

(11)右手取下壶盖，左手提电茶壶冲开水入茶壶，放下电茶壶，盖上壶盖，按计时器，计时。

(12)双手拿起小茶巾置于左掌上，右手拿起茶盅，将茶盅水顺时针方向倒入杯内，温杯，茶盅多余的水倒入水方内。茶盅归位，小茶巾归位。

(13)待茶汤热时，右手取下盅盖置于盖置上，取小茶巾于左掌上，右手提茶壶将茶汤全部倒入茶盅内，放下茶壶，盖上盅盖，将计时器归零。放下小茶巾。

(14)取小茶巾置于左掌上，顺时针方向将温杯的水依序倒入水方内，同时，以小茶巾擦干杯上水滴。

(15)右手取茶盅，将茶汤依序分茶入茶杯内；茶盅归位，小茶巾归位。

(16)以左手拿起左下角的茶杯、茶托，放在茶船左下角。右手再调整后列二茶杯、茶托左移一寸。

(17)双掌合并，起身，弯腰30度，端好奉茶盘，直身，自茶桌右后边出，立于茶桌右前角，行至花香案，转身，奉茶给茶友5人。

(18)转身回花香案，逆时钟绕行香案，回到茶桌，放下奉茶盘，坐下，举杯请客人喝茶。司茶啜些茶汤，放下茶杯、杯托。即提起电茶壶冲第二道茶。候汤时间，司茶细品剩余的茶汤。

(19)沏好第二道茶汤后，将茶盅置于奉茶盘，小茶巾置于茶盅后方；司茶将自己的茶杯、杯托放在茶桌右前方；起身，奉第二道茶给次5位茶友。

(20)如(18)冲第三道茶。

(21)如(19)奉第三道茶给再次5位茶友。

(22)如(18)冲第四道茶。

(23)如(19)奉第四道茶给最末5位茶友。

(24)司茶与茶友喝下第四道茶汤后，司茶起身，端起奉茶盘；入席收回茶杯、杯托。司茶回位，将六组茶杯、杯托归正于奉茶盘。

(25)司茶起身，行鞠躬礼。坐下。①

---

① 林易山：《茶心——茶道礼仪艺术之创作》，台湾台北市2006年版，第112～126页。

(三)“信阳毛尖十道茶”表演

1. 表演所用的茶器具

茶船、茶圣瓷质壶、茶盅(也称公道杯)、闻香杯、品茗杯、随手泡、茶具组合(茶则、茶筷、茶漏、茶匙)。

2. 第一道:鉴赏佳茗——信阳毛尖

茶艺师用茶则从茶盘中取出毛尖置于赏茶盘中,由茶艺小姐示给来宾观赏。信阳毛尖是以鲜嫩茶叶为原料采用传统与现代技术精制而成的,具有细、圆、光、直、多白毫的外形,是风格独特的绿茶珍品。

3. 第二道:泡茶玉液龙潭水

泡茶用水,选自龙潭山泉水,该水具有清、甘、洁、活之特色,俗话说:老茶宜沏,嫩茶宜泡,冲、泡龙潭牌信阳毛尖,水温在80℃。

4. 第三道:烫壶温杯洁器具

茶艺师将瓷壶水倒入茶盅,依次倒入闻香杯、品茗杯,再用茶筷夹洗杯子,这一道叫清洁茶具。茶是圣洁之物,泡茶人要有一颗圣洁之心,使饮茶者更有一种心旷神怡的感受。

5. 第四道:毛尖入宫吉祥意

茶艺师用茶则从茶盒中取出信阳毛尖,用茶匙轻轻拨入壶内。在夏季,采取“中投法”,不违背茶的圣洁物性,以祈求给人们带来更多的幸福。

6. 第五道:冲洗仙颜品唇香

信阳人喝茶,讲究头道水、二道茶,为了使茶更易发挥香气,要把这第一泡茶水倒掉。

7. 第六道:湿润毛尖露芳容

提壶采用“回旋注水法”向壶中注水少许,浸润茶芽,称为温润泡。

8. 第七道:回清沏茶表敬意

茶艺师提举随手泡将水注入壶内,上、下提拉注水,反复三次,雅称“凤凰三点头”,然后,茶艺师用壶盖轻轻拂去茶汤表面泡沫,称之为春风拂面。

9. 第八道:玉液回壶待君品

茶艺师将壶中茶水迅速倒入茶盅内,使茶汤分离浓淡均匀。

10. 第九道:平分秋色入茶盏

茶艺师将茶盅之水依次斟入闻香杯。

11. 第十道

由茶艺小姐为宾客奉茶。把闻香杯茶水倒入品茗杯,宾客闻香品茗。[①]

(四)祁门红茶茶艺表演

祁门红茶茶艺表演,多以展现徽州传统居家氛围的条案、桌椅、茶具为陈设,在具有浓郁地方特色的祁门乐曲的伴奏中进行。表演步骤如下:

1. 宝光出祁门

司茶请来宾欣赏色泽有“宝光”之称的祁门红茶,介绍祁红的历史、制作技法等。

---

① 于观亭编著:《茶文化漫谈》,中国农业出版社2003年版,第168～171页。

2. 烫盏待嘉宾

热水壶中用来冲泡的泉水经加热、初沸，注入瓷壶及杯中，为壶、杯升温。

3.“王子”入英宫

祁门红茶传入英国时，皇家贵族视为时髦饮品，因此，红茶也被誉为“王子茶”，将茶拨入壶中称为“王子入英宫”。

4. 飞流凌空下

冲泡祁门红茶的水温要达到100℃，将热水壶中的沸水高冲入茶壶，在沸水的激荡下，祁门红茶在壶中得以浸润，色、香、味被充分发挥出来。

5. 甘露敬知音

用循环斟茶法，将茶壶中的茶汤均匀地分入每一茶杯中，奉献给宾客。

6. 迎光赏汤色

宾客接茶后，先欣赏茶汤色。祁门红茶汤色红艳，杯沿有一道明显的“金圈”。

7. 花香醉乾坤

赏汤色后，再闻香，其香浓郁，甜润中蕴含一股兰花之香。

8. 细细品佳茗

观色闻香后，即可缓啜品饮。茶味鲜爽、浓醇。一泡之后，可再冲泡2～3次，每次的口感各不相同。[①]

(五)宫廷茶艺表演

由于宫廷特殊的地位，宫廷茶艺在一开始就占了一个制高点，无论是茶具、茶叶，还是茶艺师的技艺都是一流的。在我国古代，唐、宋、明、清等朝的宫廷里都有着非常完善的茶艺，但随着清朝的灭亡，宫廷茶艺也随之失去了生存的土壤。现代的宫廷茶艺是对古代宫廷饮茶生活的模仿，尤其是对清代宫廷茶艺的模仿，成了目前宫廷茶艺的主流。与其他茶艺相比，富丽堂皇是宫廷茶艺最主要的特点。

1. 备茶

茶品：在所有的茶艺类别中，宫廷茶艺所用的茶品应当是等级最高的。我国历代都有许多贡茶，现在这些贡茶也还是名优茶品，可用来作宫廷茶艺用茶。

水品：宫廷茶艺的用水也应体现出其特有的气派，清代的宫廷里饮茶用的是北京玉泉山的泉水，它被乾隆皇帝钦定为天下第一泉。现代的宫廷茶艺用水与其他的茶艺用水差不多。

2. 备具

宫廷茶艺的茶具要有高贵典雅的气派。明代的景泰蓝茶具、成化窑茶具，清代的贡品紫砂茶具，甚至金银茶具等，在宫廷茶艺中都有应用。在色调上，以明黄为主色调。一些表演型的宫廷茶艺安排了皇帝与大臣两类不同的茶具，皇帝用九龙三才杯(盖碗)，大臣用景德镇粉彩描金三才杯。除了盖碗外，还有小茶匙、锡茶罐、精瓷小碗、托盘、炭火炉、陶水壶等。

3. 仪表

茶艺师要穿上相关的服饰，如果表演的是清代宫廷茶艺，女茶艺师一定要穿上清代的

---

① 郑建新、郑毅编著：《名山问茶》，化学工业出版社2009年版，第98～99页。

旗袍，梳着清代宫廷女子的发式，戴着清代宫廷的头饰。走路的姿势当然也要有清代女子走路的样子。皇家一向都是规矩森严的，所以茶艺师的动作应大方而庄重。

4. 环境

宫廷茶艺的环境要尽量选择一些富丽堂皇的场所。如果是在户外进行这样的活动，可以用红、黄色的材料进行一番装饰。

5. 程序

目前的宫廷茶艺种类较多，有唐宫廷茶艺、三清宫廷茶艺、太子宫廷茶艺、太后三道茶茶艺等，它们的程序也不大一样。其中的三清茶艺是根据乾隆皇帝《三清茶联句》诗开发出来的，林治先生的《中国茶艺》对其作了详细的介绍，最接近清代宫廷饮茶生活的原型，这里就将其作为宫廷茶艺的代表，根据林治先生在《中国茶艺》中的介绍略作改动，介绍如下：

(1)调茶

由宫女打扮的茶艺师为客人烹茶。三清茶匙以乾隆皇帝最爱喝的狮峰龙井为主料，佐以梅花、松子仁和佛手。茶艺师将佛手切成细丝，投入细瓷壶中，冲入沸水至1/3壶时停5分钟，再投入龙井茶，然后冲水至满壶。与此同时，另一位茶艺师用钥匙将松子仁、梅花分到各个盖碗中。最后把泡好的佛手、龙井冲入各杯中。

(2)敬茶

茶艺师调好茶后，由太监打扮的服务人员把皇帝专用的九龙杯放入托盘中，以跪姿奉茶给“皇帝”。

(3)赐茶

当“皇帝”接过所奉的香茗之后，自己先饮上一小口，然后宣喻宫女赐茶。宫女再把其他的茶碗奉给“大臣”。

(4)品茶

品饮三清茶主要不是祈求“五福齐享”、“福寿双全”，而是要从茶的清香中去领略“清廉”二字。这是三清茶最重要的含义。

(六)民俗茶艺表演

民俗茶艺是民俗的一部分，也是中华茶艺的重要组成部分。民俗茶艺不仅讲究茶艺的形式，更重视待客过程中的饮食需要，它与所在地的民风民情有很密切的关系，有着各种各样的形式与风格。

1. 备茶

茶品：民俗茶艺中的茶一般都比较普通，很少有高档的茶。不同的地方，人们爱喝的茶不一样，如新疆的奶茶多用茯砖来制作，蒙古的奶茶常以湖北的老青茶为原料，北方很多地方人爱喝花茶，西南地区的人则爱喝普洱茶，等等。民俗茶艺所用的茶应该与当地的饮茶习惯一致。

水品：普通的饮用水就可以，但也有比较讲究的地方用雨水、泉水、雪水。

2. 备具

民俗茶艺的茶具以陶瓷茶具为主，也有的地方用竹木茶具。茶具大多比较粗放而特点鲜明，如北京的大碗茶所用的茶碗、南方擂茶所用的擂钵、藏族酥油茶所用的打茶筒、四川茶楼中的长流壶等。

3. 仪表

民俗茶艺中应当着民族服装，举止要符合该民俗茶艺的特点。一些地方的民俗茶艺在进行过程中，会有歌舞相伴。在我国南方的许多省流传的"打茶调"、"敬茶调"、"献茶调"就是来自于饮茶活动中的歌舞；一些地方在饮茶后则会有一个祈祷祝福的内容，如维吾尔族风俗，饮茶或吃饭以后，由长者作"都瓦"时把两只手伸开并在一起，手心朝脸默祷几秒钟，然后轻轻从上到下摸一下脸，"都瓦"就完毕了。在此过程中不能东张西望或起立，更不能笑，待主人收拾完茶具与餐具后，客人才能离席，否则就是失礼。在民俗茶艺中大多会有一些礼节性的举动，这是参加民俗茶艺表演必须了解的。

4. 环境

民俗茶艺的环境也应体现出相应的民俗特点。如在室内进行，可以选择蒙古包、竹楼、水乡民居这样有鲜明的民族特色的建筑；室外可以随意些，云南基诺族的凉拌茶在田边地头就可以制作了。如果是表演性质的民俗茶艺，通常都会有民俗元素浓厚的饰品、道具来装点周围的环境。

5. 程序

在民俗茶艺中，白族的三道茶的程序较为完善，有饮也有食，从中可以看出民俗茶艺的鲜明特点。三道茶起源于8世纪的南诏时期，徐霞客游大理时看见的三道茶是："初清茶，中盐茶，次蜜茶。"如今的三道茶在此基础上又有发展，是"一苦、二甜、三回味"。白族散居在我国西南地区，云南大理是其主要的聚居地。白族是一个好客的民族，每逢节日、生辰、婚庆、拜师，或是亲朋好友往来，都会以三道茶来待客。

第一道茶，称为"苦茶"，白族语称为"切枯早"，是清苦的意思。寓意"要立业，就要先吃苦"的哲理。制作时，先把专用的小土陶罐放在小火上烤热，然后放人茶叶再慢慢地烤到焦黄出香，再冲入沸水煮一会儿就可以了。主人将沸腾的茶水倾入茶盅，用双手捧着敬给客人。苦茶用的茶杯很小，称为牛眼盅，斟茶时只能小半杯。客人用双手接过茶，然后一饮而尽。苦茶色如琥珀，焦香扑鼻，滋味清苦。头道茶喝过之后，客人可随意取食桌上摆放的干果、糖果等。

第二道茶，称为"甜茶"。在客人取食桌上的干果时，主人开始准备甜茶。甜茶仍用小陶罐来煮，但饮茶用的杯子要换成小碗或普通的大茶杯，放入姜片、红糖、蜂蜜、桃仁、乳扇(一种牛奶做的特色食品)、炒熟的芝麻等，冲茶至八分满。甜茶香甜可口，浓淡适中，有"苦尽甘来"之意。饮了第二道茶，客人依旧吃些茶点，等主人烹制第三道茶。

第三道茶，称为"回味茶"。是用蜂蜜加少许花椒、姜、桂皮为佐料，还可放入一些炒米、核桃仁，加"苍山雪绿茶"煎制而成。饮第三道茶时，要一边晃动茶盅，使茶汤和佐料均匀混合，一边口中"呼呼"作响，趁热饮下。此道茶有甜、有苦，还带些麻辣味，饮后回味无穷。桂皮性辣，辣在白族中与"亲"谐音，而姜在白语中读"藁"(gǎo)，有富贵之意。这第三道茶既表达了宾主之间亲密无比和主人对客人的祝福，也寓意了人生的五味杂陈。①

---

① 周爱东、郭雅敏主编：《茶艺赏析》，中国纺织出版社2008年版，第145～149页。

第五节　修学游：茶艺、茶道培训

将茶艺、茶道培训和旅游结合，这里主要是指短期的培训、体验式的培训。

可在旅游计划中安排一天或二天的茶艺茶道培训。这种培训应是实用的大众化的培训，学了回去就能用得上。所以，应是当代冲泡茶的技艺培训，包括绿茶冲泡法、红茶冲泡法、乌龙茶冲泡法、普洱茶冲泡法等。还有茶叶鉴赏，茶礼的训练，包括敬茶、接茶、品茶等礼节的训练。在学习茶艺中体验茶道精神。

练习题

1. 请说明茶艺茶道的来历。
2. 何谓茶艺、茶道？
3. 茶汤制作技艺有哪些主要类型？
4. 请设计一条茶艺“观赏游”的旅游线路。
5. 请设计一条茶艺“修学游”的旅游线路。

阅读材料

日本茶道源于中国径山茶宴①

800多年前，日本僧人在中国径山寺拜师取经，将中国的禅茶文化带回日本，并发展成为日本茶道。这一口口相传的观点得到日本史料的印证。

据径山寺所在的浙江省杭州市余杭区文化部门查证，日本18世纪百科全书《类聚名物考》记载，日本僧人南浦绍明于1259年将径山茶宴传入日本。这一发现为实证径山茶宴为日本茶道之源提供了重要的文献史料。

此前，包括日本学者在内的众多专家学者都认为日本茶道源于径山茶宴，但是一直没有确凿的文献史料加以佐证。

2009年以来，杭州市余杭区文化广电新闻出版局组织专门力量，深入研究径山禅茶文化，在日本关西大学图书馆查到了相关文献。

---

① 余靖静：《中华合作时报·茶周刊》2011年2月15日B3版。

由18世纪日本江户时代中期国学大师山冈俊明编纂的《类聚名物考》第四卷中记载："茶宴之起，正元年中(1259年)，驻前国崇福寺开山南浦绍明，入唐时宋世也，到径山寺谒虚堂，而传其法而皈。"

余杭区文化局有关负责人表示，这一史料记载明确了日本茶道源于我国径山茶宴，成为径山茶宴是日本茶道之源的"铁证"。

径山寺禅茶文化可追溯至唐。僧人举行茶宴，礼佛参禅，并制定了独特礼仪，到了宋朝，其影响覆盖江南，被誉为"东南第一禅林"，并成为中日禅茶交流中心。"茶圣"陆羽也曾隐居径山脚下，写下著名的《茶经》。

作为中国禅门清规和茶会礼仪结合的典范，径山茶宴包括了张茶榜、击茶鼓、恭请入堂、上香礼佛、煎汤点茶、行盏分茶、说偈吃茶、谢茶退堂等10多道仪式程序，宾主或师徒之间用"参话头"的形式问答交谈，机锋偈语，慧光灵现，是我国禅茶文化的经典样式。

第五章

茶博物馆与旅游

本章学习重点提示

1. 了解我国茶博物馆的特点
2. 了解我国茶博物馆的情况
3. 掌握茶博物馆游览内容
4. 掌握茶博物馆游览的安排技巧

第一节　茶博物馆概述

一、茶博物馆特点

茶博物馆包括茶博物院、茶博览苑、茶博园等。据不完全统计，至2010年，国内有各种茶博物馆34座，还在建设中的茶博物馆9座。这些茶博物馆分布在四川、广东、香港、台湾、福建、浙江、广西、澳门、山东、云南、安徽、江苏等省区。有如下特点：

第一，从创办时间上看，最早是20世纪80年代创办的，如香港茶具博物馆建于1984年，蒙山茶史博物馆建于1986年。之前，尚无发现国内有茶博物馆建立。

第二，从规模上看，有大型的，有小型的，有全面展示茶、茶文化历史的博物馆，也有展示茶文化，某种名茶如蒙顶茶、普洱茶、阳羡茶或茶器、茶具、茶人事迹等专题馆。如中国茶业博物馆属大型博物馆，占地4.7公顷，建筑面积8 000平方米，而且集茶文化展示、科普宣传、人才培养、科学研究、学术交流及品茗、餐饮、会务、休闲等服务功能于一体。天福茶博物院也属大型茶博物馆，占地8.0公顷，建筑面积6 000多平方米，全面展示中国和世界各地茶、茶文化历史，是一个集学术研究、文化传承、教育娱乐为一体的茶文化大观园。专题馆如：香港茶具博物馆、大友普洱茶博物馆、四海壶具博物馆、茶马古道博物馆、茶圣吴觉农纪念馆、杨育新古茶器博物馆、中国普洱茶古六大茶山茶文化博物馆、阳羡茶博物馆、麻将与茶文化博物馆、中华武夷茶博园、大红袍博物馆、台北市三墩石茶壶博物馆等。

第三，从分布上看，大多在著名茶乡、茶区。如福建的漳浦、安溪、武夷山的乌龙茶、岩茶茶乡，浙江杭州的龙井茶乡，四川雅安蒙顶茶乡、都江堰青城山茶乡，云南勐腊县普洱茶区，江苏宜兴阳羡茶区，安徽黄山茶区、祁门茶乡，台湾的坪林、南投鹿谷茶乡等，都建有茶博物馆。

第四，从创办投资性质看，有公办，有民办，公办的有中国茶叶博物馆等，民办的有天福茶博物院等。

第五，民办的大多与茶产业结合，创办人大多是从事茶叶生产、贸易的茶企业家，茶经营者，熟悉茶，酷爱茶。如天福茶博物院是从事茶业经营 50 余年的天福集团总裁李瑞河投资创办的，李总裁祖上世代业茶，是茶世家，钟情茶、熟悉茶、酷爱茶，因此，投巨资创办茶博物院。

二、各地茶博物馆简介

(一)蒙山茶史博物馆

建于 1986 年，位于四川省雅安市名山县蒙阳镇，由张爱萍题写馆名。馆内存列着有关蒙顶茶的文献、诗词、标本、茶具以及记载蒙茶的碑碣。

(二)香港茶具博物馆

建于 1984 年，位于香港公园内，是香港艺术馆的分馆。馆内以“中国茗趣”为主题，主要展览各种中国茶具文物，其中尤以宜兴茶具最富代表性；配以生动的绘画、诗文等，全面展示中国茶文化的发展历程；并且定期举办茶艺陶艺示范、讲座等。1995 年增建了新翼罗桂祥茶艺馆，主要展示香港著名茶具文物收藏家罗桂祥先生捐赠的展品。

(三)大友普洱茶博物馆

建于 1989 年，位于台北莺歌，为廖义荣斥资成立的台湾首座普洱茶博物馆。馆内收藏存放了四五十年甚至百年以上的普洱茶饼、茶砖、茶柱一千余种，并以动态流程介绍普洱茶制成、选购、储存等六大步骤，充分展示普洱茶文化内涵。2004 年，作为台湾大友普洱茶博物馆姊妹馆的云南大友普洱茶博物馆在昆明建立。2006 年云南大友普洱茶博物馆大连分馆亦正式成立。

(四)中国茶业博物馆

1991 年 4 月正式对外开放，位于龙井茶乡浙江杭州，占地 47 000 平方米，建筑面积 8 000平方米，是我国唯一以茶和茶文化为主题的国家级专题博物馆。馆内集文化展示、科普宣传、人才培养、科学研究、学术交流及品茗、餐饮、会务、休闲等服务功能于一身，既是系统收藏茶文物、茶叶文献资料的专业场所，中华茶文化的展示中心，茶文化研究的重要基地，茶文化活动的重要组织机构，也是茶艺师的摇篮和传播茶文化的重要窗口和爱国

主义教育、未成年人素质教育的重要阵地。

(五)四海壶具博物馆

建于1993年,位于上海,占地100多亩,由壶具收藏家、紫砂壶艺术家许四海先生创办,为目前国内最大的私人办茶具专题博物馆,并跻身我国十大民间博物馆之列。馆内收藏从原始彩陶到明清紫砂等千余件精品,从各个侧面展示了中国悠久灿烂的壶具文化发展历史。

(六)茶马古道博物馆

位于云南省丽江古城,是中国第一家专门研究并展示茶马古道历史文化的博物馆。该馆由束河厅、皮匠厅、茶马风情厅等8个部分组成,比较系统地介绍了茶马古道的起始时间、线路和重大历史事件,是人们了解茶马古道历史文化的重要窗口。

(七)安溪茶文化博物馆

位于福建安溪县,是安溪茶叶大观园的重要部分。馆内设有中华茶史厅、中国乌龙茶展示厅、中外茶具厅、茶事书画厅等部分,以安溪四大名茶铁观音、黄金桂、本山、毛蟹为特色,展示悠久文明的中华茶文化。

(八)天福茶博物院

2002年1月7日开院,位于福建漳浦县,占地120亩(80 000平方米),建筑总面积6 000余平方米,由天福集团总裁李瑞河先生投资创办,为目前世界最大的茶博物院。博物院分为主展馆、茶道教室、日本茶道馆、韩国茶礼馆、书画馆五大部分。主展馆以生动的模型、灯箱、图片及实物展示博大精深的茶文化:一楼展示茶叶科技、茶叶发现利用演变;中国历代(唐、宋、元、明、清)茶事、中国名泉、中国茶叶生产现况、茶园景观、各种茶类制造方法及样品展示,各民族饮茶风情,并附设特展室,可定期举办特展活动。二楼展示世界茶情、世界各国茶文化、现代茶艺及茶具展示、茶与诗、茶与书画、茶与健康及茶叶多元化利用等单元。附设多媒体播放教室(即影视厅)和介绍天福集团发展历程的天福史馆。茶道教室一楼设有茶艺表演厅和溢香轩、品茗阁等环境幽雅的品茶场所,并兼作茶艺教学。二楼为设施先进的国际会议厅。日本茶道馆有日本式庭院及茶室,有精亭(四叠半)、俭亭(八叠)、敬亭(立礼席),分别代表三个不同时代风格的日本茶室。书画馆一楼有主展厅,展示本馆收藏字画,活动展厅不定期举办个人或主题书画展;二楼设联谊厅,不定期举办笔会及现场挥毫;附设奇石斋,展销各种奇石、雕刻等工艺品。院内还辅以仿古汉亭、唐山、宋桥、元塘、明湖、清池、兰亭曲水、武人茶苑、茗风石刻、示范茶园等造景设施,环境幽雅自然,成为集学术研究、文化传承、教育娱乐为一体的茶文化大观园。获福建省科学技术协会授予"福建省科普教育基地"称号。

(九)四川夹江天福茶园、天福茶博物馆

在四川成乐高速公路上,有一颗璀璨的明珠、亮丽的窗口,她就是夹江天福茶园。这是一个茶业综合园区,是天福集团投资于西部的重大项目,也是天福茶学院的重要实训基

地。园林式规划建设，亭台楼阁、流泉飞瀑、绿草如茵、茶香四溢，优美的人文景观与现代化的功能设施完美地演绎出独特魅力。先后荣获国家4A级旅游景区、首批全国农业旅游示范点、四川省文化产业示范单位、优秀外来投资企业、青少年社会实践基地、省青年文明号等殊荣。2004年4月9日，天福茶园建成。天福集团李瑞河总裁、中华台海两岸和平发展促进会会长林洋港及四川省市领导为夹江天福茶园、天福茶博物馆开幕剪彩。林洋港先生撰写对联“弘扬巴蜀茶文化，响应西部大开发”，表达了对李瑞河先生的赞许和崇敬之情。

夹江天福茶园是一个包含农、工、商、服务业，融高速公路服务区、茶文化旅游景点、川茶产销枢纽功能于一体的茶业大观园。这里作为茶叶茶食品的研发、改进、生产基地，并成立天福集团西部配送中心。天福茶园气势恢弘的建筑群沿成乐高速公路两侧“一”字形地排列，长达400多米，成为抢眼的风景。刚落成时有建筑楼房14座，建筑面积2.5万平方米。有4万平方米的停车场，有同时供应1 000人就餐的餐厅，还有加油站、商场、茶庄等服务设施。主体楼房之间左右通连，采用遮阳挡雨的连廊衔接，并设立无障碍通道，按照国家五A级景区标准建设。总体设计根据地势高低错落，庭院之间有分有合，有内有外，假山瀑布，曲桥流水，加上垂柳、雕塑、花草，形成园林氛围。那黄墙、红柱、深灰色琉璃瓦，古朴、庄重、神秘，既保持天福的传统，又体现巴蜀的建筑特色。

天福茶园内的茶博物馆展厅1 600平方米，分15个展区，展出图片1 000多幅、实物数百件、仿真茶事模型6组，资料丰富，突出巴蜀茶文化特色。馆外有“孔明兴茶”的大型雕塑，纪念三国时蜀相诸葛亮兴茶的功绩；馆内中庭有茶马古道仿真场景：峰回路转，古茶树郁郁葱葱，崎岖的山道上一队马帮，背着枪的马锅头（领队）牵引驮着茶叶的马、骡，匆匆走来……据专家介绍，唐和五代时期，巴蜀地区的茶叶生产已向专业化、商品化发展。此时，乐山大佛及峨嵋山寺庙兴建，文人四方聚集，品茗赋诗，促进了茶业和茶文化的繁荣。宋时，四川的茶产量占全国的60%。茶马互市，兴于唐宋，盛于明清。马帮络绎不绝地出入川、滇、藏等交界地带，形成了以茶马交易为主的文明古道。

随着茶文化的蓬勃发展，茶文化旅游业开始兴旺。为满足旅游者的需求，天福茶园完善服务区食、住、行、游、购、娱的功能，坚持不断开发新的景观，丰富景点内涵，提升景区品位，打造景区新形象。于2009年在后山松林间兴建6幢不同风格的小别墅。将茶文化与旅游有机结合，创立旅游特色。推出欢乐天福行——天福茶文化之旅，集采茶、制茶、泡茶、赏茶、品茶为一体，将喝茶上升为具有文化气息的品茗，让游客亲自参与，更具知识性、趣味性。来园游客停留时间增加，领略到中国茶文化的深厚底蕴，带来人气和经济效益，使之成为四川省独具茶文化特色的旅游新景点。

（十）浮梁茶叶博物馆

建于2004年，位于江西景德镇，占地面积达5 000多平方米。作为浮梁茶叶科技博览园的重要部分，博物馆的建设对于弘扬茶文化，提升浮梁茶叶经济价值具有重要作用。

（十一）茶圣吴觉农纪念馆

2005年开馆，位于上海，馆内陈列着当代茶圣吴觉农先生生前从事革命和茶叶事业活动的两百余幅珍贵照片和文稿、书籍等实物资料，用图片、文字、实物简洁明快地介绍了

吴觉农光辉的一生，亦表达了茶人对茶圣的敬仰之情。

(十二)澳门茶文化馆

2005年开馆，馆内陈列着各种茶具及有关澳门茶文化、茶历史的文献资料，主要展现了澳门作为我国茶叶最早的出口转运地的茶文化，以及中西方的茶情风貌。

(十三)四川蒙山世界茶文化博物馆

2005年开馆，占地2 000平方米，使用面积3 000多平方米。该馆共分中心区、场景展示区、销售区等七大功能区，以图片、文字和实物形式对蒙顶茶的起源、发展、演变、种植、制作工艺以及折射出的茶文化进行陈列展示，陈列了茶人事迹、茶事、茶具、茶叶、茶俗和茶诗，全面展现了蒙顶山这一世界茶文化发祥地、世界茶文化圣山的风貌。

(十四)杨育新古茶器博物馆

2005年开馆，位于上海。馆内收藏了上至春秋战国茶具，下至当代壶王作品共百十件中国古代茶器，参观者可从千年流传的实物中，感受到中国茶文化的博大精深。

(十五)中国藏茶博物馆

建于2005年，位于四川雅安上里古镇，由雅安茶厂投资创建，为我国首家藏茶博物馆。馆内收藏了大量有关藏茶的历史、工艺、制作、运输、饮用等各方面的文物和史料，系统全面地展示藏茶的风采。

(十六)崂山茶文化博物馆

2006年开馆，占地面积1.5万平方米，建筑面积7 800平方米，为全国首家由街道创办的茶博物馆。馆内以崂山茶文化为主题，充分运用多种手段展示崂山地区悠久的茶业历史，同时收藏了民国和现代茶具300余件(套)，茶经、茶著200余本，全国各地名茶样品百种，茶叶印章60余枚。

(十七)中国普洱茶古六大茶山茶文化博物馆

2006年开馆，位于云南勐腊县易武乡。馆内集中展示了所收集到的有关反映普洱茶发展历程的珍贵石碑、牌匾等500余件，展示了茶艺、茶礼、茶学、茶诗等独具地方特色的茶文化体系。

(十八)下关沱茶博物馆

2006年开馆，占地300多平方米，由云南下关沱茶(集团)股份有限公司投资兴建。馆内以翔实的文字与下关茶厂生产的3大类历史品牌沱茶实物，全面展示企业的发展历程。

(十九)广州市荔湾区普洱茶文化博物馆

2006年开馆，为全国首家由地方政府创建的公立普洱茶博物馆。馆内主要展示普洱茶饼、民间手工茶具，以及与普洱茶有关的资料和专著。

(二十)中国茶宫茶博物馆

2007 年开馆，位于深圳市福田区，占地面积 1 500 平方米，是深圳市唯一以茶与茶文化为专题的民间博物馆。馆内设置了茶史、茶萃、茶事、茶俗、茶具、茶与书画等 6 个展示空间，收藏名人茶书画、历史图片、文物等 300 多件，从不同角度对茶文化进行诠释。

(二十一)阳羡茶博物馆

建于 2007 年，位于江苏宜兴市，占地面积 3 800 平方米。馆内以阳羡茶文化为重点，陈列介绍中国数千年的茶文化发展历程、世界各国茶情及茶文化，茶闻轶事，表演茶艺、品尝国内外名茶，鉴赏紫砂壶及各种茶具。

(二十二)闽台茶史馆

2007 年开馆，位于福建泉州的中国闽台缘博物馆内，占地面积 800 平方米，是专门介绍福建和台湾各种茶叶历史、品种、特色以及闽台茶叶历史渊源、交流合作的博物馆。展馆以“茶之祖、茶之源、茶之乡、茶之韵”为主线，以图片和实物的形式展示闽台茶叶同根同祖的渊源以及交流与合作。

(二十三)谢裕大茶叶博物馆

2008 年开馆，位于安徽黄山市，建筑面积 3 500 平方米，由谢裕大茶业股份有限公司投资兴建。馆内分为三个展厅，收藏徽州各种民间传统制茶工具、毛峰茶文化历史书籍等，展现了中国徽文化和徽州茶文化悠久的历史。

(二十四)麻将与茶文化博物馆

2008 年开馆，位于成都文殊坊，是国内首个将麻将与茶合在一起的博物馆。馆内收藏有文物 500 多件，全面展示了成都地区麻将与茶文化的独特风采。

(二十五)中华普洱茶文化博览苑

2008 年开馆，位于云南普洱市，号称普洱茶资源种类最多、门类最齐全的博物馆。馆内集中展示了普洱茶诗词、楹联、茶俗、茶艺、茶道等普洱茶文化。

(二十六)中华武夷茶博园

2008 年建成，占地 10.3 万平方米，以“浓缩武夷茶史，展示岩韵风姿”为设计主题，分为景观园区、地下广场、山水实景演出观赏区、茶博馆和游人服务中心等五个部分，通过历代名人的记述、茶艺互动表演，集中展示了武夷茶悠久的历史、神奇的传说、精深的工艺。

(二十七)大红袍博物馆

2008 年开馆，馆内以大红袍茶文化为主题，通过大红袍茶产品的介绍、制作工艺示范以及茶艺表演，集中展示大红袍茶文化的悠久历史。

(二十八)雨花茶博物馆

2009年开馆,位于南京雨花台风景区,建筑面积达820平方米,是该地区雨花茶文化区的一部分。馆内配合图片、文字和实物展品,陈述南京雨花茶的文化历史。

(二十九)三墩石茶壶博物馆

位于台北文山区,是以收藏茶壶为主的民间博物馆。馆内展品以宜兴紫砂壶为主,集中展示出自古代、近代名家约200盏茶壶以及其他紫砂文物。

(三十)云南茶文化大观园

2008年开馆,占地面积28 000平方米,其中茶博览馆占地1 000多平方米,集中展示茶马古道文物、云南少数民族茶文化以及各流派茶艺。

(三十一)坪林茶业博物馆

坪林乡是一个地广人稀、高山峻岭、森林环绕的山城,山明水秀、游憩资源丰富,一向为大台北都会区居民登山、健行、旅游、露营的好去处;坪林乡是文山包种茶的主要产地,满山苍翠的茶园是坪林景观的特色。坪林距离台北市中心仅约一小时的车程,北宜公路沿线景致优美,在坪林兴建茶业博物馆,有促进地方产业与观光结合相辅相成及平衡城乡发展的特殊意义。坪林茶业博物馆于1997年开馆,茶博物馆位于北势溪东南侧坪林乡都市计划区范围的公园预定地内,距台北市中心约40千米,距宜兰市区约42千米,北宜公路为最主要之联外道路,北宜公路自新店经石碇、坪林至礁溪、宜兰,坪林恰为其中站点。新建北宜高速公路,北起台北南港经坪林止于宜兰头城镇,坪林亦为其中站点,且有交流道的设置,由台北至坪林仅须20分钟车程,交通便捷,缩短城乡距离。

坪林茶业博物馆是一座中国闽南式的四合院建筑。博物馆内设综合展示馆及活动主题馆两大展示馆。

综合展示馆有两层楼,主要展示内容分为:(1)茶事展示。产茶与制茶的真实风貌与过程。(2)茶史展示。古今中外茶业发展的历史。(3)茶艺展示。茶的民情风俗及壶艺、品茗艺术。

活动主题馆每三个月定期举办当代名家陶艺茶具展示、诗书、琴画等与茶有关之各类作品展览及活动,如陶艺茶具展、茶艺摄影、诗词吟诵、各地茶种介绍及各种茶艺美展等活动。

茶业博物馆内设置茶叶品茗区,提供室内品茗及庭园式户外品茗环境,供游客烹泉品茗;闲话家常之余,近赏池中锦鲤戏水,远眺满山茶园,聆听虫鸣鸟叫、流水潺潺,共享与大自然融为一体的情趣。

附设推广中心,陈列茶叶的相关特产及副产品,如文山包种茶、茶酒、茶油、茶糖、茶糕、茶冻、茶叶蛋卷、茶饼、茶酥、茶叶枕头、茶皂粉、茶叶相关书籍等,琳琅满目,种类繁多,供游客选购旅游商品。

(三十二)茶业改良场鱼池分场茶业文化展示馆

台湾日月潭畔猫啭山麓的茶业改良场鱼池分场,现存的日据时期(1938年)建设的木造红茶工厂、日式宿舍、茶叶仓库等历史建筑,在台湾红茶产业发展史上具有特殊美意。鱼池分场于2008年附设茶业文化展示馆,展示馆共有地下一楼、地上二楼,外观模拟木造红茶工厂,以挂图、多媒体、模型介绍台湾红茶产业历史文化,而建筑的梁柱,以日据时代古地图拂面,除增添历史感,也让年轻人世代认识日月潭许多古地名,馆中也陈列了分场老建筑模型,采取剖面设计,内部的制茶机具,皆采等比例制作,使参观者明了日据时期台湾红茶工厂布局。教育单位或茶业团体要参观,可先预约,鱼池分场可派员解说台湾红茶的历史、种类、制造过程等。

(三十三)鹿谷乡农会茶业文化馆

台湾南投县鹿谷乡是冻顶茶的故乡,又邻近溪头、杉林溪等风景秀丽的风景区。为发展地方文化产业,鹿谷乡农会获得政府的经费补助,于1996年10月建成茶业文化馆,占地660多平方米。一楼大厅为鹿谷乡特产品展示中心及门市部。二楼分有三大区域,包括:茶业文化展示馆、茶艺教室及简报中心。茶业文化展示馆多元化的展示内容除了有静态的茶业史迹及专业知识外,更提供动态的茶艺休闲活动,充分展现鹿谷乡农会热爱斯土的情怀与推广茶艺的用心。三楼则为综合农林业展示中心及田园艺廊,除了有森林生态之认识,并收藏年代悠久的农具,深具历史价值。

茶业文化展示厅:内容有茶业史、茶的认识、茶叶创造过程、茶与养生及茶与生活五大主题。

简报中心:简报中心内120个座位,可供参观团体使用,并作为演讲用地,场内视听设备齐全,使用幻灯片播放与解说,使游客了解冻顶茶制茶过程及对鹿谷的茶业文化有初步的认识。

茶艺教室:位于文化馆内幽静处,教室内竹桌、竹椅相互衬托出风雅的茶艺内涵,再配上一壶好茶,引领您进入茶香世界。茶艺教室不定时举办各式活动,有儿童泡茶教学、茶艺文化研习、茶与音乐的飨宴等活动,更是品茗交流、舒解性灵的好地方。

附设茶曲亭,位于茶业文化馆的后方,种有茶花、樱花、杜鹃花,还有一片茶园,茶曲亭是一处茶与音乐飨宴的木造凉亭,可供沏茶品茗、喝咖啡,另备有简餐,还能远望云雾缥缈的山色。另有健康休闲的步道,蜿蜒而下,途经小瀑布凉爽舒服,两旁林木让人心情舒畅,是假日休闲的好去处。

(三十四)天仁茶文化馆

台湾天仁集团位于竹南镇中华路台1线公路旁的老字号“天仁茶园”,2006年转型为兼具多元休闲、餐饮的“天仁茶文化园区”。利用原有头份茶厂33 000多平方米的建地,除保留制茶工厂之外,员工餐厅改建为大型的“吃茶趣餐厅”。并增设“天仁茶文化馆”,结合观光与教育,达到传承茶文化的目的。

“天仁茶文化园区”融合生产、销售、教育、休闲功能于一身,园区现有天仁制茶厂、天仁茗茶门市部、天仁吃茶趣餐厅、天仁茶文化馆,打造成一处茶文化休闲活动的聚落。

馆中的“制茶初体验”，以制茶机器的电动缩小模型，让游客体验制茶流程；在“茶叶时光隧道”里，以中国历代饮茶实境的袖珍雕塑，使人了解唐代煮茶、宋代点茶、明朝文士茶的品茗意境。此外，天仁茶文化馆也不定期推出亲子茶体验活动及茶染制作体验。为了弘扬本土文化，天仁茶文化馆也与地方政府及各地的艺文创作者合作，规划主题性的地方文化展览，让天仁茶文化馆成为本地的文化艺术中心。

三、各地在建茶博物馆简介

(一)黄山·中国茶博园

位于安徽屯溪，总面积达 4 200 亩，计划以徽文化之中的茶、茶具、茶文化为主线，以生态农业、旅游休闲、茶叶加工及疗养度假为辅，成立茶叶、茶文化研究和发展中心，定期举办“中国(黄山)国际茶、茶具、茶文化博览会”及“中国特种茶与经济全球化论坛”。

(二)红茶博物馆

位于安徽祁门，馆内将设资料茶史馆、茶艺馆、表演车间等，使中国红茶博物馆成为一个集采摘、制作加工、品茗、购茶于一体的多功能综合旅游休闲度假区。

(三)青城山茶业博物馆

都江堰市将在青城山脚下建一个占地 80 余亩茶业博物馆，全馆分为展示馆、活动主题馆、多媒体馆、茶艺馆及游客接待中心等 5 个部分，通过基本陈列、专题陈列等不同的展览形式，展示茶叶精品、茶具以及茶的诗词书画、楹联碑刻，为茶人发掘、研究宣传茶文化提供翔实的资料。

(四)四川顺兴茶文化博物馆

四川顺兴将在茶馆内专设大型茶文化博物馆，并以浮雕、塑像、绘画、图、文、实物展示的方式，全面系统地介绍中国茶文化的起源与发展史。

(五)四川蒲江县成佳镇茶文化博物馆

蒲江县成佳镇将建设占地 25 亩，集制茶、茶文化于一体的茶艺基地。其中，茶文化博物馆将以丰富的图画、文字以及历代茶具诠释我国厚重的茶文化。

(六)永川茶文化博物馆

重庆永川将建“茶文化博物馆”，占地面积将达到 1 000 平方米，除陈列各种茶具外，将同室外的“茶资源谱”、茶叶加工厂、“十里茶香”茶园观光项目等共同构建集茶园观光、采茶、制茶、品茶于一体的娱乐休闲场所。

(七)江苏溧阳天福茶博物馆

天福集团落户江苏溧阳，打造苏茶之都。江苏溧阳宁杭高速公路天福天目湖服务区已于2010年12月29日投入试营业。

溧阳位于江苏省南部丘陵地区，总面积1 535平方千米，人口78万，这里生态优美、物产丰饶、经济发达、实力雄厚，拥有茶园近10万亩。去年茶业产值3亿多元，其中天目湖白茶产值1.3亿元，是全国重点产茶县市之一、全国无公害茶生产示范基地，拥有国家级茶叶标准化示范区。

天福天目湖服务区已成为天福集团的第三个高速公路服务区，这里将成为天福集团第十个生产基地。

该项目企业名称为溧阳天福观光茶园有限公司，投资总额3 000万美元。计划在租用原服务区100亩土地及设施的基础上，新增建设用地700亩。规划建设茶厂、茶食品厂、茶具厂、茶庄、超市、茶博物馆、宾馆、会议中心及其他经营配套设施。目前投入试营业的，是天福天目湖服务区的商场、餐厅部分，采取边试营业边建设扩充的办法，逐步完善。据悉，新增用地已完成征用手续，建设图纸正在规划设计中，计划2011年春季动工，新增项目在两年内建成交付使用。

第二节　茶文化千年之旅

茶博物馆是展示茶文化历史的窗口。中国数千年茶文化历史在这里展示，旅游者进入茶博物馆，犹如进入茶文化世界：中国茶的发现，古茶树，古产茶区，茶树品种，茶叶制作工艺的演变，茶具、茶器的演变，茶的煎煮、煮点、冲泡技艺的改变，茶的品饮，茶贸易变迁，中国茶艺、茶道的由来和发展，茶文化的传承、发展和向海外传播，中国的茶文献、茶诗词、茶字画等，历历在目，尽收眼帘，旅游者在此享受茶文化千年之旅。所以，茶博物馆是茶文化旅游的重要人文资源。

该资源的特点是：

1. 关于茶文化的文物、图片、场景集中、系统、全面，览一馆而知全貌，在参观中获取千年茶文化的知识，不虚此游。

2. 由于茶博物馆大多在著名茶乡、茶区，便于与茶乡生态旅游活动结合。

3. 由于茶博物馆大多有附属设施，如茶艺茶道表演厅、品茶室、书画室及茶展销、茶具、茶工艺品、纪念品展销等，形成茶文化集中场所，便于丰富旅游活动和旅游者购物。

4. 环境优美，可欣赏，可拍照留念。如天福茶博物院，院内除展馆、茶艺表演厅、品茗阁、日本茶道馆、韩国茶礼馆、书画馆之外，还有仿古汉亭、唐山、宋桥、元塘、明湖、清池、兰亭曲水、武人茶苑、茗风石刻等景观，春天梅花、桃花竞放，被评为4A旅游景区。游人可在院内尽情观赏、拍照。

5. 有配套的宾馆、饭店、会议厅堂、休闲娱乐设施，如天福茶博物院、中国茶业博物馆等都有这些配套设施，可以提供旅游者住宿、用餐、休闲度假、会议座谈等方便。

第三节　游览参观安排

游览、参观茶博物馆可作如下安排：

1.导览接待。旅游者一进入茶博物馆，就有导览员热情迎接，引导参观和讲解，使旅游者有亲切感、宾至如归之感，并做到游览参观井然有序。先参观什么，再参观什么，导览员要按照事先安排进行引导。

2.参观展馆。如果旅游者人数多，要多安排导览员讲解，每名导览员一次最多带30名旅游者，不宜过多，过多会影响讲解和参观效果。

3.欣赏表演。欣赏茶道、茶艺表演，表演开始时间要与参观展馆结束时间相衔接，相隔15分钟左右，以让旅游者洗手方便。在表演厅门口，最好要向每位观赏者献上一杯茶，因为经过一段时间参观展馆后，旅游者此时很需要解渴，接到茶，心里一定有“服务真周到”的感念。旅游者端着茶进入表演厅，边饮茶，边等候表演，不觉有时间上的浪费，更有精神上的慰藉。

4.休闲品茗。欣赏表演后，引导旅游者进入茶室茶厅，品饮时鲜好茶，推介特色名茶、茶食品。茶室茶厅连着茶、茶食品、茶具、纪念品、工艺品、儿童玩具等展销厅，旅游者品茗之后，即可来到展销厅选购茶、茶食品等展销品，使旅游者“满载而归”。

5.自由活动。走出展销厅，旅游者可以在喜欢的景点前驻足拍照留念，或在仿古桥上、茶神、古茶壶、古宫女雕塑、锦簇的鲜花、仿古茶亭、茶楼前留影，或在石椅石凳上稍作休息。

6.茶餐茶宴。完成上述活动后，可能是用中餐或晚餐时间，有配套设施的博物馆即可安排旅游者到餐厅用茶餐或举行茶宴，使旅游者享受中华茶菜肴、茶食美味。

7.入住宾馆。需要住宿的旅游者安排在博物馆配套的宾馆入住。晚上可安排品茗座谈、品茗联欢活动，使旅游者度过一个快乐的夜晚。

练习题

1. 我国茶博物馆有哪些特点?
2. 介绍你所熟悉的一家或两家茶博物馆。
3. 茶博物馆作为茶文化旅游资源有何特点?
4. 设计一条或两条茶博物馆旅游线路和旅游项目安排。

阅读材料

1. 重庆打造首个茶文化社区[①]

江北区将通过对辖区内重庆市茶叶专业批发市场的打造，打造全市首个茶文化社区。一是对茶叶市场及相邻周边地块统一规划、统一设计、统一风格，将采用明清建筑风格，加入茶文化主题雕塑、茶文化小品、文化石、茶花、茶树等茶文化元素，形成茶文化社区统一的建筑风格。二是将通过一轴、两点、三横、四纵、六社区的整体打造，让市民走进社区就能感受到浓厚的茶文化氛围。三是重庆市茶叶专业批发市场是市政府2005年批准成立的我市唯一一家茶叶专业批发市场，占地10万平方米，经营面积3万平方米，已入驻品牌茶企及茶商近260家，年销售额近2亿元。

2. 江苏赣榆：夹谷山建茶文化主题风景区[②]

近日，以“观夹谷胜景、享绿色野趣、沐先秦遗风、品茶道幽香”为旅游主题的赣榆县夹谷山风景区一期工程顺利完工，已完成道路、水网铺设及部分景点建设，一个生态的、独特的主题景区正在由规划变成现实。该项目总投资近2亿元人民币，规划面积8平方千米，核心面积5 000亩，按国家4A级旅游景区标准分两期进行开发，由当地茶叶合作社、茶农为主，联合山东客商共同开发建设。据悉，这是全国首座以茶文化为主题的农民股份制风景区。

赣榆县夹谷山风景区位于沂蒙山南麓的班庄镇境内，当地山民素有种茶饮茶传统。近年来，当地依托资源优势，大力发展茶叶生产。目前，班庄镇拥有万亩茶叶基地，先后成立连云港宜采茶叶合作社、夹谷春茶叶合作社等10多家合作社和8家制茶龙头企业，带动4 000多户农民直接或间接从事茶叶生产、加工、销售活动，年销售额4 000万元。

为进一步宣扬茶叶品牌，挖掘文化内涵，发展旅游经济，当地政府引导茶农将茶叶经济与自然条件、旅游资源进行联姻组合，决定由茶农为主体，多方融资，高起点规划，高标准建设以茶文化为主题的4A级旅游景区，以此呼应并连接其另一处全国4A级抗日山风景旅游区，从而构筑起生态游、红色游、特色游的大旅游格局。景区将厚重的历史文化与现代生态休闲农业有机结合起来，总体布局以生态休闲度假旅游为主，建有遗迹遗址带、山水景观带、四季花果带等6条风景带和茶文化展示区、娱乐休闲区、旅游保健区等5个风景区，其中将投资850万元在山顶建设中国最大的茶楼。

夹谷山风景区建成以后，将突出茶文化主题，彰显生态健康特色，数千名茶农摇身变成景区大股东，由参股农民共同委托第三方管理或参与经营分红，这种建设和经营模式将加速当地茶叶种植的转型升级和旅游业的崛起，走出了一条社会主义新农村建设的新路子。

---

① 《中华合作时报·茶周刊》2010年8月3日。

② 崔威：《中华合作时报·茶周刊》2010年10月19日B4版。

3. 杭州地区最大茶叶集散市场开业[①]

日前，杭州市委副书记王金财将一把象征开启江南茶叶市场大门的“金钥匙”，交到江南茶叶市场总负责人手中，这标志着经过4年多的建设，杭州余杭江南茶叶市场正式开门营业，开业后的市场将是杭州地区最大的茶叶交易集散市场。

新建的江南茶叶市场地处余杭区闲林镇，紧邻杭徽高速，东临西湖龙井产地梅家坞8公里，西距浙江十大名茶之一的余杭径山茶原产地15千米，总投资达1.8亿元，建筑面积5万平方米，是集茶叶精品贸易、茶文化展示、农副产品超市、电子商务办公等于一体的多功能商业中心。

4. 西南最大茶叶市场开业[②]

2010年11月28日上午，重庆市九龙坡区巴国城内一派喜气洋洋，来自重庆市政府、重庆市有关部门、行业协会及九龙坡区、上海市闸北区、福建省驻渝办的相关领导及茶叶行业内领导、生产经营人士汇集在这里，共同祝贺西南最大的茶产品集散地——重庆石生国际茶城正式开业。

重庆石生国际茶城总建筑面积达4.5万平方米，总投资2亿元，有500个经营商铺，规模在西南地区首屈一指。茶城内汇聚了经营西湖龙井、福建铁观音、云南普洱茶、重庆永川秀芽、四川红茶等茶叶经营企业500多户，是国内最大的高端茶文化专业市场。

重庆石生国际茶城董事长叶石生已经在上海成功打造了上海大宁国际茶城。大宁国际茶城所在地上海市闸北区领导在祝词中说，大宁国际茶城茶叶销量已经占到上海茶叶市场的半壁江山，依托上海大宁国际茶城举办的每年一届的上海国际茶文化节对弘扬茶文化起到了极大的推动作用。重庆市九龙坡区区长丁洪在致辞中说，重庆石生国际茶城可以有力地带动重庆市乃至周边省份的茶叶生产、经营、流通，推动重庆市茶文化产业的发展，同时也可以促进巴国城周边地产、物流、餐饮及相关服务业的发展。

庆典仪式后，与会嘉宾一起参观了茶城茶叶展销区、精品茶具及茶工艺品展销区、休闲品茶区、茶艺培训中心等，来宾对茶城的规模、装修档次、文化品位表示叹服。重庆石生国际茶城还将依托休闲茶区、茶艺培训中心、世博重庆馆和重庆市创意作品展览中心的优势，将其打造成旅游茶文化和创作艺术、现代科技为一体的重庆高端茶文化专业市场和旅游休闲胜地。

据了解，叶石生此前在上海开办了大宁国际茶城，占地1.5万平方米，共有373家经营商户，年销售额15亿元，占上海茶叶销售总量的60%，被业界誉为“上海茶王”。叶石生称，重庆市场茶叶年消费额超过10亿元，争取通过3～5年的时间将茶城培育为实现年销售额5亿元以上，并将茶城打造成全国高端茶产业基地。

开业仪式上，重庆石生国际茶城还被中国茶叶流通协会授予“全国重点茶市”称号。

5. 福安将建中国大陆首家台茶交易集散地[③]

在2008年6月16日举行的福建宁德山海协作暨茶产业推介洽谈会上，福安政府透露，将把中国海峡大茶都打造成为中国最大国际名茶、茶树苗木交易中心和中国大陆首家

---

① 王丽娟：《中华合作时报·茶周刊》2010年11月2日。

② 杨耀文：《中华合作时报·茶周刊》2010年11月30日。

③ 郑长灵：《人民政协报》2008年6月24日C3版。

台茶交易集散地。

中共宁德市委副书记唐颐称，建成后的中国海峡大茶都将汇聚全国各地产区茶叶、茶具、茶艺用品、茶文化、茶产业服务等，成为未来海峡两岸规模最大、档次最高、品种最全、管理最先进的中国茶叶专业交易市场。

中国海峡大茶都是国家级茶叶交易市场，总投资13亿人民币，其中一期项目建设占地230亩的中国名优茶交易中心；二期、三期还将建设高档商务酒店、茶文化博览中心、现代化茶叶加工区、茶叶科研培训基地和休闲度假旅游区等。

闽东福安具有茶叶生产得天独厚的资源优势，是福建省乃至全国的重点产茶区。据介绍，为了能让台茶在福建乃至全国更好地发展，中国海峡大茶都准备将台茶一条街融入"闽东亲水游"，打造大陆绝无仅有的台茶风景线。

第六章

茶馆与旅游

本章学习重点提示

1. 茶馆的历史传承和发展
2. 茶馆的分类
3. 各地茶馆的特色
4. 了解全国百佳茶馆
5. 掌握茶馆与旅游的结合形式
6. 作为与旅游结合的茶馆在设施设备上的要求
7. 掌握茶馆品茗、赏艺、购茶项目的设计

茶馆形成的文化是茶文化的重要组成部分。茶馆在旅游中的作用，茶馆如何与旅游结合，发挥更好的经济效益和社会效益，这是本章要探讨的课题。

第一节　茶馆的由来和概况

茶馆，就是以经营销售茶水、茶叶为主，提供饮茶、品茶、销售茶服务的场所，也称茶庄、茶店、茶楼、茶坊、茶肆、茶亭、茶室、茶铺、茶棚、茶厅、茶房、茶社等。

中国有悠久的吃茶、饮茶历史，因此，茶馆的历史也很悠久。茶馆的主营业务就是卖茶水、茶叶、茶食。陆羽在《茶经》中记载：傅咸《司隶教》曰："闻南方有蜀妪作茶粥卖，为茶廉事打破其器具，后又卖饼于市。"《广陵耆老传》曰："晋元帝时，有老妪每旦独提一器茗，往市鬻之。市人竞买，自旦至夕，其器不减。所得钱散路旁孤贫乞人。人或异之。州法曹絷之狱中。至夜老妪执所鬻茗器从狱牖中飞出。"[①]从这一记载中可见，在陆羽所处的唐代之前魏晋南北朝时，已有卖茶粥、茶水的服务，这应是茶馆的雏形。

① 陆羽：《茶经》"七之事"，中国市场出版社 2006 年版，第 87～88 页。

唐代封演《封氏闻见录》中写道："自邹、齐、沧、棣，渐至京邑城市，多开店铺，煎茶卖之，不问道俗，投钱取饮。"这说明，唐代已有煎茶卖茶水的"店铺"。在《旧唐书·王涯传》中还提及"茶肆"。至宋代，茶馆、茶坊、茶肆更为普遍。"各种茗舍、茶馆已盛行在巴蜀京师及南方各地。"[①]

明代的茶馆已十分讲究，如张岱《陶庵梦忆》中记载："崇祯癸酉，有好事者开茶馆，泉实玉带，茶实兰雪，汤以旋煮，无老汤。器以时涤，无移器。其火候、汤候亦时有天合之专利号。"茶馆里用来煮茶的水是玉带泉水，用的茶是兰雪茶，茶汤都是刚煮沸的，茶器随时洗涤干净，煮茶的火候、汤沸的程度等都恰到好处，"时有天合"，可见当时的茶馆已很讲究茶艺。

清代的茶馆已遍布城乡各地，"成为上至王公贵族、八旗子弟，下到艺人、挑夫、小贩汇集之地。不仅数量上有很大的发展，其文化色彩、社会功能也有相应发展"。[②]

茶馆传承到民国时期继续发展，不仅在数量上，而且在形式、内容上都有发展。

新中国成立后，由于民营经济受限制、改造，茶馆业经营萎缩。

改革开放后，随着经济体制改革，计划经济向市场经济转型，民营经济发展，茶馆业得到复兴和发展。

据统计，目前全国有各种茶馆 5 万多家，年产值超过 100 亿元。其中，上海有 1 000 多家，北京 600 多家，杭州 1 000 多家，成都有 3 000 多家。天津、南京、广州等大城市都是茶馆集中的地方。

2008 年 1 月，国家出台的《茶馆业企业经营规范》中，将茶馆按服务功能分为演艺茶馆、茶艺馆、餐茶馆。

演艺茶馆，即是以饮茶为服务手段提供演艺等文化消费服务的场所。

茶艺馆，即是以民族茶艺服务为经营特色体验民族茶艺文化消费的休闲娱乐场所。

餐茶馆，即是提供茶餐，配以茶水，同时具备餐饮和饮茶服务功能的场所。

各地茶馆都各具地方特色，如：

1. 北京茶馆特色。北京茶馆不仅多，而且有各种不同形式与功用。有大茶馆、清茶馆、书茶馆、棋茶馆、野茶馆等。大茶馆集茶艺、演艺、餐茶于一体，既可品茶，还可欣赏茶艺、曲艺(相声、评书、京剧、京韵大鼓等)，品尝风味美食。清茶馆主要是品茶、茶艺欣赏。书茶馆以听评书为主要项目，棋茶馆主要有供茶客下棋的场所布置，野茶馆大多设在郊外，有田园风光，可供品饮中欣赏。

2. 成都茶馆特色。成都茶馆以数量多而闻名，有"头上青天少，眼前茶馆多"，"四川茶馆甲天下，成都茶馆甲四川"和"一城市民半茶客"之称。还有茶馆里的掺茶技艺表演，是"巴蜀一绝"。表演者手提一把"长嘴壶"穿梭茶馆，能稳、准、快地对准茶盖碗冲泡茶，滴水不漏。[③] 还有的茶馆是麻将茶馆，品茶玩麻将成为茶馆的主要内容。此外，茶馆的服务员叫"茶倌"，招呼客人热情、快捷、掺茶技艺高超娴熟，能一手提紫铜茶壶，另一手托多达二十余套的茶具，快速走近客人茶桌，把茶船"撒"放到桌面，茶碗"飞进"茶船，每人一副，

---

① 刘勤晋编著：《茶馆与茶艺》，中国农业出版社 2007 年版，第 10 页。

② 刘勤晋编著：《茶馆与茶艺》，中国农业出版社 2007 年版，第 19 页。

③ 参阅刘勤晋编著：《茶馆与茶艺》，中国农业出版社 2007 年版，第 46 页。

并按顾客要求放进茶叶，距茶碗数尺之外准确注入沸水冲泡，无滴水溅落桌面。然后，用手指将茶盖一一勾上茶碗。这种技艺会令初次见到的顾客瞠目结舌，啧啧称奇，犹如欣赏一场绝技表演。

3. 上海茶馆特色。上海人称到茶馆喝茶叫“孵茶馆”，很形象地道出上海人到茶馆消磨时间、休闲身心的情景。

4. 杭州茶馆特色。杭州号称“茶都”，茶馆遍布大街小巷。尤以西子湖畔茶馆“半观风景半饮茶”为特色。茶楼有“品天下好茶，赏西湖美景”之称。据说，著名武侠小说作家金庸到茶楼喝茶后，有“湖畔品龙井，人在天上行”的感叹。

5. 广州的茶馆特色。广州人称茶馆为茶楼，到茶楼用早餐叫吃早茶，茶中有饭，饭中有茶。不仅喝茶，而且品尝风味小吃，如叉烧包、烧卖、虾饺、皮蛋粥、糕点、小菜等。

6. 天津茶馆特色。天津人称茶馆为茶社，兼营小吃，并有清唱、评书、大鼓、相声、戏曲等曲艺表演。如天津名流曲艺茶馆，有相声、戏曲集萃表演，吸引许多游客将天津作为旅游目的地。该茶馆已成为天津标志性文化旅游品牌，被列入“旅游演出类国家文化旅游重点项目名录”。

7. 南京茶馆特色。南京人有“白天皮包水，晚上水包皮”之说。“皮包水”指整日在茶馆里喝茶，满肚皮都包着茶水；“水包皮”指浸泡在浴缸里洗澡，说明南京人喜欢上茶馆，与泡澡一样，成为每天必不可少的项目。十里秦淮河上的水上茶馆更具特色，茶馆设在茶舫船上，在茶舫船上边品茶，边欣赏秦淮河两岸风光或夜景。船上兼营小吃，如小笼包、烧饼等，有的还有艺人清唱，唱流行歌曲或京剧及地方戏曲。

由中国茶叶流通协会和中华合作时报·茶周刊共同主办的“全国百佳茶馆推荐活动”，自2004年以来已经成功举办了三届，活动以整合全国茶馆之优势和精华，推动全国茶馆业健康和可持续发展为宗旨。其中，2004年举办了“2003—2004年度全国百佳茶馆颁奖典礼暨首届全国茶馆经理人高峰论坛”，2007年举办了“2005—2006年度全国百佳茶馆颁奖典礼暨第二届全国茶馆经理人高峰论坛”，2009年举办了“2007—2008年度全国百佳茶馆暨第三届全国茶馆经理人高峰论坛”。经过三届的全国百佳茶馆推荐，目前，全国有近300家茶馆获得“全国百佳茶馆”称号。这些茶馆是全国各地茶馆的佼佼者，在经营面积、规模、特色和宣传茶文化方面都作出了业绩，具有重要影响，是茶馆旅游安排中可供选择的茶馆。下面是2003—2004年度全国百佳茶馆获奖名单(表6-1)、2007—2008年度全国百佳茶馆名单(表6-2)。

表 6-1　2003—2004 年度全国百佳茶馆获奖名单

地名	茶馆名称				
北京	老舍茶馆	五福茶艺馆	碧露轩茶艺馆	碧水丹山茶艺馆	逸品清茶艺馆
	思茗斋茶艺馆	水之榭茶艺馆	空港鑫潮茶艺馆	西子湖茶楼	元长厚茶艺馆
	听壶轩茶艺馆	博福茶屋	龙苑茶艺馆	清香林茶楼	草木间茶艺馆
	紫竹园茶艺馆	阳光茗苑茶艺馆			
河北	三剑茶艺馆	永福茶楼			
辽宁	和静园茶楼	鸿兴泰茶楼			
山东	名人茶馆	金壶春茶艺馆	茶人会馆	斯宇茶艺苑	大自然茶艺馆
	三品堂茶艺馆	溢香阁茶艺馆	石庵茶舍	世外桃源茶艺馆	阳光华府茶艺馆
	万年春茶楼	博福茶屋	龙苑茶艺馆	清香林茶楼	草木间茶艺馆
	紫竹园茶艺馆	阳光茗苑茶艺馆			
上海	湖心亭茶艺馆	秋萍茶宴馆	颐和茶馆	青藤阁茶艺馆	宋园茶艺馆
	雅趣茶道	春风得意楼茶馆	老上海茶馆	紫藤苑茶楼	雨轩茶艺馆
	国之香茶园				
广东	雅韵轩茶艺连锁加盟机构	心灵茶园	茶艺乐园	潮州名茶馆	茗山茶艺馆
	福茗堂茶艺馆	福海茶坊	牧月晨放茶楼	百草园茶楼	草味居茶楼
	水无忧茶艺馆	静和园茶艺馆	正元春茶艺馆	陶源茗茶艺馆	一壶茶坊
吉林	盛唐茶苑				
黑龙江	品茗茶艺馆				
江苏	溢壶茶宴楼	幽香茶艺馆	茗鼎茶艺	太湖白云茶楼	
浙江	清和茶馆	清源茶馆	更香茶艺馆	天然居茶艺馆	新世界美食休闲中心茶缘阁
河南	文新茶艺馆	碧湖春茶艺馆	九华山茶艺馆		
湖北	紫竹茶院	鸿渐茶艺馆	巴山夜雨茶馆		
湖南	碧如庄清茶馆	聚茗缘茶庄	清荷茶馆		
广西	台湾功夫茶道	长裕川茶艺馆			
重庆	橙色记忆茶楼	凝翠阁茶楼			
四川	顺兴老茶馆				
贵州	鸿福茶楼				
天津	双泉名茶园	清茗雅轩	洋楼茶园		
陕西	福宝阁茶楼	逍遥茶艺馆	茶状元茶艺居	别有天茶艺居	易安居茶道会所
	茶禅一味	一品古道茶楼	熙苑茶艺馆	文庙茶院	
云南	紫云茶庄				

资料来源：广西茶艺沙龙（http://www.gxteaart.com/article/html/article_134.html）“2005－2006年度全国百佳茶馆揭晓”。

表 6-2　2007—2008 年度全国百佳茶馆名单
（排名不分先后）

地名	茶馆名称				
北京（15 家）	名岩恒康	张一元天桥茶馆	明慧茶院	老舍茶馆	灵之秀举人茶府
	清香林茶楼	朋来先敬茶艺馆	唐茗轩茶艺馆	空港休闲茶艺馆	五福茶艺馆
	碧露轩茶艺馆	梧桐苑会馆	康园茶艺休闲中心	吴裕泰茶馆	碧波轩茶艺馆
福建（4 家）	吃茶去茶楼	漱心斋茶室	日春铁观音文化馆	易安居古堞斜阳	
广东（5 家）	江门茗茶馆	广州茶艺乐园	君临逸闲居	流花茶艺城	雅韵轩茶馆
云南（2 家）	昆明七彩云南	云南普秀阁			
广西（3 家）	南宁古鼎香茶馆	南宁长顺园茶馆	南宁长裕川名茶总汇有限公司		
贵州（4 家）	贵州静怡轩	贵州养心苑	贵州万佛缘	贵州养心斋	
河北（15 家）	邯郸金杭茶楼	秦皇岛老寒	廊坊白鹭原	三剑茶艺馆	静园茶艺馆
	三字禅茶院	方壶茶楼	钱塘茶人		
河南（2 家）	仰韶部落茶艺馆	玉叶陶缘			
黑龙江（1 家）	静和茶艺馆				
湖北（1 家）	鸿渐茶艺馆				
湖南（6 家）	聚茗缘茶庄	清荷茶馆	郴州正和茶楼	白沙源茶馆	竹淇茶馆
	钱塘茶馆				
吉林（3 家）	长春露客居	四平市静怡轩	长春第二泉茶苑		
江苏（1 家）	溢壶茶艺馆				
江西（1 家）	协和昌品茗轩				
辽宁（4 家）	陆羽茶楼	紫凤凰茶楼	沈阳润心莲	阜新千江月茶楼	
宁夏（1 家）	银川大益茶事				
山东（6 家）	枣庄大自然茶艺馆	济南趵突泉	聊城天运茶楼	莱芜凤城茶庄	名泉茶艺馆
	海情茶人				
山西（1 家）	泓瑞茶艺馆				

续表

地名	茶馆名称				
陕西(5家)	渭南同盛兴茶庄	西安福宝阁茶楼	咸阳御茗轩商务会馆	西安六如轩	咸阳七碗茶水坊
上海(16家)	江南茶人	豫园湖心亭	一壶天茶楼	得和茶馆	清风人家
	秋萍茶宴馆	春风得意楼茶馆	宋园茶艺馆	泰和茶馆	唐韵茶坊
	雅趣茶道	烟雨江南	颐品茶道	紫藤苑茶楼	紫怡茶道
	颐风茶道				
天津(1家)	妙云轩茶艺馆				
新疆(1家)	雪莲普洱茶文化体验馆				
浙江(8家)	杭州临平百岁坊茶楼	安吉第一滴水	绍兴雁雨茶艺馆	宁波清源茶馆	老龙井
	梅岭轩	舟山和熹茶馆	皇龙茶艺馆		
重庆(1家)	渝茶人				

资料来源：云南茶业网(http://www.yntea.org/showArticle.aspx? cid=182&aid=806)2009年8月19日发布。

第二节　茶馆休闲游：品茗、赏艺、购茶

茶馆有多种功能，如：(1)卖茶水使人解渴；(2)提供品饮时鲜好茶名茶服务；(3)提供食品配茶水，茶餐结合；(4)在茶馆交谈，联谊，叙旧，洽谈生意、公务等；(5)在茶馆欣赏茶艺表演、曲艺表演；(6)在茶馆选购合意的茶叶、茶食品等。

除此之外，茶馆还可以与旅游结合，作为旅游计划中的项目之一，安排旅游者到茶馆品茗饮茶，欣赏茶艺、曲艺表演，选购特色名茶，实现旅游者的"休闲游"。

与旅游相结合的茶馆，其经营中面对的顾客不仅是本市、本地市民、居民，而且主要是旅游者。所以，其设施、设备必须与客流量相适应。

按照《茶馆业企业经营服务规范》的要求，与旅游结合的茶馆，至少要达到一级茶馆的标准。一级茶馆标准，除通用要求，如就业准入要求、职业道德、仪容仪表、接待服务、卫生、经营管理要求之外，在设施设备上，有如下要求：(1)演艺茶馆、餐茶馆营业面积不低于500平方米，茶艺馆营业面积不少于400平方米。餐茶馆有同时容纳100人以上就餐的餐厅，每个餐位面积不小于1.6平方米。有配套的桌椅、用具、餐具、饮具。餐茶馆的厨房面积与餐厅面积相适应。有符合仓储条件的原材料库房。(2)茶馆要空气流畅、清新，应

有空调或供暖设施。有良好的照明度和适宜的温度，光线柔和。有应急照明设备。(3)有符合规定的消防设施设备、污水排放设施设备，茶具、酒具、用品消毒设备、除尘设备，垃圾存放设备。设施设备方便安全，完好率100%。(4)装饰陈设有特色。门面装饰美观大方，有明显的标志，字号牌匾的文字书写规范、工整、醒目，店堂内外干净明亮，布局合理。在醒目位置悬挂《营业执照》、《卫生许可证》、服务项目与价目表等。客人消费场所设有醒目规范的公共标识。

这种设施设备上的要求，目的是要具备相应的接待能力，才能使旅游者满意，才能赢得回头客，才能营造品牌，创立好的口碑，实现可持续发展。

一、茶馆品茗

品茶是一门综合技艺，在幽雅、洁朴的茶馆中，有杯茶在手，闻香观色，察姿看形，啜其精华，此时此景，虽“口不能言”，却“快活自省”，个中滋味，无法言传，但可意会，这是品茶赋予人们的一种升华。

品茶用茶，主要集中在两类：一是特种茶中的高档茶，诸如乌龙茶中的高级茶及其名丛，如铁观音、黄金桂、文山包种、冻顶乌龙，及武夷名丛、凤凰单丛等；二是以绿茶中的细嫩名茶为主，以及白茶、红茶、黄茶中的部分高档名茶。这些高档名茶，或在色，或在香，或在味，或在形，或兼而有之，它们都在一个因子、两个因子或者多个因子上，有独特表现，为人们所钟爱，从而形成了品茶的主体。

根据张风云主编的《品味中国茶》的介绍[①]，品茶的主要流程如下：

(一)观形

品茶所用的茶，因为制作方法的不一样，所以形状也各不相同。又因为茶树品种的差别，采摘标准的相异，从而使制作而成的茶叶形状显得多种多样。尤其是一些细嫩名茶和古名茶，大多采用手工制作，茶的形状更是五彩缤纷、千姿百态、各有特色。

按照茶的造型而言，有以下几种：

1. 针形。外形圆直如针，如南京雨花茶、安华松针、君山银针、白毫银针等。
2. 扁形。外形扁平挺直，如西湖龙井、茅山青峰、安吉白片等。
3. 条索形。外形呈条状稍弯曲，如婺源茗眉、桂平西山茶、径山茶、庐山云雾等。
4. 螺形。外形卷曲似螺，如洞庭碧螺春、羊岩勾青、普陀佛茶、井冈翠绿等。
5. 兰花形。外形似兰，如太平猴魁、兰花茶等。
6. 束形。外形成束，如江山绿牡丹、婺源墨菊等。
7. 片形。外形呈片状，如六安瓜片、齐山名片等。
8. 圆珠形。外形如珠，如泉岗辉白、涌溪火青灯等。

此外，还有半月形、卷曲形、单芽形等。近年来，还出现了很多艺术造型茶，如女儿环、绣球、海贝吐珠、锦上添花、绿牡丹、麦穗茶等，更使茶形态万千。再加上色泽的明与暗，叶

---

① 张风云主编：《品味中国茶》，延边大学出版社2005年版，第74～79页。

底的老与嫩，身骨的重与轻，外形的粗与细，构成了茶外形的一道亮丽风景线，使人们从中获得美感，引发联想，平添品茶的情趣。

(二)察色

品茶观色，至少可以从三个方面去观察欣赏，即茶色、汤色和底色。

1. 茶色

由于茶的制作方法不同，制作而成的茶叶，其色泽也不同，有红与绿、青与黄、白与黑之分，即使是同一种茶叶，采用相同的制作工艺，也会因为茶树品种、生态环境、采摘季节的不同，最终使茶的色泽产生一定的差异。如同样是高档细嫩绿茶，它的色泽就有嫩绿、翠绿、绿润之分；同样是细嫩的高档红茶，它的色泽又有红艳明亮、乌润显红之别。而闽北武夷岩茶的青褐油润，闽南铁观音的砂绿油润，广东凤凰水仙的黄褐油润，台湾冻顶乌龙的深绿油润，都是高级乌龙茶中有代表性的色泽，也是我们茶人鉴赏乌龙茶品质优劣的重要标志。

观赏茶的色泽，不但能干看，还可以在冲泡后进行湿看。由于茶叶经过冲泡后，随着茶中可以溶于水的内含物质不断浸出，会使茶的色泽，由原来的或绿，或青，或白，或黄，慢慢演变成一种新的色彩，如果将干茶的色泽与冲泡后的茶色联系起来，并细心观察它的变化过程，犹如熟读一篇茶的色彩学，使人快活自省。

再则，倘能在观茶的同时，将色泽的明与暗、艳与淡、亮与灰联系起来，茶色将变得更加引人入胜。

2. 汤色

茶的汤色主要是茶的内含成分溶解于水所呈现的色彩。因此，不但茶类不同，茶汤色彩会有明显区别，甚至同一茶类中的不同花色品种、不同级别的茶叶，也有一定的差异。具体说来，绿茶汤色要求乌黑油润，若能在茶汤周边形成一圈金黄色的油环，俗称金圈，更属上品；倘是乌龙茶，则以青褐色光润为好；而白茶，汤色微黄，黄中显绿，并有光亮，当为上品。

不过需要说明的是，首先，由于茶汤中一些溶解于水的内含物质，与空气接触后会发生色变，观赏茶汤需及时进行，不断观察，仔细看其变化。其次，茶汤的明暗、清浊、深浅，也属于观察之列。如果能够细加品尝欣赏，会给人一种美的享受。另外，茶汤还会受光线强弱、盛器色彩、沉淀多少等外在因素的影响，对此，品赏的时候需要引起注意。

3. 底色

就是欣赏茶叶经冲泡去汤后留下的叶底色泽，一般可以按照人的视觉进行。欣赏时除看叶底显现的色彩外，还可观察叶底的老嫩、光糙、匀净等。有的茶人，还会利用手的触觉，用手指揿揿叶的软硬、厚薄等，以便从中获得知识的乐趣。

(三)赏姿

茶一旦经开水冲泡浸润之后，就会慢慢舒展开来，并在盛器中展示出固有的姿形。这种茶映水、水映茶的情景，在茶汤色彩的感染下，变得更加动人，使人产生一种美感，给人一种愉悦。所以，赏姿是人们运用审美观品茶的一种重要内容，是高洁、清雅风尚的一种体现，是人们精神生活的一种追求。

茶在冲泡过程中，经吸水浸润而舒展，或似春笋，或为麦粒，或如雀舌，或若兰花，或像墨菊，使茶的外形变得更加美丽动人。与此同时，茶在吸水浸润过程中，还会因受重力的作用，产生一种动感，太平猴魁舒展时，犹如一只机灵小猴，在水中上下翻动；君山银针舒展时，好似翠竹争阳，上下有致，针针挺立；西湖龙井舒展时，活像兰花怒开，朵朵绽放。如此美景，映掩在杯水之中，真是有"茶醉人，人醉茶"的美感。

（四）闻香

茶不但干嗅时，能闻到特有茶香，清新肺腑；而且经开水冲泡后，又会随着茶汤发出的微雾，或发清香，或发花香，或发果香，或发浓香，使人心旷神怡；更有甚者，将茶冲泡后，立即倾出茶汤连杯带叶送入鼻端，用深呼吸的方式，去识别茶香的高低、纯浊和雅俗。目前，闻香的方式，多用湿闻，就是将冲泡好的茶叶，按照茶类的不同，经过1～3分钟后，将杯送入鼻端，闻茶汤面发出的茶香；若用有盖的杯泡茶，那么也可以闻盖香和面香；倘若有用闻香杯作过渡盛器的（如台湾人冲泡乌龙茶），那还可闻杯香和面香；另外，随着茶汤温度的变换，茶香还有热闻、温闻和冷闻之分。而且同一种茶采用不同的闻茶方式，会有不同的感受。可谓闻香之技，奥妙无穷。个中乐趣，难以言尽，只能靠品茗者自己慢慢体会。

一般说来，品茗用的茶都是高档茶，绿茶有清香鲜爽感，以有果香、花香者为佳；红茶以清香、花香为上，尤以香气浓烈、持久者为上乘；乌龙茶以具有浓郁的熟桃香者为好；而花茶则以具有清纯芬芳者为优。而在闻茶叶香气时，最好做到热闻、温闻和冷闻相结合，但侧重点可以有所不同。比如热闻的重点是香气的正常与否，香气的类型如何，以及香气的高低；冷闻则可以比较正确地判断茶叶香气的持久度；温闻重在鉴别茶香的雅致与庸俗，即优还是次。至于倾汤闻叶底，以掌握茶叶叶底温度在50℃～60℃时，其准确性最好。

需要特别说明的是，闻茶香时，要注意尽量避免环境因素的干扰，比如说抽烟、擦胭脂、洒香水，用肥皂洗手，吃葱蒜，空气中夹杂异味等，都会影响闻茶香，需要我们品茶时尽量避免。

（五）尝味

尝味，通常是指尝茶汤的滋味，它是靠人的味觉器官来区别的。茶可以说是一种风味饮料，不同的茶类有不同的风味，甚至同一种茶因产地、季节、品种的不同，味道也不尽相同。对于一些善于品茶的人来说，还能品尝出同一种茶树、同一季节采摘、同一种加工方法制作的茶叶，区别出是阴山（陂）茶，还是阳山茶。古今中外有很多这样的例子，不一一赘述。一般说来，阴山茶与阳山茶相比，在其他条件相对一致的情况下，鲜叶的持嫩性强，茶叶中氨基酸的含量较高，茶多酚的含量较低，这样，使茶叶中茶多酚比氨基酸少，即酚氨较少，从而使加工出来的茶叶，前者与后者相比，香气较高，鲜爽度较强，再结合叶底相对较嫩，弹性较好，如此细细对比，阴山茶与阳山茶也就不难区别开来。

其实，茶中的不同风味，是由茶叶中呈味物质的数量和比例决定的，可以认为茶汤滋味，是茶叶的甜、苦、涩、酸、辣、腥、鲜等多种呈味物质综合反应的结果。如果它们的数量和比例适合，就会使茶汤变得鲜醇爽口，红茶茶汤滋味浓厚、强烈、鲜爽，乌龙茶茶汤滋味酽醇回甘，就是上乘茶的重要标志。

茶汤尝味，应按照茶类和茶叶老嫩不同，尝味时间也有所区别。红茶、绿茶通常在冲泡3分钟后立即进行；乌龙茶一般在茶叶冲泡1分钟后进行。茶汤尝味时，汤温一般应掌握在50℃为宜。温度高，味觉会受到强烈的刺激而变得麻木；温度太低，又会降低味觉的灵敏度。不过，潮、汕人啜乌龙茶有所例外，他们主张热饮，这是因为一方面他们用来喝茶的杯子比较小，另一方面就是与品乌龙茶重点是求香有关。这样做的结果不但使茶汤在口中的回味变得更有情趣，而且还增加了刺激味。

实践表明，人的味觉器官，主要指舌，其不同部位，对滋味的感觉是不一样的。所以，在尝味时，要使茶汤在舌头上循环滚动，这样才能正确而全面地分辨出不同茶的汤味来。尝味时，只要细细体会，不但可以区分出茶汤的浓淡和爽涩，还可以鉴别出茶汤鲜滞和纯异。不过，为了正确评味，在尝味之前，最好不吃具有强烈刺激味觉的食物，如葱蒜、辣椒、糖果和酒等，以保持味觉不受外界干扰，以便能真正尝到茶的滋味。

二、茶馆赏艺

如果是演艺茶馆或茶艺馆，可以在茶馆欣赏曲艺和茶艺表演。曲艺如相声、评书、京剧清唱、地方戏曲、流行歌曲演唱等，茶艺有古茶艺、民族茶艺、当代茶艺等。在茶馆边品茗，边欣赏表演，休闲体力，调节身心，使旅游者度过难忘的时光。

三、茶馆购茶

旅游者在茶馆热情、周到的服务氛围中，品尝各种时鲜好茶、特色名茶，欣赏茶艺表演之后，服务人员再适时地向旅游者推介茶、茶食品，提示旅游者不失时机选购合意的好茶、名茶。购茶要懂茶，所以要向旅游者介绍茶的分类和品种。根据陈宗懋研究员（中国茶叶研究所）主编的《中国茶经》介绍，中国茶叶目前分为两大类，即基本茶类和再加工茶类（这是以茶多酚氧化程度为标准的划分法）。基本茶类包括绿茶、红茶、青茶（乌龙茶）、黄茶、白茶、黑茶六大类；再加工茶类包括花茶、紧压茶、萃取茶、果味茶、保健茶、含茶饮料等。下面作简要介绍：

（一）基本茶类

1. 绿茶

绿茶是我国产量最多的一类茶叶，全国18个产茶省（区）都产绿茶。我国绿茶花色品种之多居世界首位，每年出口数万吨，占世界茶叶市场绿茶贸易总量的70%。按初制加工过程的杀青和干燥方式不同，绿茶可分为：蒸青绿茶、炒青绿茶、烘青绿茶、晒青绿茶，属不发酵茶。

绿茶的绿色由叶绿素决定。鲜叶经热处理后，叶中所含活性物质因热而被伤害，活性被抑制，阻止了各种化学成分因活性物质的催化而引起变化，使叶绿素在鲜叶中固定下来，这样制成的茶就成为绿茶。它淡黄微绿的色泽主要是黄酮甙类物质经轻度氧化形成的有色物质。叶绿素是脂溶物质，在茶汤中只有少量悬浮颗粒，不形成真溶液。

根据王稳平主编的《茶道宝典》中的介绍[①]，全国的名优绿茶有：

(1)西湖龙井茶。西湖龙井茶产于浙江省杭州西湖西南部龙井村一带山区，属全炒型名茶。一向以形美、色绿、香郁、味醇“四绝”闻名中外。高级龙井茶炒制基本工艺是青锅、回潮、煇锅三道工序。成品外形扁平光滑，色泽嫩绿，香气馥郁似兰，滋味鲜醇，叶底嫩匀成朵。古人视龙井茶“其贵如金，不可多得”，今人亦将龙井茶誉为高级礼品茶。1982 年获得“全国名茶”称号，1986 年又获“全国名茶”称号。

(2)径山茶。径山茶产于浙江省余杭、监安交界处的径山，属全烘型名茶。基本工艺是杀青、扇风摊凉、轻揉解块、初烘摊凉、文火足干等工序。成品条索纤细紧结、锋苗完整、芽毫显露，色泽翠绿，香气清幽，滋味鲜醇，汤色嫩绿清澈，叶底嫩匀绿亮。1985 年获得“全国名茶”称号。

(3)临安蟠毫。临安蟠毫是 20 世纪 80 年代新创制的优质名茶，产于浙江临海县的云峰山等地，属烘炒型名茶。炒制基本工艺是杀青、做形初干(揉磨理条)、烘干三道工序。成品蟠花卷曲披毫，色泽银白陷翠，滋味鲜浓栗香，汤色嫩绿明亮，叶底肥嫩成朵。1986 年获得“全国名茶”称号，1989 年又获得“全国名茶”称号。

(4)开化龙顶。开化龙顶是新创制的优质名茶，产于浙江省开化县溪口乡的白云山等地，属烘炒型名茶。炒制的基本工艺分杀青、轻揉搓条、初烘、整形提毫、烘干等五道工序。成品外形紧直挺秀、锋毫显露，色泽绿翠，香高持久，滋味浓醇鲜爽，汤色嫩绿明亮，叶底嫩匀成朵。1985 年获“全国名茶”称号。

(5)江山绿牡丹。江山绿牡丹产于浙江省江山县仙霞岭。炒制基本工艺是杀青、轻揉、理条、复揉、初烘和复烘六道工序。成品形态自然犹如牡丹，白毫显露，色泽翠绿，清香，滋味鲜醇爽口，汤色碧绿清澈，叶底嫩绿，成朵明亮。1982 年获“全国名茶”称号。

(6) 黄山毛峰。黄山毛峰产于安徽黄山歙县、黟县等地。初制基本工艺是杀青、揉捻(轻揉和理条)、烘焙三道工序。高级毛峰具有象牙色、金黄片两大特色。成品形似雀舌，紧结匀整，峰毫显露，鱼叶金黄、色犹如象牙色，清香持久，汤色嫩绿清澈，滋味鲜醇，叶底嫩绿明亮、肥壮成朵。为享誉中外的名贵绿茶。1982 年获“全国名茶”称号，1986 又获此称号，1987 年获得“全国优质名茶”称号。

(7)太平猴魁。太平猴魁产于安徽省太平、径县、宁国一带。初制基本工艺是杀青、毛烘、足烘、复焙四道工序。足干下烘趁热装筒，加盖封口贮藏。太平猴魁外形呈两叶抱芽，扁平挺直，自然舒展，白毫陷露，色泽苍绿油润，叶脉绿中陷红，俗称“红丝线”，花香浓郁，滋味甘醇，有特殊的“猴韵”，汤色碧绿清澈，叶底嫩绿明亮成朵。具有头泡香高、二泡味浓，三泡四泡幽香犹存的品质特点。1912 年获得南洋劝业会优等奖，1915 年获巴拿马万国商品博览会金质奖，1982 年获“全国名茶”称号，1986 年又获此殊荣。

(8)六安瓜片。六安瓜片产于安徽省六安、金寨、霍山等地。炒制基本工艺是炒片(生锅与熟锅)、毛火、足火、拉小火、拉老火五道工序。老火拉至足干，叶面起霜为宜，趁热装满铁桶，锡焊密封贮藏。六安瓜片外形呈单片状，形似瓜子，自然平展，叶缘微翘，色泽宝绿，香高鲜爽，滋味鲜醇回甘，汤色绿而清澈，叶底嫩绿明亮。瓜片包括提片、瓜片、梅片三个品种，以提片品质最优。

---

① 王稳平主编：《茶道宝典》，中国戏剧出版社 2006 年版，第 9～12 页。

(9)岳西翠兰。岳西翠兰产于安徽省岳西、舒城等地。炒制基本工艺是杀青、初烘、整形、足火四道工序。翠兰外形自然舒展,似兰花形,色泽翠绿,嫩香持久,滋味鲜醇回甘,汤色淡绿明亮,叶底匀齐成朵明亮。1985 年获得“全国名茶”称号。

(10)洞庭碧螺春。洞庭碧螺春产于江苏省吴县洞庭山一带。相传是清朝康熙皇帝南巡太湖时赐名。炒制基本工艺是杀青、揉捻、搓团显毫、烘干四道工序。成品条索纤细卷曲成螺,满身披毫,银白隐翠,香高持久,滋味浓醇,汤色绿而清澈,叶底嫩绿明亮,为享誉中外的名贵绿茶。1982 年、1986 年均获得“全国名茶”称号。

(11)南京雨花茶。南京雨花茶产于江苏省南京的雨花台和中山陵园林风景区。炒制基本工艺是杀青、揉捻、搓条、筛分、干燥五道工序。紧、直、绿、匀是雨花茶的外形特色。外形紧直浑圆似松针,茸毫隐露,色呈墨绿,香高持久,滋味浓醇,汤色绿亮,叶底嫩匀明亮。1982 年和 1986 年均获“全国名茶”称号,1989 年获得“全国优质名茶”称号。

(12)无锡毫茶。无锡毫茶产于江苏省无锡市郊。炒制基本工艺是杀青、揉捻、搓毫、干燥四道工序。成品条索肥壮卷曲、全身披茸,银灰透翠,香高持久,滋味浓醇,汤色嫩绿明亮,叶底肥嫩匀整明亮。1985 年获得“全国优质茶”称号,1986 年和 1989 年均获得“全国名茶”称号。

(13)太湖翠竹。太湖翠竹产于江苏省无锡一带。炒制的基本工艺是鲜叶摊入、杀青、轻揉整形、烘干成形、煇炒提香五道工序。成品芽扁平稍弯、匀整,似月牙形,色泽翠绿,香气清高鲜爽,汤色嫩绿清澈,滋味醇爽,叶底嫩绿明亮。

(14)狗牯脑茶。狗牯脑茶产于江西省遂川乡狗牯脑山。初制基本工艺是杀青、初揉、二青、复揉、整形、炒干六道工序。成品条索紧秀显毫,色泽绿润,香气馥幽,滋味甘醇鲜爽,汤色黄绿明亮,叶底绿匀明亮。1915 年获得巴拿马万国商品博览会银质奖。

(15)峡州碧峰。峡州碧峰产于湖北省宜昌县长江西陵两岸。炒制的基本工艺是杀青、初揉、初烘、整形、抻毫、烘干六道工序。成品条索紧秀显毫,色泽绿润,香气清高持久,汤色黄绿明亮,滋味鲜醇回甘,叶底嫩绿匀齐明亮。1982 年和 1985 年均获“全国名茶”称号。

(16)恩施玉露。恩施玉露产于湖北省恩施五峰山。加工基本工艺是蒸青、吹风摊凉、初炒、揉捻、二炒、整形、烘干七道工序。成品外形纤细紧直如针,色泽翠绿,香气清鲜,汤色碧绿清澈,滋味醇和鲜爽,叶底匀整鲜绿明亮。

(17)峨眉竹叶青。峨眉竹叶青产于四川省峨眉山。炒制基本工艺是杀青、三炒三凉、做形、干燥等工序。成品扁平、两端尖削、形似竹叶,色泽翠绿,清香鲜爽,味醇回甘,汤色明亮,叶底嫩匀明亮。1985 年获得第 24 届世界优质食品评选大会金质奖,1986 年获“全国名茶”称号。

(18)信阳毛尖。信阳毛尖产于河南省信阳县,是享誉中外的名贵绿茶。炒制基本工艺是杀青轻揉(生锅)、紧条理条(熟锅)、烘干三道工序,成品细紧显峰、圆直显毫、清香,汤绿,味浓醇,是享誉中外的名贵绿茶。1915 年获得巴拿马万国商品博览会金质奖,1982 年和 1986 年均获“全国名茶”称号。

(19)高桥银峰。高桥银峰产于湖南省高桥。炒制基本工艺是杀青、初揉、初干、做条、提毫、烘焙六道工序。成品条索紧细微卷、身披茸毫,色泽绿翠,嫩香持久,汤色嫩绿明亮,滋味鲜醇,叶底嫩绿明亮。1989 年获“全国名茶”称号。

(20)都匀毛尖。都匀毛尖产于贵州省都匀县。相传是崇祯皇帝曾将此茶赐名为"鱼钩茶",从此名扬中外。炒制的基本工艺是杀青、揉捻、搓团提毫、干燥四道工序。成品条索紧结、纤细卷曲,色泽绿翠,香高,味鲜浓,叶底嫩绿匀齐明亮。1982 年获"全国名茶"称号。

2. 红茶

红茶为全发酵茶。红茶按外观形状可分为条红茶和红碎茶两类。初制的基本工艺是萎凋、揉捻、发酵、干燥四个工序。

红茶的共同品质是红叶、红汤。在国际茶叶市场上,红茶贸易量占世界茶叶总贸易量的 90%以上。红茶的种类主要是:

(1)小种红茶。起源于 16 世纪,产于福建武夷山一带。至 18 世纪中叶,小种红茶又演变为工夫红茶。从 19 世纪 80 年代起,我国红茶特别是工夫红茶,在国际市场上曾占统治地位。小种红茶是福建省的特产,有正山小种和外山小种之分。正山小种产于崇安县星村乡桐木关一带,也称"桐木关小种"或"星村"小种。政和、坦洋、古田、沙县及江西铅山等地所产的仿照正山品质的小种红茶,统称"外山小种"或"人工小种"。在小种红茶中,唯正山小种百年不衰,主要是因其产自武夷高山地区,崇安县星村和桐木关一带,地处武夷山脉之北段,海拔 1 000～1 500 米,冬暖夏凉,年均气温 18℃,年降雨量 2 000 毫米左右,春夏之间终日云雾缭绕,茶园土质肥沃,茶树生长繁茂,叶质肥厚,持嫩性好,成茶品质特别优异。

(2)工夫红茶。是我国特有的红茶品种,也是我国传统出口商品。当前我国 19 个省级行政区域产茶(包括试种地区新疆、西藏),其中有 12 个省级行政区域先后生产工夫红茶。我国工夫红茶品类多,产地广。按地区命名的有滇红工夫、祁门工夫、浮梁工夫、宁红工夫、湘江工夫、闽红工夫(含坦洋工夫、白琳工夫、政和工夫)、越红工夫、台湾工夫、江苏工夫及粤红工夫等。按品种又分为大叶工夫和小叶工夫。大叶工夫茶是以乔木或半乔木茶树鲜叶制成;小叶工夫茶是以灌木型小叶种茶树鲜叶为原料制成的工夫茶。

(3)红碎茶。我国红碎茶始于 20 世纪 50 年代后期,生产较晚。近年来产量不断增加,质量也不断提高。红碎茶的制法分为传统制法和非传统制法两类:第一类,传统红碎茶。以传统揉捻机自然产生的红碎茶滋味浓,但产量较低。第二类,非传统制法的红碎茶。分为转子红碎茶,国外称洛托凡(Ro tO va ne〕红碎茶;C. T. C 红茶和 L. T. P(劳瑞制茶机)红碎茶。如以 C. T. C 揉切机生产红碎茶,彻底改变了传统的揉切方法。萎凋叶通过两个不锈钢滚轴间隙的时间不到一秒钟就达到了破坏细胞的目的,同时使叶子全部轧碎为颗粒状。发酵均匀而迅速,所以必须及时进行烘干,才能达到汤味浓鲜的品质特征。

以不同机械设备制成的红碎茶,尽管在品质上差异悬殊,但其总的品质特征,可分为四个花色:①叶茶。传统红碎茶的一种花色,条索紧结匀齐,色泽乌润,内质香气芬芳,汤色红亮,滋味醇厚,叶底红亮多嫩茎。②碎茶。外形颗粒重实匀齐,色泽乌润或泛棕,内质香气馥郁,汤色红艳,滋味浓强鲜爽,叶底红匀。③片茶。外形全部为木耳形的屑片或皱折角片,色泽乌褐,内质香气尚纯,汤色尚红,滋味尚浓略涩,叶底红匀。④末茶。外形全部为砂粒状末,色泽乌黑或灰褐,内质汤色深暗,香低味粗涩,叶底暗红。红碎茶产区主要是云南、广东、海南。

红茶为我国第二大茶类，出口量占我国茶叶总产量的50%左右，客户遍布60多个国家和地区。其中销量最多的是埃及、苏丹、黎巴嫩、叙利亚、伊拉克、巴基斯坦、英国及爱尔兰、加拿大、智利、德国、荷兰及东欧各国。

目前国内比较优质的红茶有[①]：

其一，祁门工夫红茶。祁门工夫红茶简称"祁红"，闻名中外。产于安徽省祁门等县。初制基本工艺是萎凋、揉捻、发酵和干燥四道工序。成品条索细紧秀丽，锋苗显露，色泽乌润油光，香气浓郁持久，如蜜糖香，汤色红亮，滋味醇厚回甘，叶底嫩匀红亮。1915年获巴拿马万国商品博览会金质奖，1987年获第26届世界优质食品评选大会金质奖，1980年获得国家优质产品金奖，1986年获国家金质奖，1985年获得部优产品称号，1986年获"全国名茶"称号。

其二，滇红工夫茶。滇红工夫茶产于云南省勐海、凤庆、临沧、普文等地。初制基本工艺与"祁红"基本相同。成品条索紧结肥壮、身骨重实，色泽乌润，金黄色毫尖多，香气鲜郁高长，汤色红艳，滋味浓厚鲜爽，有刺激性，叶底肥壮红亮。1985年获"国家优质产品"称号并获银质奖，1986年获国家金质奖，1986年和1989年均获"全国名茶"称号。

其三，红碎茶。红碎茶的主产区为广东。初制工艺是萎凋、揉捻、发酵、干燥四道工序。成品颗粒紧实，乌黑油润，汤色红浓，香味浓郁。1985年获"国家优质产品"称号并获银质奖，1989年获"国家优质茶"称号。

另外的优质红茶还有峨眉牌早白尖工夫红茶和宁红工夫茶，这里就不一一论述。

3. 乌龙茶

乌龙茶又名青茶，属半发酵茶，叶底边缘呈红褐色，而当中部分为淡绿色，即"绿叶红镶边"的外形特点，其内在品质特点是，既有绿茶的清香和花香，又有红茶醇厚的滋味。乌龙茶，是我国福建人尤其是闽南人、广东潮汕人特别爱喝的茶饮料。饮乌龙茶方法十分考究，有不少细致的程序和要求，故称之为工夫茶。

全国名优乌龙茶有[②]：

(1)武夷岩茶。武夷岩茶产于福建省北部武夷山，中外驰名。炒制的基本工艺是萎凋、做青、杀青、揉捻、烘焙五道工序。成品外形壮实紧结匀整，色泽青褐油润(俗称"蛤蟆青")，香气馥郁，透兰花香，滋味醇厚回甘，含有"岩韵"，汤色橙黄清澈，叶底绿叶红镶边。1982年、1986年和1989年均获"全国名茶"称号。

(2)安溪铁观音。安溪铁观音产于福建省安溪县，中外驰名。初制基本工艺是晒青、凉青、做青、炒青、揉捻、初烘、复焙、包揉、文火慢烤等工序。成品紧结卷曲重实，色青带绿，香气馥郁持久，滋味醇厚甘鲜，汤色金黄清澈，叶底肥壮明亮，耐冲泡，冲泡七次香味犹存。1945年于新加坡获金牌，1950年于泰国获特等奖，1986年获国际美食旅游协会"金桂奖"，1982年获"全国优质产品"称号，又获"全国名茶"称号，获国家金质奖，1986年获"全国名茶"称号。

(3)凤凰单枞。凤凰单枞产于广东省潮安县凤凰山。初制基本工艺是晒青、凉青、碰青、炒青、揉捻、烘焙等工序。成品条索壮实挺直，色泽黄褐似鳝鱼色，天然花香，滋味醇爽

---

① 王稳平主编:《茶道宝典》，中国戏剧出版社2006年版，第13～14页。

② 王稳平主编:《茶道宝典》，中国戏剧出版社2006年版，第15页。

回甘，汤色橙黄清澈，叶底肥厚黄亮、叶缘朱红。1982年、1986年和1989年均获"全国名茶"称号。

(4)冻顶乌龙。冻顶乌龙产于台湾省冻顶山上。加工技术工艺是萎凋、做青、炒青、揉捻、烘干五道工序。产品肥壮重实，香气浓郁，汤色金黄清澈，滋味醇厚，叶底绿叶红镶边。

4. 黄茶

属于微发酵茶。初制基本工艺是杀青、揉捻、闷黄、干燥四道工序。闷黄是形成黄茶品质特点的独特工序。不同的黄茶有不同的闷黄方法，一般分湿坯闷黄和干坯闷黄两种。湿坯闷黄就是将杀青叶或经热揉后的揉捻叶进行堆闷，因它的含水量高，儿茶素等成分自动氧化而变黄，如沩山毛尖，经7小时左右即可变黄。干坯闷黄是初烘干后再行装篮堆积闷黄，初烘叶含水量较低，生化变化速度缓慢，黄变时间较长，如黄大茶，初烘至7—8成，干装篮闷黄，闷黄时间需7天左右才能达到变黄的要求。黄变品质特点是黄叶、黄汤，香气清悦，滋味醇厚，如湖南的君山银针，四川的蒙顶黄芽，浙江的平阳黄汤，安徽的霍山黄芽和黄大茶等。

比较优质的黄茶主要有[①]：

(1)君山银针。君山银针产于湖南省洞庭湖的君山岛。历史上有多个朝代将此茶列为贡茶。炒制基本工艺是杀青、初烘、初包、复烘、复包、足干六道工序。君山银针为全芽茶。成品芽头肥壮挺直、满披银毫，色泽金黄，香气清纯，汤色黄亮，滋味甜爽，叶底嫩黄匀整明亮。1956年获得国际莱比锡博览会金质奖，1982年获得"全国名茶"称号。

(2)蒙顶黄芽。蒙顶黄芽产于四川省名山县的蒙山。初制基本工艺是杀青、初包、复炒、复包、三炒、堆积摊放、四炒、烘焙八道工序。成品外形扁直、芽毫显露，色泽微黄，香浓带甜，汤色黄亮，滋味醇和回甘，叶底嫩黄匀整。

(3)鹿苑毛尖。鹿苑毛尖产于湖北省远安鹿苑一带。炒制基本工艺是杀青、炒二青、闷堆、炒干四道工序。成品条索环状、露毫，色泽金黄，香高持久，汤色黄亮，滋味醇厚回甘，叶底嫩黄匀整。1982年和1986年均获"全国名茶"称号。

(4)温州黄汤。温州黄汤产于浙江省的泰顺、平阳等地。炒制基本工艺是杀青、揉捻、闷堆、初烘、闷烘五道工序。成品外形细紧纤秀，色泽黄绿披毫，香气高锐，汤色橙黄明亮，滋味醇和爽口，叶底匀整成朵。

5. 黑茶

属于后发酵茶。主要产区为四川、云南、湖北、湖南等地。黑茶采用的原料较粗老，是紧压茶的主要原料。黑茶种类较多，制法因种类不同而有差别。初制基本工艺是杀青、揉捻、渥堆和干燥四道工序。渥堆是决定黑茶品质的关键程序。渥堆的时间长短、程度的轻重，会使其成品品质风格有明显的差别。如湖北老青茶渥堆，是在杀青后经二揉二炒后再行渥堆，渥堆时将复揉叶堆成小堆，堆紧压实，使其在高温高湿条件下发生生化变化。当堆温达60℃左右时，进行翻堆，里外翻拌均匀，再继续渥堆。渥堆总时间为7～9天。当茶堆出现水珠，青草气消失，叶色呈乌绿或紫铜色，并且均匀一致时，即为适度，再行翻堆干燥。黑茶压制成的砖茶、饼茶、沱茶、六堡茶等紧压茶，主要销往青海、西藏等地，是少数民族每日不可少的饮料。

---

① 王稳平主编：《茶道宝典》，中国戏剧出版社2006年版，第16页。

普洱茶，原产云南省，是黑茶中驰名中外的一种。普洱茶，外形条索肥壮，色泽乌润褐红（俗称猪肝色），滋味醇厚回甜，具有独特的陈香，同其他黑茶一样，具有汤深、味浓、耐泡、香醇的特点。据现代科学证明，普洱茶具有降低血脂、减肥、抑菌、助消化、暖胃、生津、止渴、醒酒和解毒等多种功效，因而成为一种备受欢迎的保健饮料。在日本、法国、德国、意大利等国家和香港、澳门地区很受欢迎。普洱茶有“美容茶”、“减肥茶”、“益寿茶”和“窈窕茶”等美誉。

6. 白茶

属于轻微发酵茶。主要产区为福建、广东等地。白茶初制基本工艺是萎凋、烘焙（或阴干）、拣剔、复火等工序。萎凋是形成白茶品质的关键工序。萎凋方法有室内自然萎凋、加温萎凋、日光萎凋三种。萎凋过程的温度、湿度、通风等条件与品质关系密切。自然萎凋一般要求室温 20～25℃，相对湿度 70%左右，萎凋时间 40 小时左右为宜。加温萎凋室温应控制在 28～30℃，萎凋时间 36 小时为宜。白茶分为芽茶和叶茶两类。采用单芽为原料加工而成的为芽茶，称之为银针；采用完整的一芽一二叶加工而成的为叶茶，称之为白牡丹。白茶具有外形芽毫完整或形态自如成朵，满身披毫，毫香清鲜，汤色清中显绿，滋味清淡回甘的品质特点。

全国的名优白茶有[①]：

（1）白毫银针。白毫银针产于福建省的政和、福鼎。加工基本工艺是萎凋、干燥两道工序。芽肥挺直如针，满身披毫，色白如银，香气清鲜，汤色浅淡，滋味甘和，叶底肥壮匀整。1982 年和 1986 年均获“全国名茶”称号。

（2）白牡丹。产于福建的政和、建阳、松溪等地。加工基本工艺与白毫银针基本相似。形态犹如白牡丹，叶背白色，茸毛密布，色泽灰绿，香气清鲜，汤色杏黄明亮，滋味鲜醇，叶底浅灰，叶脉微红。1989 年获得“全国优质茶”称号。

（二）再加工茶类

以基本茶类做原料进行加工制成的产品称再加工茶类，主要包括：花茶、紧压茶、保健茶、萃取茶、果味茶和含茶饮料等。

1. 花茶

用茶叶和香花进行拼合窨制，使茶叶吸收花香而制成的香茶，称花茶。明代顾元庆在《茶谱》中有橙皮窨茶和莲花窨茶的记载。橙皮窨茶就是将橙皮切丝，将茶叶与其搅拌和后烘干。莲花窨茶是在太阳未出时，将茶叶放入莲花内，用麻绳略扎，一天一夜后将茶倒出烘干。但这都不是现在意义上的花茶，现在意义上的花茶创制于清朝顺治、康熙年间。据载当时有一个闵姓徽州人，自娱自乐用兰花和茶叶放在一起窨制，取名兰花方片。经他的启发，后人竞相效仿，发展成了当今的一大茶类。

现在花茶的种类很多，有茉莉花茶、白兰花茶、玫瑰花茶、玳玳花茶、珠兰花茶、柚子花茶、桂花茶、栀子花茶、米兰花茶等。

茉莉花茶都以烘青为主要原料，也有用龙井、乌龙窨制的，成为花龙井、茉莉乌龙。玫瑰花大都用来窨制红茶，桂花窨制绿茶、红茶、乌龙茶效果都很好。品饮花茶主要品香气

---

① 王稳平主编：《茶道宝典》，中国戏剧出版社 2006 年版，第 17 页。

的鲜灵度、香气的浓郁度、香气的纯度。

2. 紧压茶

各种散茶经加工蒸压成一定形状而制成的茶叶称紧压茶。紧压茶分为:绿茶紧压茶、红茶紧压茶、乌龙紧压茶、黑茶紧压茶。三国张辑《广雅》中有"荆巴间采茶作饼",是我国饼茶最早的记载。

紧压茶主要产于湘、鄂、川三省,黔、滇、桂也有少量生产。主要销往新疆、内蒙古、甘肃等地,是少数民族不可缺少的饮料。紧压茶原料较为粗老,在干燥前或后要渥堆发酵,渥堆时间长达数月。

压制时将茶叶蒸热,吸收水分,使原料软化,再装入模框内压制后退出模框进行烘干,模框是茶叶定型的关键,有砖形、碗形、饼形等。但不管紧压茶形状如何,都要外形光洁,棱角分明,不龟裂。香气纯和,无青涩味、陈香浓郁、汤色棕褐者为上品。

3. 保健茶

能调节人体机能,适于特殊人群,但不以治疗疾病为目的的食品称为保健功能食品。保健功能食品分:调节免疫功能、延缓衰老、改善记忆、促进生长发育、抗疲劳、减肥等 13 大类,但不以药品名称或类似药品名称命名。保健茶是保健功能食品的重要组成部分。保健茶气味较淡,药性轻灵,服用简单、方便,或浓或淡也没有严格限制,而且没有副作用,这也许是保健茶在中国流传几千年而不衰的原因吧。

(三)茶叶质量的判定

从以上的知识可以看出,茶叶品种丰富,等级很多,各等级之间品质差异很大,对一般消费者来说,如果不能掌握鉴别的方法,很难看出它的差异,也无法购买到心仪的好茶。

据张风云主编的《品味中国茶》的介绍①,茶叶质量的判定可以用"看、闻、尝、摸"等方法进行。

看:通过肉眼看干茶的造型是否优美,是否具有该类型茶叶的风格。看干茶的含毫量和含芽量,看干茶的色泽和匀整形。一般来讲,品质好的茶叶造型优美,有自己独特的风格,如西湖龙井茶外形扁平、光滑、挺秀;江苏碧螺春细秀曲卷如螺。级别高的茶叶(如特级、一级茶)应含有较多的茶芽,芽上披有白毫(绿茶)或金毫(红茶),色泽鲜艳且油润,茶叶表面反光性强,茶叶的大小、色泽、老嫩均匀一致。同时,还可以看干茶冲泡后、茶汤的色泽和叶底(茶渣)的嫩度、色泽和匀度。茶汤的色泽以鲜亮清澈透明为好,混浊、有沉淀、色暗者差。叶底观察其叶脉的裸露程度、叶质的厚薄,颜色的类型和均匀性。级别高嫩度好的茶叶,叶表面平滑细腻,叶质嫩厚,色泽呈嫩绿色或绿色,多芽,芽叶大小、色泽、嫩度均匀一致。级别越低,嫩度越差,叶底的叶脉看上去越清晰,主脉突出,叶缘锯齿明显,叶张展平,色泽呈褐绿或褐黄色。

闻:通过闻干茶的香气和叶底(茶渣)的香气可判别茶叶质量的高低。干茶的香气比较优雅,要在茶叶数量比较多或保存比较好的情况下才能有较浓的香气。如果干茶茶香浓郁,且令人感觉舒畅,这是好茶的表现;如果干茶闻起来香气很浓,且是高火香(似炒米香),这样的茶香是通过加工时高火炒出来的香气,冲泡后显露出来的不是天然的茶香,缺

---

① 张风云主编:《品味中国茶》,延边大学出版社 2005 年版,第 31～32 页。

少清新鲜爽感;如果干茶茶香平平,茶香不显,可能是中档茶,也可能是加工水平较低或保存欠佳的高档茶;低档茶的品质较差,干茶中可以闻出比较明显的粗老味。

评茶师是通过闻茶叶叶底的香气评判茶叶香气质量的,闻叶底的香气,通过热闻、湿闻和冷闻进行。热闻判别茶香的纯异,热的时候,茶中如有不良的香气最容易显露出来,如烟气、霉气、木头气、包装袋气味等。温闻判别茶香的类型、香气的高低、浓薄。嫩香、花香、清香、栗香、甜香、果香是好的香型。冷闻可判断茶香的持久性,好的茶香越持久,茶叶品质越好,一般来说,高山茶茶香高而持久。

尝:人的味蕾能辨别酸、甜、苦、辣、涩。茶叶的品质应从茶汤的厚薄、浓淡、醇涩、甜苦、爽滞及回味等方面判别质量的优劣。人的舌头的不同部位对各种味道的敏感性是不一样的,品尝茶汤时,应将茶汤布满舌头的各个部位,充分感受茶汤对舌头的刺激,然后,慢慢咽下。品质好的茶叶感觉茶汤浓厚、醇爽,回味甘甜;品质差的茶叶滋味淡薄、粗涩味重,感觉滞钝。

摸:冲泡后的叶底用手触摸,级别高嫩度好的茶叶,叶质肥厚柔软;级别低嫩度差的茶叶,叶质硬而薄,这是因为叶质粗老,纤维素含量高的原因。

(四)茶叶级别的判别

茶叶的级别主要是根据茶叶的嫩度、色泽、完整性和净度来确定的。其中完整性是为了保证茶叶的规格和外观的完美,净度是为了确保茶叶的卫生达到所要求的程度,茶叶嫩度是决定茶叶质量的主要因素之一。一般来说,嫩度越高,茶叶质量越好。茶叶嫩度的判别可以从以下几个方面着手:

从干茶外形看,茶叶个体细小而丰润,茸毛丰富,含芽量高,茶叶嫩度好。从色泽看,翠绿色、苍绿色、嫩绿色、深绿色、墨绿色且光泽油润是嫩度好的茶叶所具有的色泽,黄绿色、绿黄色且干枯无光泽油润是嫩度差的茶叶色泽。从茶叶干茶的容重来看,嫩度好的茶叶密度大,相互间的空隙小,因此,同一花色品种相同体积的茶叶,嫩度好的比嫩度差的茶叶重,用一专业术语表达为"身骨重",用手掂量可较明显感觉出轻重。从冲泡后的叶底(茶渣)看,嫩度好的茶叶色泽呈嫩绿或鲜绿色,表面光润细腻,叶脉含而不露,用手触摸叶质手感柔软;嫩度差的茶叶色泽呈黄绿或褐黄色,叶脉明显而突出,用手触摸叶手感粗硬。

茶叶色泽也是判别茶叶级别的依据之一。茶叶色泽是反映茶叶表面的颜色、色的深浅程度,以及光线在茶叶表面的反光程度。从茶叶的色泽可以区别茶叶的老嫩;从茶叶色泽也可以看出茶叶的加工水平,茶叶加工得好,干茶色泽鲜亮、正常,茶叶加工中出现问题,如产生"闷或渥"的现象,茶叶色泽就会变成褐黄、黄暗或花杂;从茶叶色泽还可以看出茶叶保存的优劣,茶叶保存不好,干茶色泽会出现不同程度的褐变,出现褐黄色。

(五)茶叶的选购

介绍了如何品评茶叶质量的方法之后,再介绍一下关于茶叶选购的知识。茶叶种类繁多,不同的茶叶种类,不同的茶叶产区,使茶叶的品质、内含成分、保健作用、口感都产生了很大差异。消费者应该根据各自的身体状况和嗜好选购茶叶。

绿茶在各类茶中其化学成分与鲜叶最为接近,它一开始就用高温破坏鲜叶体内的酶

的活性，保留有较高的茶多酚、氨基酸、维生素C等营养保健成分。据最新研究表明：绿茶是各类茶中营养成分最丰富、对人体保健功效最佳的茶类。目前，世界上已有不少饮用其他茶类的国家开始流行品饮绿茶。因此，对一般的消费者来说，选择饮用绿茶是较好的。

红茶加工时经过萎凋与发酵，促进了茶叶体内酶的活性，各种成分变化最大，茶多酚的保留量最少，由于发酵，叶绿素和维生素破坏较多，含量远不如绿茶高，从中医学的角度上说，性较温和，对于怕寒或有胃病的人，选饮红茶对身体较为有利。

白茶在加工中不炒不揉，经长时间萎凋，最后让其自然干燥或低温(60℃)文火焙干。白茶在长时间萎凋过程中，内含成分在酶的作用下缓慢变化，产生了一系列的茶多酚氧化的中间产物，形成了白茶独特的品质和特性。

选购茶叶，购买者先看茶叶外形的色泽、嫩度、匀整度和净度，结合嗅干茶的香气，然后用开水冲泡后看茶汤的颜色和明亮度，闻茶汤和叶底(茶渣)的香气，尝茶汤的滋味，最后看看叶底的嫩度、颜色和均匀度。

高档绿茶要求干茶色泽翠绿、深绿或墨绿色，油润性好，冲泡后茶汤绿而明亮，有清香、栗香、嫩香或花香，口感醇爽，叶底嫩匀，芽叶成朵。

高档红茶要求干茶色泽乌黑油润(小叶种)、棕褐油润(大叶种)，冲泡后茶汤、叶底红艳明亮，香气馥郁带有甜香或花香，滋味甘爽。红碎茶要求“浓、强、鲜”，刺激性强。

高档乌龙茶要求干茶色泽油润，品种风格明显，干嗅茶香浓郁，冲泡后茶香四溢，花香显，滋味醇厚甘润，回味长。

白茶中的白毫银针要求干茶色白如银，芽头肥壮，满披白毫，内质香气清鲜毫香浓，滋味醇和干爽；白牡丹由一芽二叶加工而成，干茶呈花朵状，毫心肥壮，叶背面白毫银亮，叶面呈黛绿或翠绿色，香味清纯。

低档茶具有共同的特性，外形粗大，色泽干枯、无光泽，掂在手中分量轻，体积大，味粗涩，茶汤薄，缺乏应有的内含物感。冲泡后的叶底粗老、僵硬。

茶叶的选购除了看品质外，还应估算一下茶叶的含水量。茶叶的含水量对茶叶储藏时品质的保持影响很大，茶叶的含水量过高，茶叶在储藏期间很容易陈化，甚至霉变。茶叶的含水量估算的简便方法是消费者拿少量的茶叶，用大拇指和食指用力捏一下，手中的茶叶基本成粉末状，说明干度可以，如果多成片状，说明该茶叶含水量太高。含水量太高的茶叶最好不要购买，如要购买，也需要事后加以处理，如用生石灰收干或用微波炉干燥，否则，茶的品质不易保存。

第三节　项目设计

作为提供旅游者休闲游的场所，要根据茶馆所处的地理位置、环境、旅游者的要求等做不同的项目设计：

1. 品茶购茶项目。在茶乡、茶区、旅游景区附近及旅途中的茶馆,应设计品茶、购茶项目。游览的辛苦、口渴,需要在茶馆作短暂歇脚、喝茶,并得便购买地方特色的名茶、时鲜好茶。当然,也可以销售茶食品及与茶有关的小工艺品、小玩具等,以增加茶馆的经济效益。

2. 品茶、购茶、茶餐项目。在旅游者过往或集中的地方及城镇大茶馆,不仅应有品茶、购茶项目,而且可以设茶餐项目,旅游者在此品尝茶菜肴。该茶餐要有特色,营造优良品牌,才能确保可持续发展。

3. 品茶、赏艺、购茶项目。大型的茶庄、茶馆,可以增设赏艺项目,或茶道茶艺表演,或曲艺表演。因为旅游者时间有限,所以,表演时间不能过长,一般不要超过半小时。

4. 品茶、赏艺、购茶、茶餐项目。这是以上项目的综合。在茶馆里既品饮茶,又欣赏茶艺或曲艺表演,选购合意的名茶、茶食品、茶工艺品、小玩具,享用茶餐。这是旅游者逗留较长时间的项目,需要既具备茶馆的设施、设备,又具备餐饮的设施、设备和接待能力。

总之,项目设计要以旅游市场需求为依据,才能有客源基础,保证茶馆的正常经营和持续发展。

值得注意的是,旅游茶馆与普通茶馆在接待、服务对象、经营方式方法上是不同的,在收费上也有区别。

第一,旅游茶馆服务对象主要是旅游者,普通茶馆接待对象主要是本地居民和散客,当然也可以接待旅游者。

第二,在经营上,旅游茶馆的顾客流动性很大,顾客一般以旅游团队形式进入茶馆,在茶馆休闲时间不长;普通茶馆的顾客流动性小,有的顾客在茶馆可能呆上半天或更长时间。

第三,在收费上,普通茶馆主营卖茶水,所以喝茶是要付费的;旅游茶馆一般是免费品茶、喝茶,免费观赏茶艺表演,而卖茶是主营业务,目的是要使旅游者购茶,或购买茶馆里的其他商品如茶食品、茶工艺品、小玩具等,从卖茶中或兼营茶餐中获取经济效益。

由于有以上差异,所以,旅游茶馆的经营者对旅游市场要有相当的探讨和把握。

在旅游设计上,安排在茶馆品茶、喝茶、观赏茶艺表演、选购茶品,只是旅游线路中的一个旅游项目,或旅游计划中在下榻住地的一项安排。设计时,不仅要选择旅游途中经过的茶馆或特色茶馆,而且要选择有接待旅游团队能力和条件的茶馆,要使旅游者满意。如在茶学教育旅游,茶乡生态旅游,杭州一日游、上海一日游、北京一日游、成都一日游等某城市一日游二日游,或武夷山、黄山、普陀山、蒙顶山、峨眉山等名山旅游线路中,都可以设计、安排茶馆旅游项目。作为茶文化旅游线路,更应该把茶馆旅游项目安排在其中。

练习题

1. 中国茶馆在历史上哪个时代出现? 传承和发展情况如何?
2. 茶馆按服务功能可以分成哪几类?

3. 介绍你所熟悉的某个地方的茶馆特色。

4. 介绍你所熟悉的5个百佳茶馆。

5. 举例说明茶馆如何与旅游结合。

6. 作为与旅游结合的茶馆在设施设备上有何要求?

7. 旅游茶馆与普通茶馆有何区别?

8. 设计一条包括有茶馆休闲项目的旅游线路。

9. 举例说明如何安排旅游者在茶馆的休闲活动。

10. 说说你阅读下列材料的感想、体会。

阅读材料

1. 茶馆布局[①]

茶馆的布局分隔合理与否,直接体现茶馆的品味档次、视觉效果外,还会对经营、管理起到一定的影响。同时也能够衡量投资者和设计者的品味、内涵和水平。合理的布局,会大大增加茶馆的经营效益,节省人力、物力,降低能源消耗。

茶馆的内部分隔布局,应根据不同的规模、市场定位、行业规范要求,进行合理规划、功能分区,从服务、出品、单据传送等流程为经营创造便利条件,使传送单据距离要短,传送速度要快,服务快捷、衔接到位,出品迅速,制作方便。

茶馆的布局,不管规模大小,必须遵从"功能齐全"、"客人看到的永远最美的"宗旨,必须考虑到"四线流程原则",即客人流线、服务流线、物品流线、信息流线。客人流线与服务流线互不交叉,客人流线直接明了,服务流线快捷高效,信息流线快速明确。客人流线只设一个出入口;服务流线为员工专用出入口,出品专用线路,员工的考勤打卡处、更衣室、用餐餐厅、卫生间等都应在服务流线范围内;物品流线为后勤供应,垃圾清理通道,库房、杂物间等;信息流线为以计算机管理系统为中心的综合布线。

茶馆从区域分布上说,应具备员工区域(分为办公区和生活区、设备间、库房等)、客用区域分为公共区(停车场、卫生间、客用楼梯或电梯)、生产区(吧台、厨房、洗消间、备餐间、热水间)和营业区(商品区、餐饮区、品茗区、结账区、休闲娱乐区)。茶馆的客用区应给客人带来一种神秘而无限的感觉;要有层次感、错落有致;要有移步换景的设置;要体现出具有茶馆特色的文化内涵。

2. 茶馆的魂[②]

经营茶馆首先要清楚茶馆的定位,给茶馆定个调子。一旦调子定好了,你的形象(外在特征)就呈现给大众,大家就会依着这个调子选择你、喜欢你,或背离你、抛弃你。

---

① 王彦峰:《中华合作时报·茶周刊》2011年1月18日B版。

② 王乾宇:《中华合作时报·茶周刊》2011年3月8日B4版。

俗话说:"壶里乾坤大,杯中日月明。"一家茶馆不管经营规模大小,都能承载很浓重的文化内涵和艺术品味趋向,但是做到人见人爱,讨众人喜欢却是不大可能的。因此,能在社会上生存的茶馆,一般都是依着投资者或经营者的个人爱好和品味修养来打造的,带有鲜明的个人趋向和个性特征。表现手法有大江东去的磅礴之气,也有小桥流水的秀外慧中;有皇家气派的富丽堂皇,也有大家闺秀的小巧玲珑;有经营摆设古董、文物、字画艺术品显现书香古韵的,也有村野风情,透着自然怡情的;有极奢华的,也有简单质朴的,等等。

当下社会经济之发达,物质文明之超前,生活节奏之快速,心态之浮躁,都是史无前例的。茶馆在这时充当什么角色、起什么样的作用?这样的问题需要认真思考。

"一杯春露暂留客,两腋清风几欲仙。"现在社会的浮躁使人们很难做到心态淡定从容。众所周知,静能生慧,心静则本体现。饮茶、品茶可以使人安静、清静下来。一杯香茗在手,喝了这一杯,还有下一杯……做人做事也是同理,紧张之后要有松弛,放松之后是蓄势,所谓一张一弛之谓道也。茶馆就像高速路上的服务区,"加加油、方便方便、放松放松"。在快节奏的都市生活中,感受一杯春露带给您的神清气爽;感受一杯春露带给您的遐想、通透;感受一杯春露带给您的醍醐灌顶;感受一杯春露带给您像家一样的暖意和惬意。

开办茶馆容易,经营好茶馆不易。茶馆不单单是个经营场所,而且还是教化场所。实现教化功能不能显现地去说教,只能润物细无声:不经意间、潜移默化地影响人、熏陶人,让人们从心里感受到茶的魅力、茶的文化。这也就是茶馆的魂!

3. 茶馆该这样经营[①]

随着物质文明的高速发展,精神文明也得到发展。茶作为中国人精神层面上的一种物质,在雨后春笋般的新老茶馆中,得以展示、演绎。茶馆倡导一种和谐的氛围,是很多有钱、有闲的人聊天和"发呆"的地方。这些人的精神需求超越了物质需求,他们希望在茶馆这片宁静的地方,舒缓压力,使自己忙碌的心清静下来。我们的茶艺师需要有高超的茶艺、水准较高的茶文化和与客人巧妙沟通的技巧,让客人乐不思蜀。茶馆服务员要能够根据客人的各种身体状况帮客人选择相适宜的茶的品种。

茶,天地人合三为一,中国有很多器皿,瓷器、玉、寿山石、竹根雕、木雕、紫砂都和茶一样,天地人合三为一。茶馆不仅仅是品茗的地方,它还是可以从事艺术品交流的地方,把玩各种各样奇珍异宝,无疑让客人能迅速地爱上这种有品味的茶馆。当茶馆与艺术的东西浑然一体的时候,品味和格调自然而然地上升了。对经营者来说,经营的东西越广泛,获利的机会也就越大。常言道:东方不亮西方亮,经营有道者,会将很多知识面和历史层面上的大集成悄然地引导给客人,当碰到知音的时候,一笔生意就在不经意中产生了。开茶馆的经营者,首先不能急功近利,要像茶一样随风潜入夜,渗透到客人心里,当客人完全信任你的时候,他会聚很多朋友在您的茶馆,自然而然茶馆的生意就会兴隆。开茶馆不仅仅要把茶精确地泡好,更重要的是,与客户心心相印。常言道:每个人一生与五种人打交道:第一,高人,可以点化你,来茶馆的高人很多,我们不妨多取取经;第二,贵人,提携你,平时我们多加以沟通,常有好买卖做;第三,众人,众人拾柴火焰高,茶馆才兴旺;第四,挑

---

① 刘秋萍:《中华合作时报·茶周刊》2011 年 1 月 4 日 B4 版。

刺的人，我们多接受别人的点评，努力进步；第五，亲人，老板员工一家亲，团结协力做经营。我们要有经历，有阅历，还要有能力，加上潜力，蕴藉着一股爆发力，企业就会越来越顺利。

茶馆要培训一批讲师，能够将茶文化讲得头头是道。何谓专业，那就是客人走进你的店，有崇拜的感觉，有来获取知识的渴望。茶馆的员工应读好三本书：陈宗懋编著的《中国茶经》、陆廷灿的《续茶经》、吴觉农的《茶经述评》。这三本书科学客观地将中国的茶文化写得很透彻，当前茶书一大抄，误人子弟啊，尤其是刚进入茶行业的新人，还没有辨别的能力，一下子就被误导了，因此，入门要正，才能正道。茶馆育人无数，但是走正道，桃李满天下，走歪道就会被人嗤之以鼻。

最后，愿普天下的茶馆乘着经济高速发展的快车，勇往直前，我们的社会有茶的滋润明天更美好。

4. 如何当好一名合格的茶艺师[①]

茶艺师是当今很时尚的职业。随着人们生活水平的提高，品茗休闲、饮茶养生者越来越多，而且讲究茶文化与艺术，因此，茶艺便成了当今风行的行当。茶艺培训班也应运而生，类别林林总总，形式五花八门。20世纪90年代，国家便将其纳入“劳动职业大典”进行管理。从此，茶艺员师认证全国有了规范的标准。

几年来，茶艺这一行业不断扩大，人才供不应求。因此，有的大专院校也开办茶艺专业，茶馆也举办培训班，不但延伸了茶业的产业链，而且扩大了就业门路，提高了“国饮”层次。有的茶艺人员还成了茶区、企业的形象代言人，有的经过几年锻炼还自主创业。

但是，近年来笔者在担任茶艺师考评员及茶艺大赛评委时发现，有的考生、参赛者茶文化知识还比较浅薄，他们只会生硬照搬、模仿表演手法。这说明有的茶艺人员对茶的基本精神理解不深，对茶基础知识掌握甚少。

笔者认为作为一位职业茶艺师，要注重以下三点：

一是要不断地学习茶文化。中华茶文化博大精深，包涵文化知识和专业知识。因此，既要从书本上学，又要从实践中学；既要通读经典，又要有目标地学习专著；既要对茶知其然，又要知其所以然；既要普遍掌握茶叶的基本知识，又要根据需要有重点的学习常遇到的问题。广泛学习茶文化，才能了解茶的历史、茶的精神、茶的美德、茶的内外传播等。掌握了茶的基本专业知识，才能知晓各种茶类的制作工艺及重要特征，不同茶类冲泡时为什么用不同茶具的原因。

二是形式要服从茶的精神。茶艺表演和泡茶待客时，茶艺人员的举止、打扮、动作要与茶和谐。举止要稳重大方，不可扭捏造作；衣着要得体，不可穿低领、无袖衣、超短裙；不可浓妆艳抹，以防香气串于茶气、口红染杯；表演动作不可手舞身摇，不可大声粗气，以免搅和了茶的和、清、静、雅的基本精神。特别乌龙工夫茶艺更是要小心、细致，以表现其庄重内涵。

三是要分清茶艺表演与技能展示的区别。茶艺表演是把茶的文化升华为可观赏的艺术，不但要体现茶精神，还要具有表演的艺术，如动作是否连贯、优雅，与茶类、音乐、环境是不是和谐，等等。技能展示虽然也讲究冲泡茶的手法、动作是否优美，但是更注

---

① 黄贤庚：《中华合作时报·茶周刊》2011年3月8日B4版。

重冲泡水平，也就是技能的高低。泡好一泡茶环节很多，但最主要的是投茶量、水温度和浸泡时间的掌握，最后体现在同一种茶泡出后的汤色、香气、滋味等方面的优劣，以评出技能高低。作为茶艺人员要明了该赛事的要求，考评员和观赏者应当从不同要求去审视。

5. 诗人皆嗜茶[①]

人们对诗与酒的亲密关系，似乎早已有了透彻的研究，但对诗与茶的姻缘却尚未给予足够的关注。其实，诗与茶的“联姻”，实在是中国文学史上的一个独特现象。

翻开中国古代诗人们的诗集、词集，你会惊奇地发现，自唐朝以后，几乎没有哪一个诗人不曾写到过茶，更有一些大诗人简直到了嗜茶如命的地步。诗仙李白、诗圣杜甫都有绝妙的茶诗传世，白居易则把茶引为终生知己，曾作50多首咏茶诗，其中有一首《琴茶》诗，把喜琴爱茶视为平生两大嗜好：“琴里知闻唯渌水，茶中故旧是蒙山。”对这两种嗜好，要“陶陶任性一生间”。

刘禹锡不但爱饮茶，而且对采茶、炒茶、烹茶、品茶都很内行。晚唐诗人陆龟蒙与皮日休是一对茶友，时常以茶为题，品茗对诗。在他们的《茶中杂咏》酬唱组诗中，《茶坞》、《茶人》、《茶舍》、《茶灶》、《茶鼎》、《茶瓯》、《煮茶》等，皆成诗题，吟咏再三。相传陆龟蒙对茶的痴迷到了不惜整日坐在窗前观看茶农采茶的地步：“草堂尽日留僧坐，自向溪边摘萌芽。”由此，不难窥见当时诗人嗜茶的情状。

宋代诗人的嗜茶之风更盛，花样也更多。苏东坡可称是“头号茶迷”。他的嗜茶轶事且留待专文论及。在他前后的诗人中，王禹稱、范仲淹、梅尧臣、欧阳修、王安石、黄庭坚、秦少游、晁补之等，无一不是茶客茶迷茶友，写下的茶诗茶词茶赋，令人叹为观止。欧阳修不仅喜茶，而且对烹茶用的泉水一往情深，他有一首《送龙井与许道人》的诗，在盛赞当时的名茶“龙团”的同时，对泉水称誉更著：“我有龙团古苍璧，九龙泉深一百尺。凭君汲井试烹之，不是人间香味色。”后来，人们便把被他称誉过的泉水改叫“六一泉”(欧阳修自号六一居士)，以纪念这位大诗人。近百年后，南宋的又一位诗人兼茶迷杨万里来到“六一泉”边，抚今追昔，汲泉烹茶，又咏出了一首有名的茶诗《六一泉煮双井茶》(欧阳修曾有《双井茶》诗)：“鹰爪新茶蟹眼汤，松风鸣雪兔毫霜。细参六一泉中味，故有涪翁句子香。”两代诗人，同饮一泉水，同咏一种茶，这样的文坛佳话，在茶诗之中是屡见不鲜的。

说起历代诗人中写茶诗之冠，当属南宋诗人陆游。他生于茶乡，嗜茶终生，写下的茶诗多达320余首，而且是从青少年一直写到老年。

诗人嗜茶、迷茶、恋茶，对这山川精气所孕育的灵芽倾注了无限深情。在元代诗人刘秉忠笔下，更是一语道破了诗家爱茶的真谛：“铁色皱皮带老霜，含英咀美入诗汤”(《尝云芝茶》)，好一个“含英咀美入诗汤”，难怪代代诗人对茶情有独钟，原来在他们看来，那淡淡清茗，深蕴着可供诗人“含英咀美”、回味无穷的特殊意味，从中可以品出诗的灵感和美的意境。

---

① 何竞:《中华合作时报·茶周刊》2011年2月15日B3版。

6. 各地茶艺馆分布

表 6-3 各地茶艺馆简介表

所在地	名　称	简介(地址、电话、特色等)
陕西（西安）	天府茶楼	地址:三原交通路　电话:0910－2250288
	华隆轩醉茗	地址:西安市沣登路什字东 50 米　电话: 029－84230204
	源茗居茶秀	地址:西安市沣镐东路甲字 22 号　电话:029－84221616
	西关茶馆	地址:西关正街 129 号
	华隆茗醉轩	地址:西安市丰登路东北角　电话:029－84230204
	文豪茶苑	地址:南二环中段
	家园茶话	地址:西安市德福巷 16 号　电话:029－87279146
	红茶馆	地址:西安市东大街 253 号　电话:029－87432696
	长通茶秀	地址:西安市含光路邮电北巷 9 号　电话:029－88413155
	茗秀宫茶楼	地址:西安市东大街 274 号　电话:029－87232057
	榕树茶庄	地址:西安市友谊东路 33 号　电话:029－82231185
	颐园茶楼	地址:西安市东大街 323 号　电话:029－87250775
	大红袍	地址:西安市东大街 410 号　电话:029－87218651　87218990
	亚童梦国大茶苑	地址:西安市大南门外亚童梦园内　电话:029－87816661
	琴之声音乐茶秀	地址:西安市文艺南路 2 号　电话:029－87804524
	金花茶坊	地址:西安市南大街 11 号　电话:029－87276506
	长青茶秀	地址:西安市长安南路 149 号副 6 号　电话:029－85222515
	隆泉聚茶苑	地址:西安市雁塔路中段 24 号　电话:029－85539881
	和乐茶艺馆	地址:西安市雁引路 1 号新时代广场大厅 电话:029－85530767
	书艺茶苑	地址:西安市长安南路 88 号　电话:029－85217811
	雅茗茶坊	地址:西安市长安中路
	金茶坊	地址:西安市金花北路 12 号邮电局三楼　电话:029－2510528
	海潮音茶艺馆	地址:西安市金花南路五号科技楼　电话:029－3223525
	美水茶秀	地址:西安市解放路 272 号　电话:029－7456827
	友谊茶宴楼	地址:西安市南新街友谊商店二楼　电话:029－7434785
广东（佛山）	山茗轩茶艺馆	地址:佛山汾江西路 6 号　电话:0757－83190024　83356288
	茶文化茶艺馆	地址:佛山祖庙边　电话:0757－8335478

续表

所在地	名　　称	简介(地址、电话、特色等)
广西(南宁)	长裕川茶艺馆	地址:天桃路22号　电话:0771－2812298
	军区桂花苑茶艺馆	地址:桃源路2号　电话:0771－2187218
	香草堂茶艺馆	地址:新民路22号(新民桥头)　电话:0771－2814868
	仙茗茶艺馆	地址:园湖路　电话:0771－2950271
	欧典茶语	地址:园湖路五矿大厦　电话:0771－5850168
	墩惶茶艺馆	地址:园湖路26－1号　电话:0771－2269172
	山点水茶艺馆	地址:园湖路南湖公园门口右侧　电话:0771－5882388
	零距离茶艺馆	地址:园湖路与民主路交叉路口
	木雕茶艺馆	地址:民族大道(花鸟市场内)
	春来茶坊	地址:民族大道34号　电话:0771－2853780
	铜鼓楼茶艺	地址:古城路21号(文物苑内)　电话:0771－2855280
	好茗堂茶艺馆	地址:新竹路口延长线　电话:0771－5850671
	茗仕道茶艺馆	地址:新竹路口延长线
	茗仕道茶艺馆	地址:葛村路金花茶公园内
	通天香茶艺馆	地址:新竹路延长线　电话:0771－5879208
	闽南茶艺馆	地址:东葛路与思贤路交叉路口　电话:0771－5867188
	南溪茶艺馆	地址:葛村路7号　电话:0771－5840688　5884290
	青云堂茶艺馆	地址:葛村路金花茶公园对面 电话:0771－5840688　5884290
	茶灵庄潮汕工夫茶	地址:葛村路东葛大厦B座　电话:0771－5707885
广西(南宁)	潮汕工夫茶国海营业部	地址:滨湖路国海证券　电话:0771－5858469
	汉斯大清茶楼	地址:葛村路金华茶公园对面　电话:0771－5858469
	银月楼茶楼	地址:葛村路金花茶公园旁
	释香园茶社	地址:金花茶路
	绿野茶艺馆	地址:东葛路与葛村路交叉路口 电话:0771－5707817　5707814
	新大明茶府	地址:东葛路
	四合院茶艺馆	地址:双拥路5－3号　电话:0771－5302687
	修缘堂茶艺馆	地址:双拥路5－4号　电话:0771－5334856
	飘慧轩茶艺馆	地址:双拥路　电话:0771－5301618
	玉品泉茶艺馆	地址:青山路　电话:0771－5306509　3976809

续表

所在地	名　称	简介(地址、电话、特色等)
广西 (贵港)	湖畔人家茶艺馆	地址:贵港东胡　电话:0775－423565
	大红袍茶艺馆	地址:贵港东汕塘
广西 (百色)	大秦茶庄	地址:百色市江滨路A座47号　电话:0776－2893110
	长裕川茶艺馆	地址:百色市中山桥头　电话:0776－2933088
	百香阁茶艺馆	地址:百色市江滨路
广西 (柳州)	武夷茶艺馆	地址:柳州广场艺术中心一楼　电话:0772－2803388
	御品茗轩茶艺馆	地址:柳州北站路(民族宾馆院内)　电话:0772－2301326
	迎宾茶意馆 (荻庐茶业)	地址:广场路6号迎宾馆停车场内楼一楼 电话:0772－2872120
	茶香缘	地址:三中路159号　专营各类名茶、茶具兼家庭式茶艺
	日月茶庄	地址:三中路　专营福建安溪铁观音、茶具
	天合茶庄	地址:三中路　兼家庭式茶艺　0772－2803319
	天福颐	地址:三中路　专营各类名茶、茶具
	中交大酒楼	地址:五一路　专营各类名茶、茶具兼茶艺
	碧茗茶行	地址:弯塘路　专营各类名茶、茶具
	流香颐	地址:锦绣路　专营各类名茶、茶具
	福建安溪	地址:北站路
	茶中茶	地址:北站路　专营铁观音、金壶春及茶具
	福建安溪鑫兴茶庄	地址:跃进路　电话:0772－2806317
浙江	杭州太极茶道苑	地址:保促路178号(旧184号)　电话:0571－5114430
	青藤茶馆－湖滨路分馆	地址:湖滨路12－9号(三公园对面)　电话:0571－7020770
	青藤茶馆－南山路分馆	地址:南山路口(一公园对面)市府大楼商业房 电话:0571－7024284
	青藤茶馆－六公园分馆	地址:湖滨路22号(外文书店旁)　电话:0571－7212779
	紫艺阁－杭州店	地址:曙光路80号1楼　电话:0571－7971931
	紫艺阁－金华店	地址:新华街503号　电话:0579－2323087
	湖畔居茶楼	地址:杭州湖滨路23号　电话:0571－7020701
	西湖国际茶人村	地址:杭州市南山路87－1号　电话:0571－7080943　7915723

续表

所在地	名　称	简介(地址、电话、特色等)
上海	天天旺茶宴馆	地址:南汇路69号奉贤路258号　100余道茶菜
	惠风堂茶馆	地址:斜土路2420号　古典
	宋园茶艺馆	地址:共和新路1667号　古典豪华,茶餐等
	恒丰茶庄	地址:东长治路625—627号　光绪年间布局
	恒丰茶庄	地址:四川北路1519号　光绪年间布局
	恒丰茶庄	地址:多伦路48号　光绪年间布局
	恒丰茶庄	地址:虹口足球场8号看台　光绪年间布局
	青藤阁茶楼	地址:肇家浜路414号,太原路口　江南庭院,全自助
	湖心亭茶馆	地址:老城隍庙内　讲究冲泡,茶艺表演
	老上海茶馆	地址:方浜中路385号　老城厢街景
	车马炮茶坊	地址:控江路1127号　明清江南园林布置,智力游戏
	老房子茶馆	地址:闻喜路681号,近岭南路　明清民居,博物馆式
	春风得意楼	地址:方浜中路337号　特色元宝茶,清末民初风格
	怡兰茶楼	地址:四川北路1685号,近东宝兴路　药茶
	唐韵茶坊	地址:衡山路199号,近高安路　艺术茶,幽静
	陆羽茶艺馆	地址:江浦路1322号
福建(厦门)	茶禅一味	商务休闲型,中国百佳茶馆获得者,厦门茶馆文化的积极开拓者与宣扬者,厦门为数不多的拥有茶艺培训资格的茶馆。
	一品古道茶馆	休闲商务型,中国百佳茶馆获得者,拥有11年茶馆经营经验,6家连锁茶馆。
	品心茶坊	休闲商务型,拥有两家连锁茶馆,营业面积超过1000平方米。
	古道茶馆	休闲商务型,厦门最早期的茶馆之一,拥有5家连锁茶馆,营业面积超1000平方米。
	绿嘉园茶馆	休闲商务型,厦门茶馆的新秀黑马,面积超过1300平方米。
北京	老舍茶馆	创建于1988年,现有营业面积3300多平方米,是集书茶馆、餐茶馆、茶艺馆于一体的多功能综合性大茶馆。自开业以来,老舍茶馆接待过多位外国元首和200多万中外游客。在这古香古色、京味十足的环境里,您可以欣赏到汇聚京剧、曲艺、杂技、魔术、变脸等优秀民族艺术的精彩演出,还可以品用各类名茶、宫廷细点、北京小吃和京味佳肴茶宴。 地址:前门西大街正阳市场三号楼 电话:(8610)63036830;(8610)63021717
	天桥乐茶园	由始建于1933年的天乐戏院改建而成,建筑面积1300平方米,可同时接待200名观众。茶园集传统文化、民俗小吃、品茶看戏为一体。客人在回廊半绕、古朴典雅的环境中品味古都市井文化,观赏民俗风情。相声演员郭德纲创办的德云社每周都会在天桥乐茶园演出。 地址:宣武区北纬路乙一号,北纬路东口路北,天桥剧场斜对面 电话:(8610)63040617

续表

所在地	名　称	简介(地址、电话、特色等)
	五福茶艺馆	创建于1994年8月,"五福"取自"人有五福"之说。五福茶艺馆由南方工夫茶演进而来,其特点是茶具分为泡茶用具和品茶用具,茶叶为应季茶。五福茶艺馆近几年相继开了多家分店,分布在北京市区。 地址:西城区地安门外大街104号2层(地安门店) 电话:(8610)64059648
	张一元茶庄	是京城有名的老字号。望京店位于望京小区中心地段,设有专用停车场,集售茶、品茗于一体。品茗大厅明静清雅,售茶大厅宽敞明亮,营业面积400平方米,拥有7个不同设计风格的包间,可同时容纳100人。 地址:朝阳区望京广顺北大街18号(望京店) 电话:(8610)64726514
	吴裕泰茶社	创建于清光绪十二年(1886年),茶社的茶叶始终采用自采、自窨、自拼的独特方法制作,保持茶叶色翠、汤清、香浓、味纯的特色。店内环境清静优雅,陈列的百余种茶具分外别致,成为中外宾客品茶、饮茶、休闲、谈心的一方净土。 地址:东城区东四北大街44号 电话:(8610)84030547
四川(成都)	顺兴老茶馆	位于加州酒店三楼,是仿古风格的老茶馆。在这里可以见识变脸、喷火、吹灯等国粹表演。最好提前定位,最低消费28元/人,这里有一长廊雕塑,描述的是四川民居。
	岁月茶庄	青羊宫附近,府南河旁边,分室内室外。
	文殊院露天茶座	数以百计的老百姓坐在参天大树下喝茶,木桌、竹椅、铜壶,位于文殊院内更增添了几分古朴的文化氛围。
	百花潭公园露天茶座	公园风景优美,茶座就在遍植柳树的府南河畔。
	人民公园鹤鸣茶馆	始建于20世纪20年代,木桌、竹椅,可以对着湖看书,品茗。
河北省(石家庄)	艺海茶楼	是一处集商务洽谈、休闲娱乐、喝茶聊天、棋牌室、音乐茶座、书法、摄影、美术展出为一体的综合性场所,在石家庄市享有很高的知名度。茶楼营业面积近千余平方米,有大厅、书画室、散座、各式包间、茶具室、茶叶展卖厅等,应有尽有。值得一提的是艺海茶楼的特色——书画展览,店里展览着省内外数十位知名书画家的作品,已成为一个石家庄市颇有名气的书画交易场所。 地址:河北省石家庄市新华区和平西路与电大街交叉口东行50米路北 电话:0311－87058484

资料来源:

陕西、广西、浙江资料来源于 http://www.gxteaart.com/article/html/article_186.html. 2006年1月15日。

上海资料来源于 http://www.jiudianshigongyu.com/baishitong/detail－li23_6314.htm.

厦门资料来源于《厦门晚报》2005年1月2日,http://www.teaonline.com.cn/teanews/2005010703.htm.

北京资料来源于新华社2008年7月30日,http://www.godpp.gov.cn/wmzh/2008－07/30/content_13978441.htm.

成都资料来源于 http://www.57uu.com/sc/scyjgl/14_18_31_468.html.

石家庄资料来源于 http://ly.peoplexz.com/17587/17721/20090122182540.htm,2009年01月22日。

7. 品茗游,难得的雅趣![①]

四季轮回,春临大地。在经历了寒冬的拘谨之后,又可以外出踏青游乐了。值此之际,来个品茗游,那将是一番怎样难得的雅趣啊!

品茗游,即是以品茗和赏景相融一起的休闲旅游活动,其人文内涵更为丰厚,例如到杭州西湖的西南诸峰一带去品尝龙井茶,西湖八景之一的"龙井问茶",不是一种最惬意的享受吗?元代诗人虞集就在此写下了"烹煎黄金芽,不取谷雨后。同来二三子,三咽不忍嗽"的品茗佳句。乾隆下江南时,特意到狮峰下的胡公庙品饮龙井茶,并将庙前十八棵茶树赐为"御茶"。而今,中外游客到此品茗赏景,已成为很时尚的旅游模式了。

到"人间天堂"苏州去旅游,可不能只顾谛听寒山寺的钟声,留恋苏州园林,忘情太湖山水,到太湖的洞庭山去品尝名茶"碧螺春",那才是最让人销魂的事。碧螺春茶卷曲成螺,冲泡后白云翻滚,雪花飞舞,清香袭人。加之太湖风光,洞庭山色,难怪大文豪苏东坡也不由得写诗赞叹:"入山无处不飞翠,碧螺春香百里醉"。到此品茗寄情,怕是人间天堂的味道了!

到"植物王国"云南西双版纳去旅游,欣赏亚热带的森林风光,探险动物王国——野象谷,领略边陲小镇的异国风情等固不可少,但最有分量的项目——品尝普洱茶,可是不可或缺的内容。

宝岛台湾的玉谷村,也是品茗游的一个极好去处。玉谷村是台湾苗栗县公馆乡的一个茶乡山村,这个山村的出名不在于那里的旖旎风光,而是因其常年举办茶会而名蜚海峡两岸。大陆的不少游客,也借机去玉谷村的茶会上品茗交友,邂逅一下宝岛同胞的心曲雅兴,在相互默契的杯水休憩间,让心灵和友谊潜流碰撞。

中华是茶的故乡,名茶自是如花似锦香满宇内。茶又被誉为"百病之药",况且名茶大多都与名山胜水相依相伴,值此春日融融名茗飘香之时,来一次外出品茗游,一游数得之举,岂不快哉!

8. 天津:名流茶馆入选首批《国家文化旅游重点项目名录》[②]

近日,从文化部和国家旅游局获悉,位于天津市南开区古文化街的天津名流茶馆从全国 199 家旅游演出单位中脱颖而出,进入首批《国家文化旅游重点项目名录——旅游演出类》,成为天津市唯一一家获此殊荣的旅游演出单位,成功跻身"国字号"重点文化旅游演出品牌。

此次评选活动是由文化部和国家旅游局联合主办,在全国范围内开展,旨在打造旅游演出品牌,促进旅游演出市场的繁荣健康发展。全国 199 家旅游演出单位申报,经过 3 个多月的评选和公示程序,共评选出 35 家优质旅游演出单位,进入首批《国家文化旅游重点项目名录—旅游演出类》。

---

① 赵西岳:《中华合作时报·茶周刊》2010 年 4 月 20 日 B3 版。

② 王广龙:《中华合作时报·茶周刊》2010 年 12 月 21 日 B4 版。

第七章

茶文化遗迹与旅游

本章学习重点提示

1. 了解历史上的“茶马古道”
2.“茶马古道”与旅游的结合
3. 熟悉历史上的贡茶及其产地、遗址、遗迹
4. 了解历史上与茶有关的名人和名茶、名泉、古茶树及其遗迹
5. 掌握茶文化遗迹的旅游线路设计

第一节　茶马古道与旅游

一、茶马古道的界定

茶马古道是指历史上中原和边疆少数民族地区进行茶马互市时所形成的商路。源自古代的“茶马互市”，即先有“互市”，后有“古道”，“茶马互市”是我国历史上汉、藏、回等民族间一种传统的以茶易马为主的贸易往来，这种贸易有着悠久的历史，兴于唐宋，盛于明清，唐朝已有文献记载。

历史记载茶马古道主要有两条线路：一是从云南的普洱茶原产地出发经大理、丽江、中甸、察隅、波密、拉萨、日喀则、江孜、亚东、柏林山口等10余个市县，到达缅甸、尼泊尔、印度；另一条是从四川的“蒙顶茶”产地名山、雅安、天全出发，经泸定、康定、巴塘、芒康、昌都到达拉萨，再到尼泊尔、印度。

在明朝和清代，还有以普洱为中心，向国内外辐射出的四条茶马大道：一是普洱至昆明的官马大道，历史上的普洱贡茶经此道送往昆明而后转送京城；自长江下游而来的客商，以及省内滇中、滇东地区的客商和本省官员到普洱，均走此道。二是普洱至澜沧的旱季茶马大道，自普洱起运茶叶，经思茅糯扎渡过澜沧至澜沧县，再至勐连县而后到缅甸。三是普洱至越南莱州的茶马大道，普洱茶自普洱起运，经江城县而至越南莱州，然后转运至欧洲。四是普洱至打洛的茶马大道，此道系官马大道的延伸，自普洱经思茅、车里、佛海至打洛，然后至缅甸景栋。普洱茶优异的品质和茶马大道上往来不绝的马帮铃声共同构建了普洱茶的辉煌历史。

二、茶马古道的形成和发展

"宁可三日无食，不可一日无茶"，说明茶在藏族同胞的日常生活中占有多么重要的位置。藏族同胞对于茶叶的珍视和喜爱是由于青藏高原干燥、高寒、缺氧，藏民饮食以糌粑和牛羊肉为主，缺少蔬菜，而茶叶中含有丰富的维生素等，可以弥补其饮食结构的不足。

藏区不产茶，"普洱茶"自唐朝初期开始作为商品行销内地和西藏，由此形成了历史上第一条起自普洱，经下关、丽江而至西藏，靠人背马驮以茶易马的普洱茶入藏茶马古道。自 7 世纪文成公主和 8 世纪金城公主入藏并推广唐朝饮茶方法，更进一步养成藏族人民嗜茶的习俗。

茶马古道的形成与发展，促进了普洱茶业的发展和普洱茶区商品交易的繁荣，也促进了普洱茶区文化的发展。在今普洱县境内，仍保留有三处较完整的遗址：一是位于宁洱镇民主村茶庵塘的茶马古道遗址，长约 2 千米的山石古道，在一片半原始森林中盘山而上。二是位于磨黑镇孔雀坪的官马大道遗址，昔日林立的马店，山石古道上清晰可见的马蹄印，仿佛在向人们诉说历史上茶马古道的兴盛。三是位于同心乡的旱季茶马大道遗址。这些都成为当今难得的茶文化旅游资源。

三、茶马古道旅游资源的开发

茶马古道作为一条连接内地与西藏的古代交通大动脉，历经唐、宋、元、明、清，虽然如今已被便捷的铁路、公路、空中航线替代，但其对促进康藏地区经济发展、增进汉藏民族融合、维护国家统一的历史作用永载史册。由于川藏公路的修通，原来的茶马古道多被废弃，但历史的遗迹在茶马古道上留下了许多神秘传奇色彩，是茶文化旅游的重要资源，开发作为茶文化旅游路线，具有很强的吸引力。

复活文化、发展旅游，振兴经济，合理开发和利用茶马古道，成为古道沿线地区一个重要的项目。现在这里不仅有"生态康乐休闲地"，还有"茶马古道边寨情"之游。两年一届的思茅国际茶文化旅游节，日臻成熟；当地也紧锣密鼓进行茶马古道的注册和开发，并酝酿组织马帮在茶马古道来回走动作为展示，让马锅头放声吆喝吸引游客。这样，各地游客将在这里重新领略体验消逝已久的茶马古道风情。

这里以易武古镇为例：易武古镇位于云南西双版纳傣族自治州勐腊县西北，以普洱茶的源头而闻名，茶马古道曾经从这里享誉世界。这里有独具特色的古茶山、古茶树，保存至今的古茶庄、古商号、古驿道、古碑、古匾等，吸引不少游人前往寻幽探胜。当地计划建盖云南普洱茶博物馆，兴办云南易武茶厂，建设云南万亩古茶园博物院。这里将成为茶马古道游的重要景点。

第二节　贡茶产地与旅游

一、四川蒙顶山贡茶

蒙顶山旅游区坐落在四川省雅安市名山县境内，海拔 1456 米。东与成都毗邻，距成都市区 110 千米；西接雅安，距雅安市区 5 千米，距名山县城仅 1 千米；东观峨嵋、瓦屋山，西看贡嘎山、夹金山，北览西岭雪山、天台山，一山览六山，非它山可比。故有“蒙顶旷览绝天下”之说。蒙顶山所在位置被天文学家称作“水之大汇，气之大聚”的中心穴位，夏无酷暑，冬无严寒，雨水充沛，云雾缭绕。由于独特的地理环境和文化价值，蒙顶山成为四川省第一批省级风景名胜区。2001 年被评为国家 AAAA 旅游景区；2004 年，“第八届国际茶文化研讨会暨首届蒙顶山国际茶文化旅游节”在蒙顶山举办，同年，依托独有的茶文化资源，《世界茶文化蒙顶山宣言》在蒙顶山发表，自此，明确了蒙顶山是世界茶文化的发源地、世界茶文明的发祥地，确立了蒙顶山是世界茶文化圣山的地位。2008 年，蒙顶山被评为四川省自然与文化双遗产。

蒙顶山自古与青城、峨嵋并称蜀中三大名山。在蜀中三大名山中，蒙顶山的历史文化最为悠久。

蒙顶山因“雨雾蒙沫”而得名，这里常年雨量多达 2 000 毫米以上，因此有“西蜀漏天”之称。因山高雨多而形成云多、雾多的景象。蒙顶山山体长 10 千米，宽约 4 千米，最高峰海拔 1 456 米，年平均温度 13.5℃，全年日照约 1 000 小时。满山拥翠，赏心悦目。蒙顶山森林覆盖率高达 95%，植物树种有 58 科 373 种。蒙山上土层深厚，土壤肥沃，含酸性，雨量充沛，气候宜人，林木相当茂盛。因蒙顶山常年受高原冷气流影响，前迎成都平原气流冲击，形成了云多、雾多、细雨多的特点。常年云雾茫茫、烟雨蒙蒙，为享誉千年的名茶的生长提供了得天独厚的生态环境。声名远播的蒙顶山形成了高雅独特的蒙顶山茶文化，享有“蒙顶名茶扬天下”之美誉。

蒙顶山以“蒙顶山凉甲天下，蒙顶旷览绝天下，蒙顶名茶扬天下，蒙顶佛经传天下”而著称，被公认为世界茶文化的发源地。“名山之茶美于蒙，蒙顶又美之。”

蒙顶山是我国历史上有文字记载人工种植茶叶最早的地方。追溯蒙顶山茶的历史，始于西汉，距今已有 2000 多年。西汉甘露年间(公元前 53 年—公元前 50 年)，药农吴理真，在蒙顶山发现野生茶的药用功能，于是在蒙顶山五峰之间的一块凹地上，移植种下 7 株茶树。清代《名山县志》记载，这七株茶树“二千年不枯不长，其茶叶细而长，味甘而清，色黄而碧，酌杯中香云蒙覆其上，凝结不散”。吴理真种植的七株茶树，被后人称作“仙茶”，而他是世界上种植茶树的第一人，被后人称为“茶祖”。蒙顶仙茶由于品质特佳，所以，早在唐玄宗天宝元年(742 年)，蒙顶山茶即被列为朝廷祭天祀祖与皇帝饮用的专用贡茶，一直沿袭至 1911 年清王朝被推翻，历经 1169 年未间断。成书于 813 年的唐代地理志代表作《元和郡县志》记载:“蒙山在县南十里，今每岁贡茶，为蜀之最。”我国研究茶史的专家惊叹:这在中国茶史上也是罕见的。

蒙顶山茶的文物古迹很多，而且保留完好，为人瞩目的有“七株甘露种，五峰碧云芽”的皇茶园遗址;“乳滴倾听久，还防动雷雨”的蒙泉古井;自唐至清分工管种茶、采茶、制茶、评茶的庙宇千佛寺。

佛教作为一种外来文化，经云南、西藏进入川西，首先便扎根于蒙山。其时，蒙山种茶已有 50 年历史。经半个世纪的人工培育，蒙顶山茶已有相当的规模和众多的品种，饮茶、清谈之风已盛行。因此，以“明心见性，得无上正觉，普度众生”为宗旨的佛教一入蒙山，便迅速与蒙顶山茶文化融为一体。一时间，蒙山上佛寺星罗棋布。据光绪《名山县志》载:古代名山 72 寺院，蒙山占一半。峰顶上下有智矩寺、天盖寺、净居寺等共三十多座寺庙。道旁山间，茶园深处，寺院林立。蒙山是一个茶佛合一的地方，“蒙顶山茶佛石”的突现，是佛教界大事。20 世纪 80 年代，工人挖掘天盖寺后废寺地基，发现一件石制物品，取出后刻有“茶佛”图腾。“茶佛石”正中刻仙茶一株，仙茶开一仙葩，花开八瓣，花心端坐一佛。据专家考证，该茶佛石成于南宋至明初年间，当是天盖寺所供奉之物。此茶佛石，从蒙山修寺庙时间，蒙顶山茶佛文化交融的史实来看，蒙山当为中国佛教文化发源地之一，当之无愧的佛教名山。

“扬子江中水，蒙山顶上茶。”从旅游的角度讲，蒙顶山的前山备感幽静，后山秀气灵人，又以享誉千年的名茶之乡展示了中华茶文化的高雅。旅游者登临蒙顶山观景、品茶，徜徉在千年茶文化故道遗址，感受蒙顶山一片清新祥和氛围，赏心悦目。

二、峨眉山《御茶文》

峨眉山位于中国四川盆地西南部，地处长江上游，屹立于大渡河与青衣江之间，在峨眉山市西南 7 千米，东距乐山市 37 千米，是著名的佛教名山和旅游胜地，有“峨眉天下秀”之称，是一个集佛教文化与自然风光为一体的国家级山岳型风景名胜区。景区面积 154 平方千米，最高峰万佛顶海拔 3 099 米。地势陡峭，植被丰富，风景秀丽。是中国四大佛教名山之一，有寺庙约 26 座，重要的有八大寺庙，佛事频繁。“蜀中多仙山，峨眉邈难匹”，是大诗人李白赞美峨眉山的诗句。峨眉山以优美的自然风光而驰名中外，美丽的自然景观与悠久的历史文化内涵完美结合，相得益彰。1982 年，峨眉山被国务院批准列入第一批国家级风景名胜区名单。1996 年，峨眉山与乐山大佛共同被列入《世界自然与文化遗产名录》，被评为世界自然和文化双重遗产。2007 年，峨眉山景区被国家旅游局正式批准为首批国家 5A 级旅游景区。

峨眉山终年常绿，动植物资源极为丰富，素有“古老的植物王国”之美誉。峨眉山植被茂盛，植被随着地势高度而变化，据统计，植物多达 3 700 余种。由于特殊的地形、充沛的雨量、多样的气候和复杂的土壤结构，为各类生物的繁衍、生长创造了良好的生态环境，有

人说峨眉山植物种类的数量相当于整个欧洲植物种类的总和。

峨眉茶叶早在晋代就很有名，峨眉雪芽，唐时名“峨眉白芽”、“峨眉雪茗”。盛产于峨眉山常年云雾空蒙的赤城峰、白岩峰、玉女峰、天池峰、竞月峰、万年寺以及后山一带。每年冬寒未解之时，“峨眉雪芽”新芽就已披着朝霞晚翠破雪而出。春雨初霁，峨眉僧人口念佛号，净心采摘，虔诚诵偈，采供佛前，这是任何茶乡、茗山无法相比的。唐初李善在其《昭明文选选注》中写道：峨眉山多药草，尤好，异于天下。唐代著名诗僧贾岛畅饮了“峨眉雪芽”之后，在《送朱休归剑南》中咏出了“新芽抽雪茗”的赞美诗句。

《峨眉县志》记载：明初洪武帝朱元璋易“峨眉雪芽”名为“仙芝竹尖”，并赐茶园，在白水寺（今万年寺）植茶万株，为山上五大寺庙之用。在峨眉后山普兴乡明代国师宝昙墓塔附近，有洪武帝赐《御茶文》碑，就碑文可知“峨眉雪芽”（即“仙芝竹尖”）茶为明代贡茶。这些珍贵的史料和文物都证明了峨眉名茶“峨眉雪芽”、“仙芝竹尖”在中国茶文化中的地位。

三、长兴、宜兴阳羡茶、紫笋茶，顾渚山贡茶院

顾渚山位于浙江省湖州市长兴县城西北 17 千米的水口乡，海拔 355 米，面积约 2 平方千米，属水口乡顾渚村。长兴顾渚山地处苏、浙、皖三省交界处，景区处在群山环抱之中，云缠雾绕，景色诱人。东依太湖，背靠江苏宜兴，西面与安徽广德接壤，南部与竹乡安吉相邻，居沪、宁、杭三角几何中心，是浙、苏、皖三省交界处重要景点之一。

顾渚山周围盛产唐代贡品紫笋茶，并拥有上等的泡茶泉水金沙泉，曾是中国历史上茶事活动的重要场所和中华茶文化的发祥地之一。曾是陆羽研究茶道的主要场所，我国历史上的第一个贡茶院也诞生于此。这一切都可以“顾渚摩崖石刻”中颜真卿、张文规、杜牧、韩允寅等唐宋名人留下的大量文字石刻为证。

在顾渚山一带保留的唐、宋摩崖石刻有：在金山右侧的羊山右壁上留有唐湖州刺史袁高、杜牧等人的题字，内容都涉及贡茶，虽经一千多年风雨，但字迹仍可辨析。在悬臼岕，有唐湖州刺史杨汉公、宋龙图阁直学士汪藻等摩崖石刻四处。在斫射有唐张文规的石刻。悬臼还有霸王潭、巨人足迹等景点。山麓有唐代贡茶院遗址。与顾渚山遥遥相望的虎头岩、带练石，和唐代诗僧皎然，皮日休赋诗的石门山屹立相对。初建于元至正元年（1341年）、重建于清同治十年（1871 年）的寿圣禅寺遗址尚存。

顾渚紫笋，因其鲜茶芽叶微紫，嫩叶背卷似笋壳而得名。据《茶经》记载：“阳崖阴林，紫者上，绿者次；笋者上，芽者次。”紫笋茶的称呼即来源于此。该茶产于浙江省湖州市长兴县水口乡顾渚山一带，是上品贡茶中的“老前辈”。早在唐代便被茶圣陆羽论为“茶中第一”。陆羽置茶园于此，作《顾渚山记》。此茶传说被陆羽发现，并建议当地官员推荐给皇上，即成为贡品。那时因紫笋茶的品质优良，还被朝廷选为祭祀宗庙用茶。当时的湖州与常州刺史为了交流贡茶经验，在顾渚山上设有“境会亭”，每到茶季，两州官员便聚到“境会亭”品茶。顾渚紫笋茶自唐朝广德年间开始进贡，《新唐书 · 地理志》“湖州吴兴郡，土贡……紫笋茶、金沙泉。”贞元十七年（801 年），刺史李词在顾渚山下修建贡茶院 18 间，时工匠千余，役工 3 万，制茶累月方毕。院侧建清风楼、木瓜堂，并置枕流、息躬、金沙、忘归诸亭。是时，湖、常两州历任刺史颜真卿、杜牧和诗人白居易、皮日休、皎然、陆羽等及宋代的苏轼、王十朋诸贤都曾至此品茶赏景，赋诗题词。

至明朝洪武八年(1375年)"罢贡"饼茶,改制散茶,前后历600余年。明末清初,紫笋茶逐渐消失,20世纪70年代末,当地政府重新试产,培育紫笋茶,此茶才得以重新扬名光大。与顾渚茶齐名的金沙泉,出顾渚山下。以银瓶贮水,随茶同质。1983年,长兴县政府拨款重修忘归亭,重拓金沙泉。

顾渚贡茶院位于浙江省长兴县顾渚山侧的虎头岩。始建于唐大历五年(770年)。它是督造唐代贡茶顾渚紫笋茶的场所,是中国历史上第一座专门为朝廷加工茶叶的皇家茶厂,由于当时皇室对紫笋茶的爱好,长兴建起了大唐贡茶院,这也算是有史可稽的中国历史上首座茶叶加工场。据唐义兴(今宜兴)县《重修茶舍记》记载,贡茶院的修建,是常州刺史李栖采纳陆羽意见,将阳羡茶进贡皇帝后修建的。唐大历五年,湖州长兴顾渚山开始建贡茶院,于贞元十六年(800年)建成。现为国家重点文物保护单位。

顾渚茶文化的历史,就展示在大唐贡茶院的东廊之中,从贡茶制作到唐皇品茶,从品茗三绝到茶文化的流传四方,其茶史、茶艺、茶道、茶具、茶事历历在目。

大唐顾渚山贡茶院年年朝贡,"岁有定额,鬻有禁令"。《嘉泰吴兴志》记载,当时的贡额不断增加,并规定第一批新茶要赶上皇宫"清明宴",其余限4月底全部送到都城长安。每年谷雨前,皇帝诏命湖、常两州刺史督造贡茶,并在顾渚山啄木岑建"境会亭",共商修贡事宜和鉴评贡茶品质。龙袱包茶,银瓶盛水,限定清明前将贡茶送到长安。如制作不精,运送不及时,是要治罪的。文宗开成三年(838年),湖州刺史裴元,便因"贡不如法",贡茶制作不精而被罢官。当时,唐代的贡茶制度分为两种:一种是选择茶叶品质优异的地方,每年定额上贡该地茶品。一种则是以顾渚山贡茶院为代表的官焙制度,即由官府直接专门设立御用焙茶作坊。除朝廷指派京官管理外,当地的州官也有监督之责。"役工三万,工匠千余,累月方毕。"这是对采制贡茶场景的描述,可见顾渚山贡茶院规模宏大,人员众多,职责分明,管理严密。到了元代,贡茶院改为磨茶院,院址移至水口。顾渚山大唐贡茶院后来毁于火灾,但院址遗迹依然可辨。其旁立有石碑,以告后人。

四、余杭径山茶

素有"鱼米之乡,花果之地,丝绸之府,文化之邦"美誉的余杭,是杭州的门户。余杭三面环抱西湖,南望宁波,东接上海。著名的隋朝京杭大运河的起点就在余杭。五千年灿烂的良渚文化及"先余杭、后杭州"的历史渊源给余杭留下了丰富的文化积淀,加上迷人的江南水乡风光,以其独特的魅力吸引着千万游客,构成了极为宝贵的旅游资源。

余杭县西北境内之天目山东北峰的径山,因径通天目山而得名,风光绮丽,历史上以佛教圣地、茶道祖庭而闻名。山上有古刹径山寺,始建于唐朝,在宋朝时径山禅寺已成为江南"五山十刹"之冠,有"江南第一山"之美誉。

径山云遮雾绕,凌霄、堆珠、鹏博、晏坐、御爱五座山峰依次排开,左右相望。径山因寺而开,因佛而名,殿宇楼阁林立,鼎盛时,僧众达3 000人,被誉为"东南第一禅寺"。这里古木参天,翠竹掩映,流水淙淙,云蒸霞蔚。游人漫步景区,但见溪流纵横,竹林茶园相间,鸟语花香,十分惬意。

径山是茶圣陆羽著书之地,据《新唐书·隐逸传》记载,茶圣陆羽曾在径山隐居,并在径山植茶、制茶、研茶,创作传世名著《茶经》,而其用来烹茶品茗的"陆羽泉",则仍然为世

间留下无限的传奇，这些都为径山茶增添了人文内涵。

径山茶又名径山毛峰茶，是我国传统的历史名茶，始于唐，盛于宋，在宋代就被列为贡茶。产于浙江省余杭县西北境内之天目山东北峰的径山，因产地而得名，属绿茶类名茶。这里属热带季风气候区，温和湿润，雨量充沛，年均气温 16℃，年降水量 1 837 毫米，年日照 1 970 小时，无霜期 244 天。岭峰高处多雾，峰谷山坡多为黄、红壤，土质肥沃，结构疏松，对茶树生长十分有利。

径山优美的生态环境决定了径山茶的优秀品质。径山茶外形细嫩有毫，色泽翠绿，香气馥郁，汤色嫩绿莹亮，口感清醇回甘，有独特的板栗香且香气清香持久。它在冲泡时，可以先放水后放茶，而且茶叶会很快沉入杯底的特点是其他名茶所没有的。

径山产茶历史悠久，始栽于唐，闻名于宋。据记载在距今 1250 多年的唐代便开始种植茶树，比“西湖龙井”要早好几个朝代。早在唐天宝元年(742 年)，法钦大师就到径山，结庵建寺，“手植茶树数株，采以供佛，逾年蔓延山谷”。宋朝的翰林学士叶清臣在他的《文集》中说：“钱塘、径山产茶质优异。”

径山是日本茶道文化发祥地。据史料记载，日本至今流行的“茶道”源于宋代径山寺内盛行的“茶宴”。由 18 世纪日本江户时代中期国学大师山冈俊明编纂的历史著作《类聚名物考》里，言之凿凿地记载，日本“茶宴之起，正元年中(1259 年)，驻前国崇福寺开山南浦绍明，入唐时宋世也，到径山寺谒虚堂，而传其法而皈”。

径山的山、水、茶、寺、禅、经、文相依相存，源远流长，博大精深，形成了极为丰厚的人文文化和禅茶文化积淀。至清末，随着径山寺被毁，径山茶逐渐衰落。1978 年，在有关部门支持下，余杭农业局着手径山茶恢复创新，并取得成功。

五、西湖龙井贡茶

西湖美景、龙井名茶，名扬天下。游览西湖，品饮龙井茶，是旅游者到杭州的最好享受。

龙井，位于西湖西面竹茂林密的风篁岭上，本名龙泓，又名龙湫、龙井，是以泉名井。它与玉泉、虎跑泉，被誉为杭州三大名泉。关于龙井的传说很多，据传此井与江海相通，必有神龙居住，因名“龙井”。又引苏东坡之说“下有万古蛟龙渊”，故名龙井。相传龙井泉直通东海，早在三国时代，人们就在井旁祭神求雨，又有葛洪炼丹于此。明朝驻浙总兵李德领兵驻扎在风篁岭下，正统十三年(1448 年)，杭州大旱，兵卒到龙井取水，一时流量不足，李令兵士掏井，掏出吴国赤乌年号银条、玉佛及北宋时金元宝等祭神之物；再掏，忽然乌云密布，泉水汹涌。后来李德在龙井泉旁建寺，以泉名冠寺名，称龙井寺，也就是现在的龙井茶室。

龙井是一个半圆形泉池，清冽的泉水从泉后壁的山岩间涓涓流出，虽大旱亦不枯竭。井中泉水漫溢后，通过石罅听候宕下泻，形成了这一带疏涧流淙、泉声叮咚的清丽特色。龙井泉还有一奇特之处，就是当你用小棒搅动井内泉水时，水面上就会出现一条蠕动的分水线，仿佛游龙一般，这种现象在雨天时更为明显。据说这是因为地面水和地下泉水相互冲撞，两种水质因比重和流速的差异所致。这一奇异的自然现象，使游人平添了佳趣。

龙井四周还有神运石、涤心沼、一片云等胜迹，碧嶂千绕，怪石林立，古木参天，松篁交翠，自然景色幽美。清乾隆南巡至此，题“湖山第一佳”五字，又命过溪亭、神运石、一片云、龙泓洞、涤心沼、风篁岭、方园庵、翠峰阁为“龙井八景”。龙井之西是龙井村，环山产茶，制作的茶即为西湖龙井茶。

“西湖之泉，以虎跑为最，两山之茶，以龙井为佳。”①“龙井茶，虎跑水”，这是闻名中外的旅游胜地杭州西湖的双绝。

西湖龙井茶，因产于中国杭州西湖的龙井茶区而得名，是我国的名茶之一。茶有“四绝”：色绿、香郁、味甘、形美。西湖龙井茶，历史上曾按产地分为“狮、龙、云、虎”四个品类。“狮”字号为龙井狮峰一带所产，“龙”字号为龙井、翁家山一带所产，“云”字号为云栖、五云山一带所产，“虎”字号为虎跑一带所产，其中公认狮峰所产者香味品质最佳。

西湖龙井茶独特的品质，是特殊环境水气土壤条件孕育和独特加工工艺制作而成。龙井茶区东临西湖，南向钱塘江，西北环山，峰峦起伏，群山叠翠，古木参天，溪涧径流遍布；茶树长年处于“不雨山长涧，无云水自阴”的水气生态环境中。西湖龙井茶集中产地狮峰山、梅家坞、翁家山、云栖、虎跑、灵隐等地，处处林木茂密、翠竹婆娑，一片片茶园就处在云雾缭绕、浓阴笼罩之中。这里具有得天独厚的生态条件，气候温和、雨量充沛，年平均温度16℃，年降水量1 500毫米左右，尤其春茶季节，细雨蒙蒙，溪涧常流。土壤深厚，多为沙质土壤，唐代陆羽《茶经》中所说的“砾者上”，这里的土壤是由“西湖石英”岩的残坡积物和粉砂岩、粉砂质泥岩风化而成的白砂土与黄红壤土，所含微量元素适宜茶叶优良品质的形成。龙井茶区的茶树品种，芽叶柔嫩而细小，富含氨基酸与多种维生素。优越的自然条件和优良品种，为龙井优良品质的形成提供了良好的自然条件。

龙井茶历史悠久，最早可追溯到我国唐代，在陆羽撰写的《茶经》中，就有杭州天竺、灵隐二寺产茶的记载。

北宋时期，龙井茶区已初步形成规模，当时灵隐下天竺香林洞的“香林茶”，上天竺白云峰产的“白云茶”和葛岭宝云山产的“宝云茶”已列为贡品。到了南宋，杭州成了宋朝的国都，龙井茶的生产有了进一步的发展。元代，龙井茶的品质得到进一步提升。此时，龙井附近所产之茶开始露面。到了明代，龙井茶名声逐渐远播，开始走出寺院，为平常百姓所饮用。清代，乾隆皇帝下江南时，四次到龙井茶区视察、品尝龙井茶，赞不绝口，并将胡公庙前的18棵茶树封为“御茶”。从此，龙井茶身价大振，名扬天下。民国期间，龙井茶成为中国名茶之首。新中国成立后，国家积极扶持龙井茶的发展，龙井茶被列为国家外交礼品茶。党和国家领导人多次到茶区视察，关心龙井茶的生产。

从龙井茶的历史演变看，龙井茶之所以能成名并发扬光大，一则是龙井茶品质好，二则离不开龙井茶本身的历史文化渊源。所以龙井茶不仅仅是茶的价值，也是一种文化的价值，里面蕴藏着较深厚的文化内涵。

六、洞庭山碧螺春茶

碧螺春属于绿茶类，嫩香、汤清、味醇，是中国十大名茶之一。主产于江苏省苏州市吴县太湖的洞庭山，所以又称“洞庭碧螺春”。洞庭山分为东、西两山，洞庭东山是一个宛如

---

① 高濂：《四时幽赏录》。

巨舟伸进太湖的半岛，洞庭西山是一个屹立在湖中的岛屿。洞庭两山气候温和，水汽升腾，雾气悠悠，空气湿润，加之土壤质地疏松，极宜茶树生长。洞庭碧螺春产区是我国著名的茶、果间作区。茶树和桃、李、杏、梅、白果等果木交错种植。茶树、果树枝丫相连，根脉相通，茶吸果香，花窨茶味，陶冶着碧螺春花香果味的天然品质。正如明代《茶解》中所说："茶园不宜杂以恶木，唯桂、梅、苍松、翠竹之类与之间植，亦足以蔽覆霜雪，掩映秋阳。"茶树、果树相间种植，令碧螺春茶独具天然茶香果味，品质优异。

洞庭碧螺春是中国名茶的珍品，民间最早叫"洞庭茶"，又叫"吓煞人香"。以形美、色艳、香浓、味醇"四绝"闻名于中外。碧螺春始于何时，名称由来，说法颇多。据记载，碧螺春茶叶早在隋唐时期即负盛名，有千余年历史。陆羽《茶经》中曾提到："苏州，长洲县生洞庭山。"据清代《野史大观》(卷一)载："洞庭东山碧螺峰石壁，产野茶数株，土人称曰：'吓煞人香'。康熙己卯……抚臣朱荦购此茶以进……以其名不雅驯，题之曰碧螺春。"这即是碧螺春雅名由来的故事之一。又据《随见录》载"洞庭山有茶，微似岕而细，味甚甘香，俗称'吓煞人'，产碧螺峰者尤佳，名'碧螺春'"。若以此为实，则碧螺春茶应始于明朝，在乾隆下江南之前就已名声显赫了。也有人认为：碧螺春是因形状卷曲如螺，色泽碧绿，采于早春而得名。

成品碧螺春茶条索紧结，卷曲如螺，白毫毕露，银绿隐翠，叶芽幼嫩，冲泡后茶味徐徐舒展，上下翻飞，茶水银澄碧绿，清香袭人，口味凉甜，鲜爽生津，其汤色碧绿清澈，叶底嫩绿明亮。品赏碧螺春颇有情趣。品饮时，先取茶叶放入透明玻璃杯中，以少许开水浸润茶叶，待茶叶舒展开后，再将杯斟满。一时间杯中犹如雪片纷飞，只见"白云翻滚，雪花飞舞"，观之赏心悦目，闻之清香袭人，宛如高级工艺品，令人爱不释手。

七、衡山贡茶云雾茶

衡山，古称南岳，位于湖南省中部，是中国著名的"五岳"之一。衡山有 72 峰，以祝融、天柱、芙蓉、紫盖、石廪五峰为最。衡山主峰为海拔 1 290 米的祝融峰，登主峰极目远眺，北为烟波浩渺、若隐若现的洞庭湖；南为奔腾起伏、层峦叠嶂的翠峰；东为宛如玉带、飘然北去的湘江；西为云雾缭绕、时隐时现的雪峰山。祝融峰之高，藏经殿之秀，方广寺之深，水帘洞之奇，为南岳"四绝"。

在祝融峰、芙蓉峰、紫盖峰之间毗卢洞，有一片宽深各二十里的狭长山谷，由于三面环山，经常云缠雾绕，因而土壤肥沃、湿润，最适宜种茶，这里出产的茶叫云雾茶。

相传南岳云雾茶已有两千多年的历史，早在唐代，就成为贡品。现在的云雾茶，南岳到处都有种植。云雾茶最适宜在海拔 800～1 100 米的山上栽培，特别是广济寺、铁福寺、华盖峰等地，这一带云雾交织，阳光和煦，森林覆盖面积大，种出的茶条索紧细，挺秀多毫，内质优良，清香馥郁。

关于南岳产茶有一个动人的故事：唐代天宝年间，江苏清晏禅师在南岳庙任掌教时，一日见有一条大白蛇，口含茶籽游过，并将茶籽埋在寺庙旁边。不久，寺旁便长出几株茶树，自此南岳便产茶了。又一天，一股清泉从寺庙旁的石窟迸出，泉水似颗颗珍珠，迸涌而出。于是，人们便称此泉为珍珠泉，清晏禅师用这珍珠泉水泡茶，茶的色香味就更好。这里的毗庐、太阳、虎跑等 36 处名泉，都是从花岗岩中渗出，水质特好，冲泡茶叶，汤色明亮清澈，茶香清高，滋味醇厚。这里融名山、名景、名泉、名茶为一体，“四美”俱全，吸引着无数游客前去观光品茗。

八、武夷山“大红袍”、“御茶园”

武夷山风景区位于福建西北部的武夷山市，南北长约12千米，东西宽约6千米，主要景区方圆70平方千米，属于典型的丹霞地貌，素有“碧水丹山”、“奇秀甲东南”之美誉，是首批国家级风景名胜区之一。山与水完美结合，人文与自然有机相融，以秀水、奇峰、幽谷、险壑等诸多美景，悠久的历史文化和众多的文物古迹而享有盛誉；于1999年12月被联合国教科文组织列入《世界遗产名录》，荣膺“世界自然与文化双重遗产”。成为世界第23处、中国第4处世界自然与文化遗产地。

武夷山境内群山重叠，海拔1 800米以上的山峰多达三十余座，形成天然屏障，冬季可阻挡或削弱北方冷空气的南侵，具有降水量多、湿度大、雾日长、垂直变化显著等气候特点。四季气温较均匀，温和湿润。良好的生态环境和特殊的地理位置，使其成为地理演变过程中许多动植物的“天然避难所”，物种资源极其丰富。武夷山保存了世界同纬度带最完整、最典型、面积最大的中亚热带原生性森林生态系统；几乎囊括了中国所有的亚热带原生性常绿阔叶林和岩生性植被群落。

武夷岩茶驰名中外，与其生长的优异的自然环境是分不开的。名山胜境，陶冶出岩茶的天然灵气。武夷岩茶历史悠久，具有绿茶之清香，红茶之甘醇，是中国乌龙茶中之极品。据史料记载，唐代已制此茶叶，宋代列为皇家贡品，元代还在武夷山设立了“焙局”、“御茶园”，专门采制贡茶，明末清初创制了乌龙茶。武夷山栽种的茶树，品种繁多，有大红袍、铁罗汉、白鸡冠、水金龟“四大名枞”，清康熙年间，开始远销西欧、北美和南洋诸国。

其中以“大红袍”最为名贵。关于大红袍名称的来历，有几种不同的说法。一说明朝有一秀才赶考途经武夷天心永乐禅寺，忽然重病，考期已近，病尚未愈，心焦如焚。寺中方丈以九龙窠崖上之茶叶为药给秀才服用后，病即痊愈。后秀才高中状元，衣锦返乡，前来致谢，问及茶叶出处，得知后为报救命之恩，脱下大红袍绕茶丛三圈，将其披在茶树上，故得“大红袍”之名。另有一说，每年朝廷派来的官吏身穿大红袍，解袍挂在贡茶的树上，因此被称为大红袍。

大红袍景区位于武夷山风景区的中心部位，景区著名大峡谷“九龙窠”内。谷地深切，两侧长条状单面山高耸、石骨嶙峋的九座危峰，分南北对峙骈列，独特的节理发育，使峰脊高低起伏，有如九条巨龙欲腾又伏。举世闻名的大红袍生长在九龙窠谷底靠北面的悬崖峭壁上。这里叠着一大一小两方盆景式的古茶园，六株古朴苍郁的茶树，枝繁叶茂。它们已有340余年的历史，其成品的色、香、味均在乌龙茶之首，故有“茶中之王”美誉。区内还有九龙洞、九龙瀑、九龙潭等自然景观和九龙名丛园，古代摩崖石刻等人文景观。2007年7月，最后一次采摘自350年母树的20克大红袍茶叶被中国国家博物馆珍藏，这也是现代茶叶第一次被藏入国博。今后，武夷山将不再制作母树大红袍茶叶。

御茶园遗址位于武夷山风景名胜区四曲溪南。始创于元大德六年(1302年)，高兴、高久住父子为就近督造贡茶而创设皇家焙茶局，称之为“御茶园”。高兴(1245—1313)，字功起，元大臣，蔡州(辖境相当于今河南淮河以北)人，累官左丞相。高久住，高兴长子，大

德间邵武路总管。元至元十六年(1279年),高兴任福建招讨使行右副都元帅,立行都元帅府于建宁(府治在今建瓯市),遂于辖境内的武夷山监制石乳(茶名)数斤,于当年秋入觐朝廷时献给元世祖忽必烈,备受赏识。至元十九年,开始由当地县官承办贡茶。至元二十年冬,政和黄华起事抗元,进犯崇安,围攻建宁府,时任浙西宣慰使的高兴与征东行省左丞刘国杰等,先后受命入闽平乱,平定黄华后又入武夷山,监制贡茶。大德元年(1297年),高兴复拜福建行省平章政事,又派员进武夷山监制贡茶。由于高兴数次监制进献,武夷茶受到朝廷的赏识。大德五年,时任邵武路总管的高兴长子高久住奉命到武夷山督造贡茶。次年,指派崇安县邑人士孙瑀在武夷山四曲溪南创立皇家焙茶局,建造系列建筑,称为"御茶园"。

御茶园的创建使武夷岩茶正式成为献给朝廷的贡品。御茶园的建筑物巍峨华丽,完全按照皇家的规格模式设计构建。御茶园设有场官、工员。场官主管岁贡之事。泰定四年(1327年),崇安县令张端本在御茶园的左右侧各建一场,悬挂"茶场"大匾。至顺二年(1332年),建宁总管在通仙井畔建一高5尺、方1丈6尺的高台,称为"喊山台"。据旧志记载,每年惊蛰日,崇安县令带领隶卒到御茶园致祭。祭毕,隶卒鸣金击鼓,同声高喊:"茶发芽!"井水便渐渐满出,故又叫"呼来泉"。山上还建有喊山寺,供奉茶神。

明嘉靖三十六年(1557年),由于御茶园疏于管理,茶树枯败,茶业衰落,武夷岩茶遂免于进贡,前后经历250多年的御茶园荒废。现遗址尚存通仙井、喊山台等古迹。古茶园已辟为武夷山茶叶品种园。

御茶园在中国乌龙茶制作工艺变革中作出卓越贡献,是中国制茶作坊见证之一。现在,遗址受到保护,并在这里设立武夷山茶叶研究所。其内的名丛、单丛茶叶标本园郁郁葱葱,1990年,在御茶园内修建一座"茶艺馆",结构古朴典雅,游客既可在这里游览遗迹,又可在此品尝武夷奇茗。

九、建州"龙凤团"饼茶

五代南唐以后,建州一直是全国最著名的茶叶产区,茶叶生产十分发达。宋代茶叶生产的中心,已由长江中下游的湖州、宜兴一带,南移至福建一带,皇室的贡焙基地(专门生产贡茶的地方)也移至福建建安(今福建建瓯市),此地生产的茶叶称为"建茶"。因为建茶是专供皇室享用的贡茶,因此其培植与采制技术也更为精良,并逐渐发展成为中国团茶(饼茶)的制作中心。由于其主要产地境内的凤凰山一带又名北苑,故也称"北苑茶"。北苑茶名目繁多,精品迭出,达到了饼茶生产的高峰。丁谓《北苑茶录》记载宋初建州"官私之焙千三百三十有六"(指焙茶房),其中官焙三十二。北苑龙焙是这三十二个官焙中的一个。《北苑别录》说,吴彦山、罗汉山……灵滋四十六所"广袤三十余里,自官平而上为内园,官坑而下为外园"。这是《北苑别录》有关茶叶焙制的御茶园范围的记述。根据以上古籍所提供的地名进行对照,当时北苑御茶园茶焙的范围,大致相当于现在建瓯县的东峰镇大部、东由乡的南部、小桥乡的西部,芝城镇的东部,面积有一百多平方千米。

"龙凤团茶"是北宋的贡茶。在北宋初期的太平兴国三年(978年),宋太宗遣使至建安北苑(今福建省建瓯市东峰镇),监督制造一种皇家专用的茶,因茶饼表面上印有龙凤形

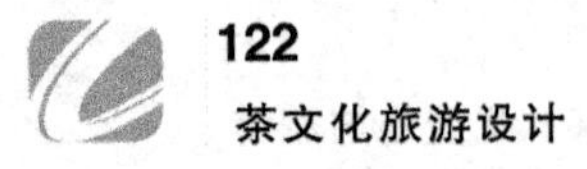

的纹饰用纯金镂刻而成，就叫“龙凤团茶”。随着饮茶方法的变化，龙凤团茶逐渐被散茶代替。

宋代北苑龙凤团茶是逐步发展形成的。宋朝皇室饮茶之风较唐代更盛，宋太祖赵匡胤便有饮茶癖好。在他以后继位的宋代皇帝皆嗜茶，从宋太宗赵光义到风雅之至的徽宗赵佶，龙凤团茶是宫廷的象征和骄傲。赵佶甚至亲自写了一部论茶的著作《大观茶论》。这是一部较全面地反映我国宋代茶叶的发达程度和制茶技术、点茶技艺状况的书籍。他在《大观茶论》里指出：“采择之精，制造之工，品第之胜，烹点之妙，莫不盛造其极。”

皇家对高档茶叶的需求，极大地刺激了贡茶的发展。真宗咸平年间，丁谓至福建任转运使，精心监造御茶，进贡龙凤团茶。丁谓监造龙凤团茶之时突出“早、快、新”的特点，以致“建安三千五百里，京师三月尝新茶”。庆历中，蔡襄任转运使，专门监制了一种小龙团茶，其品精绝，比龙凤团茶更加精美。二十饼重一斤，每饼值金二两。神宗时贾青担任福建转运使，又创制了密云龙，其云纹比小龙团还精细。密云龙团的产量极少，只能在宗庙祭祀的时候少量使用。但皇亲国戚们乞赐不断，皇帝为难，甚至要下令不许再造。这样一来，反而使密云龙团的名气更大了。如宋王辟之所著《渑水燕谈录·事志》就有记载：“建茶盛于江南，近岁制作尤精，龙凤团茶最为上品，一斤八饼。庆历中，蔡君谟为福建转运使，始造小团以充岁贡，一斤二十饼，所谓上品龙茶者也。仁宗尤所珍惜，虽宰臣未尝辄赐，惟郊礼致斋之夕，两府各四人，共赐一饼。宫人翦金为龙凤花贴其上，八人分蓄之，以为奇玩，不敢自试，有嘉客，出而传玩。”亦省称“龙凤”。宋欧阳修《归田录》卷二称：“茶之品，莫贵于龙凤，谓之团茶，凡八饼重一斤。庆历中蔡君谟为福建路转运使，始造小片龙茶以进，其品绝精，谓之小团，凡二十饼重一斤，其价直金二两……宫人往往镂金花于其上，盖其贵重如此。”至宋徽宗宣和年间，转运使郑可简别出心裁，创制出银丝水芽，造价之高，昂贵之极。采新茶的尖端，蒸后“将已拣熟芽再剔去，只取其心一缕，用珍器贮清泉渍之，光明莹洁，若银线然，以制方寸新銙，有小龙蜿蜒其上，号龙园胜雪”。

北苑茶以“龙凤团茶”而著称于世，作为贡茶的龙凤团茶极为珍贵，即使朝廷官员也不易得，如蒙皇上赐茶，便是十分恩宠了。名臣欧阳修在朝二十余年，亦仅得赐茶一饼，可见其难。赐茶的象征意义已大大超过了其经济和实际使用价值，而成为一种礼遇的标志了。

正因为这种精神上的象征意义，宋代在朝仪中加进了茶礼。贵族在婚嫁中引入了茶仪，在彩礼中也加入了茶，后世民间婚俗中的“下茶”礼即由此而来。

随着宋朝的衰败，龙凤团茶走向衰落。北方游牧民族出身的元代统治者不喜欢这种过于精细委婉的茶文化，他们更喜欢的是新工艺制作的条形散茶。及至明太祖朱元璋，洪武二十四年(1391 年)九月下诏罢造龙团。龙凤团茶失去了它的欣赏者，茶园一片凋零。《闽小记》说：“先是建州贡茶首称北苑龙团，而武夷石乳之名未著。至元设场于武夷，遂与北苑并称。今则但知有武夷，不知有北苑矣。”又经过数百年，连制作龙凤团茶的工艺都失传了。

第三节　名人、名茶、名泉、古茶树

一、神农发现茶的川东、鄂北神农架

《茶经》卷下《六之饮》概为言之，谓："茶之为饮，发乎神农氏，闻于鲁周公……"

神农氏，即炎帝，是华夏始祖三皇五帝之一，农业的发明者，医药之祖，有"神农尝百草"的传说。神农氏曾跋山涉水，尝遍百草，找寻治病解毒良药，以救夭伤之命。

神农架是神农炎帝曾经在此搭架采药、疗民疾病的地方。他在此"架木为梯，以助攀援"，"架木为屋，以避风雨"，最后"架木为坛，跨鹤升天"。

神农架位于湖北省西部边陲，属湖北省管辖。地处我国地势第二阶梯的东部边缘，由大巴山脉东延的余脉组成中高山地貌，区内山体高大，山峰多在 1 500 米以上，平均海拔 1 700 米。其中海拔 3 000 米以上的山峰有 6 座，海拔 2 500 米以上山峰 20 多座，最高峰神农顶海拔 3 105.4 米，成为华中第一高峰，有"华中屋脊"之称。

神农架位于中纬度北亚热带季风区，气温偏凉而且多雨，年平均气温为 12℃，年降水量 900～1 000 毫米。由于一年四季受到湿热的东南季风和干冷的大陆高压的交替影响，以及高山森林对热量、降水的调节，形成夏无酷热、冬无严寒的宜人气候。独特的地理环境和立体小气候，使神农架成为中国南北植物种类的过渡区域和众多动物繁衍生息的交叉地带。神农架拥有各类植物 3 700 多种，其中受到国家重点保护有 40 种；有各类动物 1 050 多种，其中受到国家重点保护的有 70 种。几乎囊括了北自漠河，南至西双版纳，东自日本中部，西至喜马拉雅山的所有动植物物种。这里拥有当今世界北半球中纬度内陆地区唯一保存完好的亚热带森林生态系统。境内森林覆盖率达 88%，保护区内达 96%。神农架成为世界同纬度地区的一块绿色宝地，对于森林生态学研究具有全球性意义。

神农架作为全球同纬度地区唯一的绿色奇迹而备受关注。1980 年，神农架成立自然保护区；1986 年经国务院批准为"国家森林及野生动物类型自然保护区"；1990 年被联合国教科文组织接纳为人与生物圈计划"世界生物圈"保护网成员，受到全球环境基金(GEF)资助，成为"亚洲生物多样性保护示范区"。神农架所拥有的在当今世界中纬度地区唯一保持完好的亚热带森林生态系统，是最富特色的垄断性的世界级旅游资源，动植物丰富多彩，传说优美古老和民风古朴神秘，人与自然共同构成高山原始生态文化圈。神农氏尝草采药的传说、"野人"之谜、山乡情韵都具有令人神往的诱惑力。

神农架历史久远，文化遗存众似繁星。这里的自然条件和人文背景共同构成了神农架绚丽多彩的画卷，隽秀如屏的群峰，茫茫苍苍的林海，完好的原始生态系统，宜人的气候，独特的内陆高山文化使神农架成为当今世界人与自然和谐共存的净土和乐园。本区的茶叶主产区主要集中在木鱼、红花、下谷一带，目前全区共发展茶树面积 10 363 亩(其中新发展茶树 313 亩)，茶叶采摘面积 7 832 亩，茶叶产量 77 吨。

二、惠山泉(陆羽)

无锡位于江苏省南部，临太湖，依惠山，山明水秀，物产丰富，自古以来就是我国著名的“鱼米之乡”。位于该市西部的惠山古木参天，幽谷清静，是著名的风景游览胜地。

惠山多清泉，历史上有“九龙十三泉”之说。位于惠山寺附近的惠山泉原名漪澜泉，为唐大历年间无锡县令敬澄所开凿。泉池围砌成上、中两池。上池呈八角形，由八根小巧的方柱嵌八块条石以为栏，池深三尺有余。池中泉水水质很好，水色透明，甘洌可口。中池紧挨上池，呈四方形，水质清淡，与上池相比别有风味。

历代名流对惠山泉均有很高评价。相传唐代茶圣陆羽评定了天下水品，将其分为二十等，惠山泉被列为天下第二泉。随后，又有刘伯刍、张又新等唐代著名茶人推惠山泉为天下第二泉。自此，惠山泉名重天下，四方茶客们不远千里前来汲取二泉水，达官贵人更是闻名而至。唐武宗时，宰相李德裕嗜饮二泉水，便令地方官派人通过“递铺”(类似驿站的专门运输机构)驰马传递数千里，把泉水送到三千里之遥的长安，供他煎茗。

到了宋朝，二泉水的声誉更高，一度成为进献给皇帝的贡品。北宋时，京城一些显贵和名士也常常不惜千里之遥，以舟车载运惠山泉水至开封。南宋皇帝赵构，在金军追击下被迫南逃途经无锡时，仍有雅兴“幸”惠山泉品茗。泉旁的二泉亭，就是当年地方官吏为迎接赵构所建。

元代时，到惠山泉品茗和汲水的更多了。当地官员为了限制人员流量，便在惠山泉外围设卡收税。元代翰林学士、大书法家赵孟頫专为惠山泉书写了“天下第二泉”五个大字，至今仍完好地保存在泉亭后壁上。

明朝，二泉更成了诗人墨客、达官贵人品茗游玩、题咏不绝的地方。特别是明初听松庵的高僧性海，请湖州竹工做了个象征天圆地方的竹炉，以二泉水煮茗待客。著名画家文徵明，于明正德十三年(1518 年)清明节，与友人茶会于惠山，兴会所致创作了《惠山茶会图》，再现了竹炉煮茗、茅亭小憩的情景，这一珍贵画卷，珍藏故宫博物院。

清代时，乾隆皇帝南巡，不但到惠山泉品茗，而且诗兴大发，这首诗后来镌刻在惠山泉前景徽堂的壁上，被人们所传诵。

惠山泉水为山水，即通过岩层裂隙过滤了流淌的地下水，因此其含杂质极微。清乾隆皇帝计量各地名泉，量得惠山泉水为每量斗重一两零四厘，仅比北京玉泉水稍重。近年来经多次化验，得知惠山泉水所含矿物质有钙、镁、碳酸盐等及微量氡气，水质清澈透明而无任何有害物质，确系饮用水中之佼佼者。

惠山泉不仅水甘美、茶情佳，而且还孕育了一位我国优秀的民间艺术家阿炳。阿炳青年时双眼因目疾而先后失明。他从小就酷爱音乐，在其父道士华清和的传授下，二胡演奏技艺达到高深造诣。他用二胡的音律抒发内心的忧愤和人间的疾苦，祈盼光明幸福的降临，作出了许多二胡曲，其中最脍炙人口当属以惠山泉为素材的名曲《二泉映月》。此曲旋律清越动人。人们为纪念这位著名民间音乐艺术家，1984 年在二泉亭重建了华彦钧之墓。

二泉亭上有景徽堂，在此可品尝二泉水烹煮的香茗，欣赏二泉周围的美妙景致。从二泉亭北上有竹护山房、秋雨堂、隔红尘廊、云起楼等古建筑，从二泉亭登山可达惠山山顶，纵眺太湖风景，历历在目。

三、黄山毛峰、松萝茶

好山好水出好茶。黄山地区，山高谷深，土质好，温暖湿润，云雾缥缈，很适合茶树生长，产茶历史悠久。据《中国名茶志》引用《徽州府志》载："黄山产茶始于宋之嘉祐，兴于明之隆庆。"又载："明朝名茶……黄山云雾：产于徽州黄山。"据史料记载，黄山产茶始于宋嘉祐年间。起源与僧人有关，宋代的僧人已经知道在饮茶之后打坐，不容易打盹儿。他们在寺院后边的菜园里栽下了几棵小茶树。由于黄山气候湿润，每年多半时间，茶树都处在云雾中，僧人便给这些小树起名，叫作"黄山云雾"。另有《黄山志》称："莲花庵旁就石隙养茶，多清香冷韵，袭人断腭，谓之黄山云雾茶。"传说这就是黄山毛峰的前身。

黄山毛峰产于中国安徽秀丽的黄山之中，是中国著名的历史名茶。陈椽教授编著的《茶业通史》中指出："黄山毛峰是何时开始制造的？也值得研究。"黄山毛峰起源，据《徽州商会资料》李亚北撰写的《全国名茶珍品——黄山毛峰》中指出："黄山毛峰是清光绪年间谢裕大茶庄所创制。该茶庄创始人谢静和，歙县漕溪人，以茶为业，种采制都很精通。……标名'黄山毛峰'。"歙县茶厂高级茶叶技师余怡生著《歙茶工艺》中载："清朝光绪年间(1875年)谢裕大茶号在黄山富溪(注：原称漕溪)创制'黄山毛峰'，至今已有一百多年历史了。"说明黄山毛峰是清朝光绪元年(1875年)开始制造的。创制人谢正安，毕生经营茶业，先后开设了"谢裕大"茶号等厂栈。为了迎合市场需求，清明前后，他亲自率人到充川、汤口等高山名园选采肥嫩芽叶，经过精细炒焙，1875年首创了风味俱佳的优质茶。由于该茶白毫披身，芽尖似峰，取名"毛峰"，后冠以地名为"黄山毛峰"。黄山毛峰创制之后，始入上海，英国商人品尝之后称好，当即名扬上海。后来"谢裕大茶号"批量加工黄山毛峰出口，享有"名震欧洲四五载"之誉。当黄山毛峰运往关东，时称奉庄"谢裕大茶行"销售，深受消费者的欢迎，然后销向华北，遂名扬天下，畅销欧亚。

新中国成立以后，黄山毛峰被人们顾名思义定产于黄山风景区茶园，并作推断为"黄山云雾茶"的后身。尤其是富溪乡新田茶农因地制宜发展高山茶园，效果显著。

在《中国茶经》"休之松萝"一文中提及，据《歙县志》写道："旧志载明隆庆间，僧大方住休之松萝山，制法精妙，郡邑师其法，因称茶曰松萝……"说明歙县茶，因仿松萝制法，也都概名松萝茶。例如当时歙县的紫霞山茶，也称为松萝茶。与松萝山毗邻的歙县北源茶，又称为北源松萝。据《徽州府志贡品》记载："歙之物产，无定额，亦无常品。大要惟砚与墨为最，其他则以北源茶、紫霞茶。"这些记载说明当时黄山产的北源茶和紫霞山所产紫霞茶，亦很有名。

四、天台山"葛玄茗圃"

坐落于浙江省东中部天台县城北的天台山，隶属于台州市天台县。东连宁海、三门，西接磐安，南邻仙居、临海，北界新昌。属仙霞岭分支，平均海拔 500 米以上，主峰华顶山海拔 1098 米。登顶峰拜经台，俯视山川，峰峦起伏，浮云翻滚，犹如置身天际。是驰誉海内外的国家级风景名胜区。以佛教天台宗祖庭、道教南宗祖庭所在地和济公“活佛”的故乡而闻名于世。以“佛宗道源，山水灵秀”而著称，为“中华十大名山”之一。1988 年被国务院批准为国家级风景名胜区。风景区总面积达 187.1 平方千米，风景旅游资源十分丰富。

天台山的自然景观得天独厚，人文景观悠久灿烂。天台山自古闻名，吸引了历代文人雅士前往登临，王羲之、顾恺之、李白、苏东坡、陆游、徐霞客等都在此留下足迹。东晋文学家孙绰在《游天台山赋序》中描写道：“天台山者，盖山岳之神秀者也……”明代大旅行家徐霞客足迹遍天下，三上天台山，写下两篇游记，并将《游天台山日记》赫然标于《徐霞客游记》篇首。这里既有汉末高道葛玄炼丹的“仙山”桃溪，碧玉连环的“仙都”琼台，道教“南宗”圣地桐柏，天下第六洞天玉京；又有佛教“五百罗汉道场”石梁方广寺，隋代古刹国清寺，唐代诗僧寒山子隐居地寒石山，宋禅宗“五山十刹”之一万年寺和全国重点寺院高明寺等，因而获得“佛宗道源，山水神秀”的美称。

“佛国仙山”还造就了无数神奇的传说。千古流传的汉朝刘晨、阮肇采药遇仙故事就发生在这里。天台山是天然的植物园和动物园，奇草异木、珍禽异兽极多。天台山是中国最早的产茶地之一，盛产优质高山茶叶——云雾茶。

天台山产茶历史悠久。据《天台山全志》记载，早在东汉末年，高道“葛玄植茶之圃已上华顶山”。南朝陈高僧智者大师居华顶、天封，戒酒坐禅，饮茶驱睡。其徒智藏献茶，为隋炀帝治疾。唐代“茶圣”陆羽的《茶经》载：“生赤城者与歙同”，“石桥诸山亦产茶，味清甘，不让他郡”。

葛玄(164—244)15 岁登天台山修道炼丹，是“仙山”天台的开拓者，也是“服药所以保形，形康则神安”的主形道派创始人，人称“太极葛仙翁”。他的足迹遍及天台山，“葛仙茗圃”是他留下的重要遗迹之一。葛玄茗圃位于浙江省天台县天台山主峰华顶归云洞口，这是三国时葛玄炼丹种茶的“茗圃”。对此，唐代的《天台记》，以及明、清《方志》中多有记载。宋代白玉蟾作《天台山赋》：“释子耘药，仙翁种茶。”明代的贾诗作《葛仙茶圃》诗：“草秀仙翁园，春风发幽茗。”清代齐召南有《台山五仙歌》：“华顶长留茶圃云，赤城犹炽丹炉火。”说的就是仙翁葛玄在华顶炼丹植茗之事。

天台山华顶一带，重峦叠嶂，植被繁茂，山岩陡峭，云雾悠悠，芳草萋萋。归云洞外，乱云飞渡；洞内，浮云早出晚归。特殊的生态环境，终使茶树“雾芽吸尽香龙脂”，制成的茶叶成了“佛天雨露，帝苑仙浆”。天台山华顶归云洞口，至今仍零星散布着一些茶树，均属进化型人工栽培的古茶树，上部枝条出现苍老回枯，下部根系盘根错结，根粗在 15 厘米以上。据传，这是葛玄当年炼丹时亲手栽植的，已有 1700 年以上历史，故人称“仙茶”。

天台华顶云雾茶，产于天台山华顶峰，又称“天台山云雾茶”、“华顶茶”。距县城 25 千米，海拔 1 080 米，茶树大都种植于海拔 800～900 米山处。茶区气候夏凉冬寒，常年平均气温为 12.2℃，四季浓雾笼罩，冬季经常积雪，年降水量 1 900 毫米，茶地终年保持湿润。山地为砂质壤土，土层深厚肥沃，此地多古木参天，终年云雾缭绕，遍地生长箬竹、箭竹、娑罗树。茶农多选有利地形，零星分散栽植，周围种以其他树木，形成挡风、防寒的天然屏障，阻止高山大风寒冷的威胁。由于山中气温较低，萌芽迟缓，于小满后始行采摘一芽二

叶。常年生长在“佛海雾气，林荫之狸”环境中的华顶云雾茶，内含营养物质特别丰富。成茶外形细紧弯曲，芽毫壮实显露，色泽绿翠光润；香高持久，汤色绿明；滋味醇厚爽口；叶底嫩绿明亮。冲泡3次犹有余香，充分显示高山云雾茶的天然特色，被列为绿茶中的珍品。每当春暖花开时节，登上华顶山巅俯瞰，茶树环绕茅蓬，茅蓬点缀茶园，形成了如诗似画、优美静谧的景色。客来敬奉一杯香高味甘、韵致清远的华顶云雾茶，定会令人心旷神怡、劳倦顿消。

五、庐山“云雾茶”、“谷帘泉”

庐山，位于江西省九江市，北临长江，南傍鄱阳湖。传说殷周时期有匡氏兄弟七人结庐隐居于此，后成仙而去，其所居之庐幻化为山，故而得名。这里“春山如梦，夏山如滴，秋山如醉，冬山如玉”，四季景色迷人，自古享有“匡庐奇秀甲天下”之美称。自司马迁将庐山载入《史记》后，历代诗人墨客相继慕名而来，陶渊明、谢灵运、李白、白居易、苏轼等1 500余位诗人相继登山，留下了许多珍贵的名篇佳作。历代名人，交口赞誉，认为宇内名山，除五岳以外，首推匡庐。唐代大诗人李白说：“余行天下，所游览山水甚富，俊伟诡特，鲜有能过之者，匡庐真天下之冠也。”

庐山雄奇秀拔，云雾缭绕，夏天气候凉爽宜人。近代以来，庐山成为政治风云人物的度假胜地，山上现存有张学良、周恩来等人住过的别墅。1996年，庐山被联合国教科文组织列入《世界自然与文化遗产名录》。

庐山云雾茶是中国著名绿茶之一，也是中国传统十大名茶之一。庐山云雾茶，始产于汉代，已有一千多年的历史。相传，庐山种茶始于汉代，据《庐山志》记载，东汉时，佛教传入中国后，佛教徒便结舍于庐山。当时全山梵宫僧院多达三百多座，僧侣云集。他们攀崖登峰，种茶采茗。“各寺于白云深处劈岩削谷，栽种茶树，焙制茶叶，名云雾茶。”唐宋两代文人墨客多有赞颂之作，唐代大诗人白居易曾在庐山香庐峰结庐而居，亲辟园圃，植花种茶，并留有茶诗数首。北宋时，庐山云雾茶曾列为“贡茶”。明太祖朱元璋曾屯兵庐山天池峰附近。朱元璋登基后，庐山的名望更为显赫。庐山云雾茶很快闻名全国。明代万历年间的李日华《紫桃轩杂缀》云：“匡庐绝顶，产茶在云雾蒸蔚中，极有胜韵。”清代李绂《六过庐记》载：“山中皆种茶，循茶径而直下清溪茶园。”可见当时庐山茶业之兴盛。庐山云雾茶是茶禅相通的佳品。东晋时，庐山成为佛教一个很重要的中心，名僧慧远曾在庐山居住三十余年，讲授佛学，发展种茶。庐山云雾茶规模种植，是在进入20世纪以后的事，但与佛教仍然有关联。如1934年庐山植物园成立后，便自庐山山麓五乳寺引种茶苗，购进茶籽，开辟茶园10余亩。在此前，庐山云雾茶的栽培与制作，多赖庐山寺庙的僧人。

庐山是云的故乡，云的世界。年平均180多天有雾。庐山云雾，千姿百态，变幻无穷，时而像浩瀚的波涛，时而像轻盈的薄絮，整个庐山都沉浸在那朦胧缥缈的云雾中，一如太虚幻境。这种云雾景观，不但给庐山蒙上了一层神秘的面纱，更为茶树生长提供了良好的条件。“庐山云雾”茶，也是因这一自然现象而得名。

庐山云雾茶以“味醇、色秀、香馨、液清”而久负盛名。深受国内外消费者的青睐。1951年，庐山云雾茶进入国际市场试销后，深受欢迎。现在，远销日本、德国、韩国、美国、英国等国。随着庐山旅游业的发展，庐山云雾茶的需求量日益增大，凡到庐山的中外游客，都购买庐山云雾茶，以馈赠亲友。

若用庐山的山泉沏茶煮茗，就更加香醇可口。庐山中著名的山泉是康王谷谷帘泉。庐山康王谷又名庐山垄。《星子县志》记载说："昔始皇并六国，楚康王昭为秦将王翦所窘，逃于此，故名。"

康王谷深山有泉，发源于汉阳峰，中道因被岩山所阻，水流呈数百缕细水纷纷散落而下，远望似亮丽晶莹的珠帘悬挂谷中，因名谷帘泉。

茶圣陆羽，对泡茶的水很有研究。他遍游祖国的名山大川，品尝各地的碧水清泉，按冲出茶水的美味程度，将泉水排了名次，确认庐山的谷帘泉为"天下第一泉"……谷帘泉经陆羽评定，声誉倍增，从而得以驰名四海。历代文人墨客慕名而至，纷纷品茗题咏。宋代学者王禹偁考究了谷帘泉水后，在《谷帘泉序》中说到此泉水："其味不败，取茶煮之，浮云散雪之状，与井泉绝殊。"宋代名士王安石、朱熹、秦少游、白玉蟾等都饶有兴趣地游览品尝过谷帘泉，并留下了绚丽的诗章。

六、朱熹"武夷精舍"

武夷精舍又称紫阳书院、武夷书院、朱文公祠，位于九曲溪五曲溪东，隐屏峰南麓平林渡九曲溪畔，是朱熹于宋淳熙十年(1183 年)所建，为其著书立说、论道讲学之所。

武夷精舍是朱熹完成《四书集注》和以它为教材实行教育实践的场所，在中国教育史上占有重要位置。它的作用在于：通过授徒讲学，著书立说，培养人才，重新树立起中华民族传统的主体意识儒家思想的正宗地位。他所创立的学派史称朱子学(闽学)，汇集了当时主要的儒学学派之大成。朱熹在此创"四书学"，即把儒教创始人孔子、孟子和他的学生曾参、子思的经典论著《大学》、《中庸》、《论语》、《孟子》汇成一个系列，加以权威性的阐述、诠释，名之为《四书集注》。由于朱熹及其门人在教育实践中的不懈努力，当元朝统一中国以后，朱子学自南向北传播，被朝廷定为一尊，成了国家的正宗思想，武夷理学文化也就成为封建王朝的正统文化；至明清两代，"朱子学"一直是文化的正宗，达七八百年之久。清朝康熙皇帝亲颁御匾"学达性天"，赐予武夷精舍。后改为紫阳书院，并改为官办，由朝廷委派山长管理书院。朱熹牌位也从"从祀"孔庙改为"十哲"之一(其他九哲均为孔子嫡传弟子)，康熙还下令文渊阁大学士李光地编纂《朱子大全》。

构筑武夷精舍的缘起应追溯到淳熙五年(1178 年)。这一年初秋，朱熹与妹夫刘彦集、隐士刘甫共游武夷时，只见九曲溪旋绕曲折，隐屏峰下云气流动，顿觉耳目一新，因而萌发出建屋初念。经过数年的苦心筹措经营，精舍终于在淳熙十年(1183 年)动工，当年就初见规模。

精舍落成之后，朱熹怀着喜悦的心情，约集了建宁知府韩元吉和著名历史学家、建安(今福建建阳县)人袁枢等前来庆贺。韩元吉写了《武夷精舍记》。朱熹写了《精舍杂咏十二首》，并撰写诗序，以记其盛况。此后，他即在此广收门徒，著书讲学，长达五年之久，培养了大量学生。朱熹的理学思想就此传播开来，从而形成了一个有力量、有影响的学派。当时，一些著名的学者如蔡元定、刘火仑、黄干、詹体仁、真德秀、李闳祖和叶味道等人，都曾就学于武夷精舍。之后，一批理学名家相继在武夷山中和九曲溪畔择地筑室。武夷山在南宋时期已成为祖国东南的一座名山，后人称之为"道南理窟"。

朱熹逝世之后，武夷精舍备受封建统治者的重视，历代都曾加以修建。南宋末，经扩建后改为紫阳书院，由官府拨给公田，以供养学者。此后，直到明正统十三年(1448 年)，才改为朱文公祠。明正德十三年(1518 年)，巡按御史周鹓清、军御史及佥事肖乾元协力檄令县令王和重葺修，辟地百余丈，绕以围垣。前竖牌坊，匾上镌刻“武夷书院”。沿着牌坊稍进有楼五楹，名叫高明楼，正中大堂也有楼五楹，两庑各六间堂斋。全部构筑轩雅宏丽，并曾置田百亩作为祀事及修缮费之用，旁边又建屋数间，择朱子后裔一人世居管理。明万历年间，少司马陈省寓居武夷云窝时也曾修缮过武夷书院。这里有一段饶有兴味的佳话，说是当时书院倾颓，有士人题诗于壁云：“紫阳书院对清波，破壁残碑半女萝。颇爱隔邻亭榭胜，画栏朱拱是云窝。”影射紫阳书院远远不及陈省寓居之画栏朱拱的云窝。陈省见诗后，笑着说：“是其启我乎！”即解囊鸠匠将紫阳书院修缮一新(董天工《武夷山志》卷十)。明崇祯末年(1644 年)，陈黄门履贞又捐资修缮。清顺治十六年(1659 年)，崇安县令韩士望又予以修饰。清康熙二十六年(1687 年)，官方再度加以修建，由康熙皇帝赐御笔“学达性天”匾额。康熙五十六年(1717 年)，闽浙总督觉罗满保捐俸重修。既立堂宇以祀朱子，复在堂后盖屋数椽，而以赵清献(北宋学者、崇安县第二任县令)、胡安国、刘子翚等附祀。建筑物至今已毁，仅留存两庑。原址现竖立有福建著名书法家沈觐寿撰并书的“武夷精舍遗址”六字及介绍文字的碑刻。

七、江苏云台山云雾茶

江苏连云港云台山，古称郁州山，唐宋时称苍梧山。它原来只是黄海中的一列岛屿，18 世纪方与大陆相连，形成独具神姿的峻峰深涧，被誉为“海内四大名灵”之一。

云台山位于江苏省连云港市东北 30 多千米处，是江苏北部著名的旅游胜地。此山原系海中的岛屿，沧海桑田，后演化成陆地。由锦屏山、前云台山、中云台山、后云台山和鹰游山等组成。东南侧平缓，西北侧陡峭。今天的云台山分为前、中、后三部分景区，山多而峰奇，石坚而洞幽，谷秀而果香。其中前云台山范围最大，地势最高，山中有 166 座高峰，景区内就有大小秀丽的山头 134 座，主峰五女海拔 625 米，为江苏省最高的山峰。山岳地层经长期的海水侵蚀冲刷和频繁的地质变化，形成了千奇百态的海浪石、海蚀洞及壮丽的石海胜景。云台山是我国东部沿海文明的发祥地和三元文化活动的主要地区，也是我国四大古典名著《西游记》的文化发祥地，1988 年由国务院审定公布为第二批国家级风景名胜区。1995 年，经国务院原则同意，建设部批复了云台山风景名胜区总体规划，规划性质是以云台山历史文化遗存和花果山而闻名，独具山海港城林相依共融的景观特色，可供观景旅游、休养度假和开展多种形式科学文化活动的国家级风景名胜区。

云台山风景名胜带，有 3 个景区被国务院批准列入 4A 旅游景区，一个是花果山风景名胜区，另一个是渔湾风景名胜区，还有一个是孔望山风景名胜区。

云台山风景以山水岩洞为特色，面积约 180 平方千米，属苏鲁地质，岩石主要为花岗岩和片麻岩，质细性坚，姿态古朴，构成了峰、谷、崖、顶、岩、岭、涧、沟等多重景观要素。独特的海蚀崖、海蚀岬角、礁石等微地貌景观形式千姿百态，令人叹为观止。海滨沙滩金沙碧水，青松环绕，是理想的海滨休闲场所。云台山森林覆盖率高，自然生态环境良好，拥有多种国家级重点保护珍稀植物和南北过渡地带边缘性植物种类，构成了一个天然的动植物乐园。连绵的山体和多样植物景观相互组合，古树名木星罗棋布，构成了富于变化的整体景观。

云台山风景名胜区历史悠久，四五万年前的旧石器时代就有人类在桃花洞等地活动。夏商时代，这里就是以鸟为图腾的少昊氏族郁夷的活动之地；秦时在孔望山立石为秦之东门，建道教庙宇东海庙；秦汉时期已在连岛苏马湾设琅琊郡界域石刻；东汉时期在此开始建造摩崖佛教造像群，是中国佛教文化早期发展的见证；唐、宋时期先后在南云台山筑庙建塔，成为香火旺盛的佛教胜地，被誉为“东海第一胜境”、华夏“三神山”之一；隋开皇末年，于前云台狮子岩建郁林观；宋建隆元年，始建海清寺阿育王舍利塔；皇祐七年，在青峰顶创建三元宫，成为道教发源地和三元崇拜的发祥地之一；明代谢淳成为云台山佛教中兴的开山祖师；花果山的三元宫和宿城的法起寺成为江北曹洞宗的代表，被誉为“淮海第一丛林”和“海内四大灵山”之一。

连云港云台山的云雾茶，以其色、香、味、形俱佳而跻身于名茶之列。古时候悟正庵的僧人每年精心采制，只得二三斤，秘不示人，视作珍茗，招待贵宾。清海州知州唐仲冕也把它当作茶王“龙团凤饼”。

“云雾山中出好茶”，云台山濒临黄海，气候温暖湿润。时常晓云未散，海雾又起。青翠欲滴的茶树经常笼罩在云雾中，气温低，温差小，湿度大，芽叶柔嫩。制成的茶大小匀整，条索蜷曲，形似细眉，而且蜂毫无损，色泽绿润，纯净可爱。经化验，云雾茶的茶碱、茶丹宁、维生素的含量较高，有兴奋、强心、清火、收敛、利尿、消炎、杀菌等功用。适量饮用，能恢复精神疲劳、增进记忆，使人意惬神清，并能帮助治疗腹饱胀闷、消化不良等症。揉晒的生茶可保存十年以上，年代愈久，疗效愈佳。1980 年，全省品茶会议上，连云港的云雾茶同南京的雨花茶、苏州的碧螺春、无锡的二泉银毫，列为江苏四大名茶。

八、河南信阳大别山信阳毛尖茶

信阳市位于河南省南部，淮河上游源头、桐柏山东麓，大别山北麓，河岳山川拱戴，东与安徽为邻，南与湖北接壤，左扼两淮，右控江汉，承东启西，屏蔽中原，素有“三省通衢”之称，从古至今，是江淮河汉之间的战略要地，又是南北经济文化交流的重要通道。信阳历史悠久，人杰地灵。信阳是华夏文明的发祥地之一。西周时期，信阳是申伯的封邑地，秦时设义阳乡，北宋改称信阳。信阳有楚汉交融的地域文化，商周、春秋、战国以后，细腻浪漫的楚文化与绵密柔美的中原文化在此交融、发展，形成了特色鲜明的淮河文化。孔子周游列国的终点、子路问津处都在信阳，司马光砸缸、亡羊补牢的故事也发生在信阳。从这里出土的战国编钟极负盛名。信阳地区山水秀丽、气候宜人，素有“江南北国、北国江南”、“豫南小苏州”之美誉。信阳地处亚热带向暖温带过渡地带，雨量充沛。这里有多处融山水风光与人文景观为一体的旅游胜地，有中国四大避暑胜地之一的鸡公山，有水上乐园南湾湖，有全国独一无二僧尼同寺的灵山寺，有天然温泉疗养胜地汤泉池，有身经百战的传奇将军许世友之墓等。

信阳地势南高北低，是岗川相间、形态多样的阶梯地貌。西部和南部是由桐柏山、大别山构成的豫南山地，面积近 7 000 平方千米。两山首尾相接，连成一体，蜿蜒于豫鄂边界，是江淮两大流域的分水岭。大别山在信阳境内长约 200 千米；东段山脊高峻雄伟，海拔在千米以上，西段宽阔低缓，以千米以下低山为主，间有丘陵分布。中部是丘陵岗地，面积7 000多平方千米。由于受淮南水系的强烈切割和冲淀，形成高丘陵起伏，岗谷相间的形态组合特征。此区梯田层层，河渠纵横，塘堰密布，水田如网，酷似江南风光，是信阳的粮食生产基地。北部是平原和洼地，面积4 000多平方千米。

信阳毛尖茶，亦称"豫毛峰"，是河南省著名特产之一、中国名茶之一，素以"细、圆、光、直、多白毫、香高、味浓、汤色绿"的独特风格而饮誉中外。据传，它开始种在鸡公山上，叫"口唇茶"。这种茶沏上开水后，从升起的雾气中会现九个仙女，一个接一个飘飘飞去；品尝起来，满口清香，浑身舒畅，能够医治疾病。

茶圣陆羽在《茶经》中指出："淮南茶光州（今光山县）上……"旧《信阳县志》记载："本山产茶甚古，唐《地理志》载，义阳（今信阳县）土贡品有茶。"北宋苏东坡也说："淮南茶信阳第一。西南山农家种茶者多本山茶，色味香俱美，品不在浙闽以下。"陈椽所著《茶叶通史》中写道："西周初年，云南茶树传入四川，后往北迁移至陕西，以秦岭山脉为屏障，抵御寒流，故陕南气候温和，茶树在此生根。因气候条件限制，茶树不能再向北推进，只能沿汉水传入东周政治中心的河南（东周建都河南洛阳）。茶树又在气候温和的河南南部大别山信阳生根。"

九、皖西大别山茶区六安瓜片茶

大别山位于中国湖北省、河南省、安徽省交界处，是长江与淮河水系的分水岭。地形大势为东南西北走向。西接桐柏山，东为张八岭，长270千米。平均海拔500～800米，山地主要部分海拔1 500米左右，主峰白马尖，海拔1 777米，位于安徽省霍山县南。主峰山顶布满了奇松怪石，东北坡的千年杜鹃园，春暖花开，漫山遍野，赏心悦目。山川秀美，地灵人杰。大别山南麓的英山县为活字印刷术发明者毕昇故里。这里还是明代"医圣"万密斋、京剧鼻祖余三胜、辛亥革命元勋张振武、方志学家王葆心的故乡。众多的英才豪杰，传奇的风云故事，神秘的遗址遗迹……使这片古老而又青春的土地更增光彩，更显风流。

"天下名山，必产灵草，江南地暖，故独宜茶。大江以北，则称六安。"这是明代茶学家许次纾在茶学名著《茶疏》开卷的第一段话。中国名茶六安瓜片产区位于大别山东北麓，主产地是革命老区金寨县，全县地处大别山北麓，高山环抱，云雾缭绕，气候温和，植被良好。年平均温度15℃，年平均降水量1 200～1 300毫米，土壤多为黄棕壤，质地疏松，土层深厚，茶园多在山坡冲谷之中，生态环境优越。

六安瓜片茶，为绿茶特种茶类，是国家级历史名茶，中国十大经典绿茶之一，绿茶中唯一去梗去芽的片茶。采自当地特有品种，经扳片、剔去嫩芽及茶梗，通过独特的传统加工工艺制成的形似瓜子的片形茶叶。六安瓜片宛如瓜子的外形，宝绿润亮的色泽，黄绿清澈的汤色，清芬扑鼻中别具一格。瓜片不耐泡，味道很清淡，等级越好，茶越好，味越淡。

《中国农业百科全书》（茶叶卷）称：该茶产于安徽六安、金寨、霍山，过去这三县均属六安府所辖，故称为六安瓜片，作贡茶。六安瓜片的产量以六安最多，品质以金寨最优。瓜片原产地齐头山一带，旧时为六安管辖，现属金寨县。金寨齐云山周围的瓜片为珍品，故金寨产的瓜片又名为"齐山云雾"、"齐山名片"。齐头山是大别山的余脉，海拔804米，位于大别山区的西北边缘，与江淮丘陵相连，巍然兀立，怪石峥嵘，溪流飞瀑，烟雾笼罩如天然画屏。山南坡上有一石洞，处于人迹罕至的悬崖峭壁之上，因大量蝙蝠栖居，故称为蝙蝠洞。洞口有野茶一丛，有人说为蝙蝠衔籽而生，无从断定。

“六安瓜片”驰名古今中外，还得惠于其独特的产地、工艺和品质优势。用安徽农业大学茶业系教授詹罗九的话说：六安瓜片的采摘技艺和加工工艺实为中国茶叶烘焙技术之一绝，可以作为制茶技艺之最，申报吉尼斯纪录。同时，制作“六安瓜片”的茶树，必须是当地自古以来的“小叶种”，否则就变形走味。此外，“六安瓜片”的采摘也与众不同，茶农取自茶枝嫩梢壮叶，因而，叶片肉质醇厚，营养最佳。

“六安瓜片”具有悠久的历史底蕴和丰厚的文化内涵。早在唐代，《茶经》就有“庐州六安(茶)”之称；清道光时期的《寿州志》记载“唐、宋史志，皆云寿州产茶，盖以其时盛唐、霍山隶寿州、隶安丰军也。今土人云：寿州向亦产茶，名云雾者最佳……”盛唐县就是今六安县，可见六安茶是唐代以来就为人所知的名茶之一。另据《罗田县志》和《文献通考》载：宋太祖乾德三年(965 年)，官府曾在麻埠、开顺设立茶站，可见当时已颇具规模。明清年间，最为昌盛，有三百年的贡茶历史。明代科学家徐光启在其著作《农政全书》中称“六安州之片茶，为茶之极品”。明代大学者李东阳、萧显、李士实三名士玉堂联句《咏六安茶》予“六安瓜片”以很高的评价。明代名著《金瓶梅》、清代名著《红楼梦》均有六安茶记述。六安贡茶的历史，始于明嘉靖三十六年(1557 年)，到清朝咸丰年间，贡茶制度终结，历经两个朝代几十位皇帝。中国茶叶专家陈椽、王泽农在他们所著的《中国名茶研究选集》、《中国名茶及其生产特性》书中，对“六安瓜片” 有极高的评价，称之为历史传统著名绿茶。新中国成立后一段时间内“六安瓜片”为中央军委特贡茶。六安瓜片现在已经获得国家质检总局“地理标志产品认证”，并被列入国家非物质文化遗产目录。

十、广东潮安县凤凰山的“宋种”茶

凤凰山是潮州市一处独特的旅游景观。它坐落于潮州城区北面约 40 千米处的凤凰镇，主峰凤凰大鬓海拔 1 497.8 米，是潮州市的最高峰，素有“潮汕屋脊”之称，也是粤东第一高峰。山势巍峨屹立，终日云雾缭绕，银瀑飞泻，雄伟壮丽；山上奇花异草，苍松翠柏。站在顶峰环视，群山俯伏脚下，潮州城远近景色尽收眼底，令人心旷神怡。

这里既有巨石岩洞，又有瀑布溪流；既有苍松翠竹，又有奇花异草，自然风光绚丽多姿。在诸多景区中，天池是凤凰山风景区中最迷人的一处。它位于海拔 1 391 米的乌栋山主峰西侧小山谷，是古代火山口所天然形成的山顶湖泊，面积约 4 万平方米(60 亩)。池中常年保持水满，清澈见底。无风时节，波平如镜，格外秀美。夏日，山上凉爽如秋，天池碧波荡漾；冬天，天池水冰冷透骨，若偶遇强寒流南下，气温降低了，水面还有数寸厚冰，有时山上还纷纷扬扬飘洒着雪花，颇有北方冬天的景色，成为难得一见的粤东奇景。池内泉水喷涌，千年不断，栖息着天下奇珍的两栖类动物 “四脚鱼”(学名“蝾螈”)、“软壳石螺”及稀有蛙类。在天池之上俯瞰四方，群峰起伏，云雾缭绕，山村点点。其东西峡谷中之凤凰、凤溪两大水库，宛如两面明镜，令游人赏心悦目。乌岽山是凤凰山的第二高峰，海拔 1391 米，以峭拔雄伟的山色，绚烂多彩的畲寨风情和奇香卓绝的凤凰茶传名于世。乌岽山上有很多石景，形状独特的奇岩怪石，令人目不暇接，浮想联翩。凤凰山是畲族发源地，以龙犬为图腾，有许多美丽的民间传说。现凤凰山的石鼓坪村是畲族的聚居地。

凤凰山为中国著名产茶区之一，山上有11 000多亩茶园。据宋代《潮州府志》记载："凤凰山名茶待诏茶名为贡茶。"距今有900多年历史。品种有石古坪乌龙、名花、奇兰、黄淡、铁观音、本山和大红肉桂等，其中最出名的是凤凰单丛。在凤凰天池不远处，有一片古茶林。现存3 000多株200～600多年茶龄的古茶树，其中的"宋种"茶王茶龄已有600多年历史，是独特的旅游景观，也是凤凰制茶悠久历史的见证。凤凰乌崬山开辟了观光茶园，游人登山观光，品尝名茶，真是游兴倍增，其味无穷。

十一、云南澜沧江畔六大茶山的普洱茶

茶树的栽培与茶叶的利用，始于中国。中国云南澜沧江流域的西双版纳和思茅地区，是茶树的发祥地。遍布西双版纳的古茶树，提供了最有力的物证。西双版纳古"六大茶山"出产的大叶种茶，被冠以"普洱茶"的名称已经风靡天下千百年。堪称茶中精品的普洱茶，其历史可以追溯到东汉时期，民间有"武侯遗种"的说法，茶祖诸葛亮受到世代茶农的敬仰与尊崇。所以普洱茶的种植利用，至迟在三国时期就已开始，距今1700多年。

古"六大茶山"的命名，传说与诸葛亮有关。三国时期蜀汉丞相诸葛亮走遍了六大茶山，留下许多遗器为记，六大茶山因此而得名。清朝道光年间编撰的《普洱府志·古迹》中记载："六茶山遗器俱在城南境，旧传武侯遍历六山，留铜锣于悠乐，置铜鉧于莽枝，埋铁砖于蛮砖，遗木梆于倚邦，埋马蹬于革蹬，置撒袋于慢撒。因以其山名慢枝、革蹬，有茶王树较它山独大，相传为武侯遗种，今夷民犹祀之。"古茶山中巍峨壮观的孔明山，是当年诸葛亮寄箭处，上有祭风台旧址。唐朝学者樊绰在《云南志》中提到："茶，出银生城界诸山。"茶，即有"茶中之茶"美誉的普洱茶；银生城，即今中国云南西双版纳一带；诸山，即普洱茶的千年圣地"六大茶山"。古"银生城"在今云南省景东县，为唐时南诏六节度使之一的驻地，辖今西双版纳及思茅地区。"诸山"指的就是西双版纳的攸乐、革登、倚邦、蛮砖、慢撒、莽枝"六大茶山"。明隆庆四年(1570年)，车里宣慰使刀应勐将其管辖地划为12个版纳时，"六大茶山"为一个版纳——"茶山版纳"。清代乾隆时期的进士檀萃《滇海虞衡志》载："普茶名重于天下，出普洱所属六茶山，一曰攸乐、二日革登、三曰倚邦、四曰莽枝、五曰蛮砖、六曰慢撒，周八百里。"这"周八百里"不仅指茶山的面积，而且表明六大茶山是连成一片的。

关于六大茶山的地理位置，史籍上的说法各异。清光绪年间绘制的《思茅厅界图》表明，古"六大茶山"都在澜沧江两岸。攸乐茶山现属景洪市，其余五大茶山均在勐腊县。其中，慢撒在易武乡，革登、莽枝、蛮砖、倚邦在象明乡。据说，象明是以孔明山、野象山合而得名。古六大茶山为云南最古老的茶山，也是中国最古老的茶区之一，现均属西双版纳傣族自治州。总面积2 260余平方千米，现有茶园面积约10万亩。

六大茶山地处南亚热带，冬无严寒，夏无酷暑，生态环境优越，是出名茶的好地方。古六大茶山的土地全部被各种树木、竹林、草、藤条、鲜花覆盖，它们相互依托，相互促进，终年小溪叮咚流淌，蝴蝶起舞飞翔，各种小鸟竞相比赛歌唱，构成了一个美丽富饶、多姿多彩的动植物王国。这里又远距城镇、工矿，不受废气、污物、噪音的污染，空气清新，环境洁静美丽，若三、五好友林间小路漫步，真会使人流连忘返。

明末清初，许多南下的石屏人看到六大茶山气候适宜，土地肥沃，适宜发展茶叶，便相

约“奔茶山”。他们在六大茶山开荒种茶、开办茶庄制普洱茶，著名的同兴号、天顺祥等20多个茶庄生产的普洱茶，名扬四海，普洱茶的年产量达10万担的规模。这一时期，六大茶山几乎家家种茶，户户卖茶，马帮塞途，商旅充斥，形成了普洱茶的极盛时期。

这里生产的茶色、香、味、形俱佳，远在清雍正十年(1732年)就被朝廷指定入贡，一直持续到光绪三十年(1904年)，历时172年，清朝末代皇帝溥仪曾对著名作家老舍(舒舍予)先生说过：“普洱茶是皇室成员的宠物，拥有古六大茶山产的普洱茶是皇室成员显贵的标志，普洱茶还是朝廷馈赠各国首脑、贵宾的礼品，深受外宾喜爱。”

普洱茶各茶区的土壤，所处的地理位置、海拔及气候等不同，其茶树也有区别。各地相关的制茶技术也有区别。因此，各茶区茶叶在形状、色泽、气味和滋味方面也有区别。

“六大茶山”所出的茶叶可以说是云南普洱茶中的佼佼者，其茶叶气味和滋味共同而突出的特点，一是纯生态性，二是香气独特，三是滋味浓酽，四是耐泡度达10道以上，五是苦、涩、甜三味基本均衡。倚邦的茶条索细短，而且多数带黄色或黑灰色，糯米香气浓郁；革登、嶍崆茶明显呈灰白色，香甜浓郁；其他山茶多为灰黑色，其中的攸乐、莽枝、革登、倚邦茶稍细短；蛮砖、易武稍粗长。攸乐龙帕茶偏苦，莽枝及攸乐其他山者次苦；革登及倚邦山的嶍崆、架布偏甜，倚邦、蛮砖、易武次甜；倚邦、蛮砖最酽，莽枝、革登及易武山老丁家寨前后者次酽。

十二、九华山茶

九华山位于安徽省青阳县城西南20千米处，距长江南岸贵池市约60千米。方圆120平方千米，共有99座山峰，以天台、十王、莲华等9峰最雄伟，群山众壑、溪流飞瀑、怪石古洞、苍松翠竹相映成趣。名胜古迹，错落其间。主峰十王峰高1342米，位于安徽省池州市东南境，西北隔长江与天柱山相望，东南越太平湖与黄山同辉，是安徽“两山一湖”(黄山、九华山、太平湖)黄金旅游区的北部主入口、主景区。风景区面积120平方千米，现为国家5A级旅游景区、全国文明风景旅游区示范点。九华山为中国佛教四大名山之一，地藏王菩萨道场，为国际性佛教道场。

九华山主体由花岗岩构成，山间遍布深沟峡谷，溪涧流泉交织其中，处处有景，移步换景，清代概括有“九华十景”。对外开放后，新辟八大景区、百余处新景点。新老景点交相辉映，自然秀色与人文景观相互融合，加之四季分明的时景和云海、雾凇、雪霰、佛光等天象奇观，美不胜收。鸟语伴钟鼓，云雾现奇松，自然风光十分迷人。素有“东南第一山”、“江南第一山”之誉，令人流连忘返。南朝时，因此山奇秀，高出云表，峰峦异状，其数有九，故号九子山。唐代大诗人李白三次游历九华山。见此山秀异、九峰如莲花，写下了“昔在九江上，遥望九华峰，天江挂绿水，秀出九芙蓉”的美妙诗句，后人便削其旧号，易九子山为九华山。

唐开元末，新罗国(位于朝鲜半岛南端)僧地藏卓锡九华，苦心修炼数十载，圆寂后肉身三年不腐，僧众认定其为“地藏菩萨灵迹示现”，建肉身塔以供奉，九华山因此成为地藏菩萨的道场。清代九华山佛教鼎盛时有寺庙300余座，僧尼4 000多人，“香火之盛甲天下”。今存寺庙90余座(其中9座列为全国重点文物保护单位，30座列为省级重点文物保护单位)，有僧尼近600人，存真身(肉身)5尊，佛像6 300余尊，藏历代经籍、法器等文物 2 000 余件。

九华山属北亚热带湿润季风气候。年平均气温 13.4℃，年平均降水量 2 437.5 毫米。春来迟，秋偏早，夏短冬长。而且海拔越高，这种四季变化的规律就越明显，是我国东南地区植物荟萃之地。

九华山茶因茶产自九华山而得名，产茶历史悠久。

据传说，唐时在九华天台山北(今陵阳乡黄石村)的道僧洞中修行的一僧一道在采集草药治病时开始用茶。“先是生煮羹饮，继而晒干收集”，日久天长僧道用以晒茶的石块也留下了斑斑黄渍，是谓“黄石”，“黄石”之毛峰因此得名并沿用至今，九华菩萨金乔觉也亲自“煮茗瓯中”。

相传宋代始有“天台云雾”和“九华龙芽”的制作，是由晒青(或蒸青团茶)发展到炒青散茶。制茶工艺精巧，花色品种也随之增多，宋时的“云雾”和“龙芽”均是“毛峰”茶的前身。此间茶树朝迎晨雾，晚沐露霖，叶质柔嫩，香高味浓，故名，香味均列上乘的茶叶。南宋周必大游九华作《九华山录》云：“献土产茶味敌北苑。”北苑茶为建州(福建建瓯)的名茶，当时已为贡茶，由此可见九华山茶品质出类拔萃。

明清时九华山已有“东崖雀舌”、“肉身仙茗”、“龙池云雾”、“南苔空心”等花色，分别产于四大丛林之王的东崖、神光岭前的肉身宝殿、下闵园的龙池和小天台的南苔庵，均属烘青绿茶，茶叶外形多姿多彩，内质别具一格，被视为佛门珍宝。清代刘銮在《五石瓠》中称：九华山闵园茶即“唐闵，长者地也，产茶不多，僧熔之岁数斤耳，用山中之泉烹之，真味殊绝。”

闵园景区是九华山自然景区与人文景区融为一体的景区，从祇园寺出发南行到回香阁，由回香阁到慧居寺这一片就为闵园景区。景区是龙溪峡谷中的一片谷地，青山环抱，溪水长流，万亩竹林满目葱翠，这里是九华山云雾茶的主要产地，也是比丘尼散居的天地，二十多座尼庵，掩映在竹林中、溪流边，甚至崖洞里，相伴着小小的花圃、菜畦，矮墙篱笆。

十三、安徽祁门红茶

祁门位于安徽省南部，东北邻黟县，东南接休宁县，西北连石台、东至县，西南与江西省相邻。距黄山市 69 千米，是黄山市下辖的一个县，安徽的南大门，属古徽州“一府六县”之一，是徽州文化的发源地之一。建县于唐永泰二年(766 年)，因城东北有祁山，西南有阊门而得名，境内还有号称“华东最后的原始森林”的国家 4A 级旅游景区牯牛降景区。祁门历史文化属徽文化一脉，有风格独具的古建筑“曾国藩行辕”、“贞一堂”、“一府六县”等。“绿色、生态、古朴、原始”已成为旅游特色品牌。

这里属亚热带季风气候，年均气温 15.5℃，年降水量 1716 毫米，是祁门红茶、凫峰绿茶主要产地，境内森林覆盖率高达 85.78%，是安徽省林业重点县。

祁门茶叶生产历史悠久，是“中国红茶之乡”。祁门境内，海拔 600 米左右的山地面积占九成以上，气候湿润，雨量充沛，早晚温差大，优越的自然条件非常适合茶树的生长。祁门红茶品质超群，茶叶的自然品质以祁门的历口、闪里、平里一带最优。当地的茶树品种质优高产，植于肥沃的红黄土壤中，而且气候温和、雨水充足、日照适度，所以生叶柔嫩且内含水溶性物质丰富，以 8 月份所采收的品质最佳。祁门茶叶，早在唐代就已出名。陆羽在《茶经》中有“湖州上，常州次，歙州下”的记载，当时的祁门就隶属歙州。据史料记载，这里在清代光绪以前，并不生产红茶。祁门红茶创制于光绪元年(1875年)，已有百余年的生产历史。清朝光绪元年，黟县人余干臣从福建罢官回籍经商，因羡福建红茶(闽红)畅销利厚，想就地试产红茶，于是在至德县(今东至县)尧渡街设立红茶庄，仿效闽红制法，获得成功。次年就到祁门县的历口、闪里设立分茶庄，始制祁红成功。与此同时，当时祁门人胡元龙在祁门南乡贵溪进行“绿改红”，设立“日顺茶厂”试生产红茶也获成功。从此祁门遂改制红茶，并成为红茶中的后起之秀。

祁门红茶简称祁红，是“红茶”中的佼佼者，被誉为“群芳最”、“茶中英豪”。向以“香高、味醇、形美、色艳”四绝驰名于世。国际市场把“祁红”与印度大吉岭茶、斯里兰卡乌伐的季节茶，并列为世界公认的三大高香茶。似花、似果、似蜜的“祁门香”闻名于世，位居世界三大高香名茶之首。一百多年来祁门红茶一直保持着优异的品质，蜚声中外，畅销海外五十多个国家与地区。“祁门香”香飘五洲，多年来一直是我国招待各国贵宾的国事礼茶。刘少奇主席、江泽民主席出国访问时都曾带过“祁门香”馈赠外国元首。邓小平同志视察黄山时曾赞誉“你们祁红世界有名”!

十四、雁荡山毛峰茶

雁荡山位于中国浙江省乐清市境内，部分位于永嘉县及温岭市，为括苍山支脉，是首批国家级风景名胜区、世界地质公园、著名的旅游胜地。距杭州297千米，距温州68千米，以山水奇秀闻名，素有“寰中绝胜”、“海上名山、天下奇秀”之誉，史称“东南第一山”，是中国十大名山之一。总面积450平方千米，500多个景点分布于8个景区，以奇峰怪石、古洞石室、飞瀑流泉称胜，其中，灵峰、灵岩、大龙湫三个景区被称为“雁荡三绝”，特别是灵峰夜景、灵岩飞渡堪称中国一绝，因山顶有湖，芦苇丛生结草为荡，每年秋风起时，北雁南飞，南归秋雁栖息于此，故名雁荡。雁荡山脉绵延数百千米，按地理位置不同可分为北雁荡山、中雁荡山、南雁荡山、西雁荡山(泽雅)、东雁荡山(洞头半屏山)，通常所说的雁荡山风景区主要是指乐清市境内的北雁荡山。1982年被国务院列为首批国家级风景名胜区。

雁荡山，开山凿胜始于南北朝，兴于唐，盛于宋。梁昭明太子在芙蓉峰下建寺造塔，为雁荡山开山之始;唐西域高僧诺讵那因慕雁荡山“花村鸟山”之美名，率弟子三百来雁荡山弘扬佛教，被奉为雁荡山开山鼻祖;至宋，雁荡山开发规模逐渐增大，曾有十八古刹、十六亭、十院之盛，为雁荡山发展鼎盛时期。雁荡山奇特的景观形象，给诗人、画家、文人学士以强烈的美感和灵感。历代文人墨客纷至沓来，于此赋诗作画，留下大批作品，其中诗词5 000多首，以及龙鼻洞等400多处摩崖石刻，还有南阁牌坊等历史古迹，都是宝贵的历史文化遗产。谢灵运、贯休、沈括、徐霞客等都留下了不朽的诗篇和墨迹。

由于处在古火山频繁活动的地带，山体呈现出独具特色的峰、柱、墩、洞、壁等奇岩怪石，称得上是一个造型地貌博物馆。北宋科学家沈括游雁荡山后得出了流水对地形侵蚀作用的学说，这比欧洲学术界关于侵蚀学说的提出早600多年。现代地质学研究表明，雁荡山是一座具有世界意义的典型的白垩纪流纹质古火山——破火山。2005年2月被联合国教科文组织列为世界地质公园，是目前浙江省旅游行业的国际品牌。火山爆发造化了雁荡山雄奇壮丽的景观，使雁荡山成为世界上独一无二的集山水美学、历史文化、自然科学于一体的华夏名山。

雁荡毛峰茶产于浙江省乐清市境内的雁荡山，属半烘青绿茶中的名茶，又名雁荡云雾茶、雁荡白云茶，俗名雁山茶。雁山茶名目繁多，据《雁山志》载："浙东多茶品，而雁山者称最，每春清明日采摘芽茶进贡，一旗一枪，而白色者曰明茶，谷雨日采者曰雨茶，此上品也。"清明前采摘的雁山茶，是茶苑珍品，世称"雁茗"。产于雨雾弥漫、水分充足的龙湫背高山上，与大龙渊瀑布相依连，"色、香、味"俱佳。其品质特点是，外形秀长紧结，茶质细嫩，色泽翠绿，芽毫隐藏；泡饮时，汤色浅绿明净，芽叶朵朵相连，茶香浓郁，滋味醇爽，异香满口，妙不可言。有一饮加"三闻"之说。一闻浓香扑鼻，再闻香气芬芳，三闻茶香犹存。滋味头泡浓郁，二泡醇爽，三泡仍有感人茶韵。耐贮藏，有"三年不败黄金芽"之誉。

斗蟀(室)洞及雁湖岗等均位于海拔 800 米以上，因气温低，茶芽迟发，采摘节候推迟，为雁山茶之特点，其中以龙湫背所产最佳。龙湫背为南北向的山谷，北面有高山屏障，山谷两岸多为冲积灰壤，土层肥沃深厚，茶树终年于云雾荫蔽下生长，承受云雾滋润，芽叶肥壮，长势甚好。另有一些茶树，生长在悬岩隙缝之间，人力采摘困难，相传古代有山僧训练猿猴攀登绝壁采茶，所采茶叶称为"猴茶"。"猴茶"因终年吸取雨露滋润及岩隙有效矿物质成分，茶味极佳，并有较高营养价值。

雁荡山茶叶远在明代已被列为贡品。据明隆庆年间(1567 年—1572 年)《乐清县志》记载："近山多有茶，唯雁山龙湫背清明采者极佳。"明代冯时可把雁荡山之茶，与观音竹、金星草、山乐官以及香鱼，列为雁荡五珍。清代光绪年间，雁茗名声更胜。据《瓯江逸志》载："瓯地茶，雁山为第一"，可见雁茗在当时的地位。新中国成立后，在当地茶农的精心培育下，雁荡毛峰品质不断提高，1964 年乐清县农业局和温州茶厂在雁荡乡能仁村试制了一批名茶，质量好，满披毫毛，定名为"雁荡毛峰"。

雁荡山茶佳，水亦佳，"雁荡茶，龙湫泉"自古闻名。清代陈朝酆曾用龙湫水沏雁荡茶，顿觉其味无穷，旋即赋诗一首，其诗曰："雁山峰顶露芽鲜，合与龙湫水共煎。相国当年饶雅兴，愿从此处种茶田。"这里现在已发展新茶园数百亩，其中斗室洞、龙湫背等产区，已广种茶树，香飘满山。

十五、普陀山佛茶

普陀山是东海舟山群岛 1 390 个岛屿中的一个小岛，南北狭长，形似苍龙卧海，面积近 13 平方千米，与世界著名渔港沈家门隔海相望，属于舟山市。素有"海天佛国"、"南海圣境"之称，是首批国家级风景名胜区。2007 年 5 月 8 日，经国家旅游局正式批准，为国家 5A 级旅游景区。"海上有仙山，山在虚无缥缈间。"普陀山与山西五台山、四川峨眉山、安徽九华山并称为中国佛教四大名山，是观世音菩萨教化众生的道场。普陀山以其神奇、神圣、神秘，成为驰誉中外的旅游胜地。岛上风光旖旎，洞幽岩奇，古刹琳宫，云雾缭绕，充分显示着海和山的大自然之美，山海相连，显得更加秀丽雄伟，山石林木、寺塔崖刻、梵音涛声，皆充满佛国神秘色彩，被誉为"第一人间清净地"。

普陀山成为著名的观音道场，其宗教活动可远溯于秦。至唐朝，海上丝绸之路的兴起，促进了普陀山观音道场的形成，并迅速成为汉传佛教中心，传至日、韩及东南亚等国。

唐大中元年(847年)有梵僧来谒潮音洞,感应观音化身,为说妙法,灵迹始著。唐咸通四年(863年),日僧慧锷大师从五台山请观音像乘船归国,舟至莲花洋遭遇风浪,数番前行无法如愿,遂信观音不肯东渡,乃留圣像于潮音洞侧供奉,故称"不肯去观音"。后经历代兴建,寺院林立。至清末,全山有3大寺、88禅院、128茅蓬,僧众数千。寺院无论大小,都供奉观音大士。优越的人文环境使普陀山常年游人如织,四季佛事不断。

普陀山景区属亚热带海洋性季风气候。四季分明,夏无酷暑、冬无严寒,年平均气温在20℃左右,年降水量为1 100毫米左右。岛上森林覆盖率达80%,古树名木繁多,香花异草遍野,素有"海岛植物园"之称。全山共有66种百年以上的树木1 221株。山丘土壤多为红黄壤土,腐殖丰富,土层肥厚,林木茂盛。茶园生态环境优良,所产茶叶品质优异。

普陀山佛茶又称佛顶山云雾茶、普陀山云雾茶,茶外形"似螺非螺,似眉非眉",故亦称"凤尾茶"。因其最初由僧侣栽培制作,以茶供佛,故名佛茶。普陀山佛茶历史悠久,早在明代志书中就有记载,清代被列为贡品。普陀山佛茶具有提神解乏之功效和一定的药用价值。所以此茶备受游客青睐。茶叶被冠以佛名,是因为与普陀山佛教有着深厚的渊源。普陀山僧侣们起初在诵经拜佛之余,采摘山周围的野山茶。唐代佛教的兴盛使佛茶也随之形成一定规模。据《普陀县志》记载,普陀山产茶历史悠久,宋代已盛。从宋神宗元丰三年(1080年)开始,为表达对观音大士的虔诚,帝王在派人朝觐之余,还不断地划拨周边田亩供僧。僧田供斋粮之余,部分也用来植茶。佛茶除供佛外,少数也用来敬客。

南宋宁宗时期,"史卫王,弥远,前游普陀,见大士于茶树上,示一目。盖二十年宰相之谶也"。此传说观音现身的地方就在普陀山的茶树之上,这又为普陀山佛茶增添了一道神秘色彩,佛茶的佛缘也再一次得到了印证。

元朝皇帝笃信佛教,普陀山作为观音的道场,具有至高无上的地位。

明朝时,普陀山佛茶经普陀山僧和居民精心培植,以其独特的风味享有盛名。明神宗万历十七年(1589年),宁绍参将衔侯继高主持编纂《普陀山志》,将文学家、戏剧家屠隆请到普陀山参与工作。屠隆住山纂志时,把庵堂中烹茶接客的茶室名之为"静室茶烟",列入普陀山十二景目之一。明万历末,中书陆宝莅临普陀,为后人留下了《游普陀记》。此外,明代李桐、邵辅忠等人也对普陀山佛茶多有颂咏。

至清代,普陀佛茶不仅被普陀山佛道两门视为防治百病、排毒养颜、久服健身而延年益寿的养生饮品,而且曾作为贡茶敬献朝廷。清康熙、雍正年间(1665年—1735年),普陀佛茶仍延续着供佛、敬客的功能。平生嗜茶,有"茶仙"之称的"扬州八怪"之一汪士慎,写了一首《小白华山茗》诗,反映了普陀山僧人邀客饮茶的场景。此时佛茶产量也逐渐提高,并成为商品茶。民国时期,由于普陀山轮渡通航,香客及游览者大增,对佛茶的需求也随之增加,从而促进了佛茶的发展。1915年普陀山佛茶荣获巴拿马博览会银奖,扩大了国际影响。新中国成立后,普陀山佛茶茶园扩大,并建立了茶场。

十六、浙江天目山安吉白茶

浙江天目山古称浮玉山,位于浙江省西北部,距临安城31千米。旧时东西天目山峰顶各有一池,左右相望,形如天眼,故名天目。这里山川隽秀,绿水长流。素有"天目千重

秀，林木十里深”之说。安吉地处天目山北麓，这里群山起伏，树竹交荫，云雾缭绕，雨量充沛，土壤肥沃，“川源五百里，修竹半期间”，有“中国竹乡”之称。大凡四周为竹林或邻近竹林的茶园所采制的茶叶，一般都含有板栗香或蕙兰香，且越靠近竹林的其蕙兰香越明显。正是竹乡独特的生态环境，孕育出了惊世骇俗的安吉白茶树和安吉白茶。

安吉白茶，为浙江名茶的后起之秀。安吉白茶树是一种非常特异的茶种，它是特定的优良生态环境条件下产生的变异茶树，极为稀有，是大自然赐予人类的珍贵物种，春季发出的嫩叶纯白，在“春老”时变为白绿相间的花叶，至夏才呈全绿色。如此珍奇的茶树品种，孕育出品质超群绝伦的安吉白茶。所以安吉白茶与中国六大茶类中“白茶类”中的白茶是不同的概念：白茶类中的白毫银针、白牡丹等是由绿色多毫的嫩叶制作而成的白茶；而安吉白茶是由特殊的白叶茶品种的白色的嫩叶按绿茶的制法加工制作而成的名茶。因此，它既是茶树的珍稀品种，也是茶叶的名贵品质。

安吉全年气候温和，无霜期短。土壤中含有较多的钾、镁等微量元素。这些特定的条件为安吉白茶返白过程和物质代谢提供了良好的生态环境，有利于安吉白茶中氨基酸等氮化合物及营养物质的形成和积累，为茶叶香郁味鲜的品质奠定基础。中国著名茶学专家庄晚芳教授高度评价安吉白茶，称其“具有观赏、营养、经济三大价值，其他绿茶不能与之相比”。

安吉白茶色、香、味、形俱佳，在冲泡过程中必须掌握一定的技巧才能使品饮充分领略到安吉白茶形似凤羽、叶片玉白、茎脉翠绿、鲜爽甘醇的视觉和味觉享受。

十七、浙江余杭县径山茶宴(径山寺)

浙江余杭径山镇径山寺，初建于唐，南宋时香火鼎盛，是江南五大禅院之首。其规模极为宏大，有寺僧1 700余众，寺庙建筑1 000多间。唐天宝四年(745年)，法钦禅师至径山结庵。大历三年(768年)，代宗下诏建径山寺。南宋时孝宗亲书“径山兴寿万寿禅寺”额。径山寺原属“牛头派”，建炎四年(1130年)兴“临济宗”，道誉日隆，被列为“江南”五山十刹之首(五山即径山、灵隐、净慈、天童、阿育王)，号称“东南第一禅院”。

在宋代，禅寺遇朝廷钦赐袈裟、锡杖时，往往会举行盛大的茶宴庆典，以款待宾客，参加茶宴者均为寺院高僧及当地的社会名流。浙江余杭径山寺的“径山茶宴”，以其兼具山林野趣和禅林高韵而闻名于世。举办茶宴时众佛门弟子围坐“茶堂”，按茶宴之顺序和佛门教仪，依次点茶、献茶、闻香、观色、尝味、叙谊。先由住持亲自冲点香茗“佛茶”，以示敬意，称为“点茶”；然后由寺僧们依次将香茗奉献给来宾，名为“献茶”；赴宴者接过茶后先打开茶碗盖闻香，再举碗观赏茶汤色泽，尔后才启口，在“啧啧”的赞叹声中品味。茶过三巡后，即开始评品茶香、茶色，并盛赞主人道德品行，最后才是论佛诵经，谈事叙谊。

径山寺禅茶文化可追溯至唐。僧人举行茶宴，礼佛参禅，并制定了独特礼仪。到了宋朝，径山寺成为中日禅茶交流中心。“茶圣”陆羽也曾隐居径山脚下，写下著名的《茶经》。

作为中国禅门清规和茶会礼仪结合的典范，径山茶宴包括了张茶榜、击茶鼓、恭请入堂、上香礼佛、煎汤点茶、行盏分茶、说偈吃茶、谢茶退堂等10多道仪式程序，宾主或师徒之间用“参话头”的形式问答交谈，机锋偈语，慧光灵现，是我国禅茶文化的经典样式，也是日本茶道的渊源。在宋元时期，中日禅僧往来频繁，江南地区盛行的禅宗曹洞宗、临济宗东传日本，开宗立派，瓜瓞绵延。元明间日僧谒径山者相继不断。径山禅寺法师亦有多人赴日本传教。1983年以后，每年有日僧数批来寺朝拜寻宗。

日本高僧千光荣西曾经二度入宋求法，因在都城祈雨应验而获得在径山寺大汤茶会的礼遇。他归国时带去了茶叶、茶籽以及植茶、制茶技术和饮茶礼法，著成《吃茶养生记》，介绍种茶、饮茶方法和茶的效用，被誉为日本的"茶圣"。

日本曹洞宗开山祖希玄道元入宋求法时，也曾登临径山问道，回国后按照唐宋《百丈清规》、《禅苑清规》等制定了一系列清规戒律，统称《永平清规》。他根据径山茶宴礼法，对吃茶、行茶、大座茶汤等茶礼作了详细规定，对日本茶道礼法产生了深远的影响。

日本18世纪江户时代中期国学大师山冈俊明编纂的百科全书《类聚名物考》记载，日本僧人南浦绍明于1259年将径山茶宴传入日本。这一发现为实证径山茶宴为日本茶道之源提供了重要的文献史料。《类聚名物考》第四卷中记载："茶宴之起，正元年中（1259年），驻前国崇福寺开山南浦绍明，入唐时宋世也，到径山寺谒虚堂，而传其法而皈。"2010年5月18日，浙江省杭州市余杭区申报的"径山茶宴"入选为第三批国家级非物质文化遗产名录推荐项目名单（新入选项目），列为民俗项目类别的非物质文化遗产。

十八、安徽齐云山唐伯虎品茶书碑铭《紫霄宫玄帝碑铭》

安徽省的齐云山古称白岳，因其"一石插天，与天并齐"，明嘉靖年间改名为齐云山。位于风景秀丽的黄山市境内，北望黄山，西临六股尖、牯牛降自然保护区。齐云山东西长16千米，南北宽6.9千米，面积110平方千米，是中国国内以典型丹霞地貌为特色，辅以恐龙化石、道教文化、摩崖石刻于一体的国家级风景名胜区。

全山地质构成为层积砂岩，赤如朱砂，灿若红霞，是典型的丹霞地貌，在飞瀑、清泉、云海、湖光及四时异景的映衬下，显得分外精巧奇绝。区内丹崖赤壁危立、重峦叠嶂、千姿百态。除了赤壁丹霞外，还有典型的平顶方山、狭窄的石墙、兀立的石柱、幽深的巷谷、众多的岩洞以及独特的天生石桥。另外，该地区连续发现了7处中生代白垩纪时期的（距今约12000万年—距今6500万年）恐龙化石。有世界罕见的恐龙骨骼化石、恐龙蛋化石和恐龙足迹化石，不仅为人们提供了一处休闲旅游和科研考察的绝好场所，也极大地提高了齐云山景区知名度。

齐云山是我国著名的道教仙山之一，它与湖北武当山、四川鹤鸣山、江西龙虎山并称中国四大道教名山。观宫道院点缀其间，碑铭石刻星罗棋布。整个景区是一幅世界罕见的天然太极图。齐云山道教历史源远流长，早在汉晋时期就有道教活动，唐乾元年间，道人龚栖霞驻山传教，至今已有1240年。至明代嘉靖年间，明世宗皇帝设坛求子灵验后，敕赐建立玄天太素宫，从此齐云山香火日渐鼎盛，影响之大，远播海外。

风景奇异的齐云山历来就吸引了无数文人雅士登临抒怀。李白、唐伯虎、朱熹、徐霞客、戚继光、海瑞等历史名人都曾在此留下书画、游记、诗词。许多优秀的作品被镌刻于崖壁与石碑上。这些人文宝藏与自然景观相映生辉，更进一步奠定了齐云山"江南名山"的地位。

唐伯虎，明代著名书画家、文学家，一生演绎了许多动人的故事。在齐云山至今还流传着这位大才子饮茶撰碑铭的故事。明朝弘治年间，唐伯虎应天府乡试，中了解元。正准

备进京会试，不料发生泄题案件。有人告主考程敏政与唐伯虎有交往，卖考题给唐伯虎。两人均被捕入狱。后经调查，纯属冤案，但唐的前程耽误了，从此他誓不做官，游历五湖四海。他游了庐山、洞庭湖之后在安庆弃舟登岸，忽然想起因“受贿泄题”冤案郁愤而死的恩师程敏政。程敏政在世时常对他说起家乡齐云山的胜景。他读过老师的名篇《游齐云山记》，由此对齐云山产生向往，于是，在天高气爽的深秋，他来到齐云山。秋日的齐云山“碧水绕丹峰，红叶映赤崖”。层林尽染，秋林掩映着道院，阵阵林涛更衬托出一种静谧。此情此景，令唐伯虎悠然而意远，宠辱皆忘。

上了齐云山，游罢紫霄崖，来到玉虚宫，唐伯虎与山中汪养素道长交上了朋友。养素道长道高德厚，伯虎到山之时，他正为无钱请人撰写碑铭而发愁。唐伯虎知情后慨然相助，当晚，唐伯虎下榻长生楼，在明晃晃的青油灯下，听着青虚宫钟鼓之声，喝着沁人心脾的白岳黄芽茶，茶香助思，轻铺素笺，饱蘸浓墨，写下了 1 028 字的骈体铭文，这是他一生所作的唯一一篇铭文。铭文喻义深刻，字字珠玑。这就是《紫霄宫玄帝碑铭》。该碑坐落在安徽齐云山紫霄崖下，玉虚宫西侧。碑高 760 厘米，宽 140 厘米，厚 20 米，用整块红色砂石琢成，下雕龟贝承托；面对北方，巍然屹立。碑的正面刻玄帝碑铭全文；延新安名家汪肇篆额，戴炼书丹，歙休名匠刻手朱云亮、汪阳熙执錾主镘，费时二年竣工。碑的背面刻《紫霄崖兴建记》，叙述正德初玉虚宫修建始末。成为齐云山一大名景。

当年唐伯虎品饮的白岳黄芽，又名齐云道茶，也称齐云毛峰，产于休宁齐云山。齐云山山峻谷幽，竹密林深，云雾弥漫，土壤肥沃，十分适宜茶叶生长。其茶清明后谷雨前采摘，黄中隐翠，白毫显露，一叶包一芽，状似金边镶碧鞘，碧鞘裹银箭，十分别致。开水冲泡时，香若幽兰，入口鲜醇，咽后生津，回味无穷。数百年来，文人雅士谒山求道，无不于轻风微岚之中与白岳黄芽结下难舍情缘。现在随着齐云山旅游业的不断发展，白岳黄芽，不仅以品质取胜，而且更以其道家茶敬天祈地、返璞归真的深刻内涵，赢得越来越多的青睐。

十九、洞庭湖中的君山银针茶

君山原名湘山，又名洞庭山，即神仙洞府之意，是湖南省岳阳市君山区洞庭湖中一岛屿。位于岳阳市区西南方，水程 12 千米，总面积 0.98 平方千米，与千古名楼岳阳楼隔湖相望。山体呈椭圆形，两旁高、中间低，山上有大小峰 72 个。君山四周环水，景色旖旎，流传于此的神话典故众多。传说舜帝的二妃娥皇、女英曾来这里，死后即为湘水女神，屈原称之为“湘君”，故后人又把这座山叫“君山”。据《巴陵县志》记载：君山原有三十六亭、四十八庙等众多名胜古迹，现已修复的有二妃墓、湘妃祠、传书亭、飞来钟等古迹。岛上土壤肥沃，多为砂质土壤，气候湿润。春夏季湖水蒸发，云雾弥漫，树木丛生，环境适宜茶树生长，山地遍布茶园。

君山上所产的名茶君山银针是中国十大名茶之一。君山银针属黄茶类，以色、香、味、形俱佳而著称。君山银针的采摘和制作都有严格要求，采摘茶叶的时间只能在清明节前后 7～10 天内，采摘标准为春茶的首轮嫩芽，还规定了 9 种情况下不能采摘，即雨天、风霜天、虫伤、细瘦、弯曲、空心、茶芽开口、茶芽发紫、不合尺寸等。其成品茶芽头茁壮，长短大小均匀，茶芽内面呈金黄色，外层白毫显露完整，而且包裹坚实，茶芽外形很像一根根银针，雅称“金镶玉”。君山银针是一种较为特殊的黄茶，它有幽香，有醇味，具有茶的所有特性，但它更注重观赏性，因此冲泡技术和程序十分关键。冲泡时可从明亮的杏黄色茶汤中看到根根银针直立向上，几番飞舞之后，团聚一起立于杯底。

君山茶历史悠久，唐代就已生产、出名。相传唐朝时期文成公主出嫁西藏时就曾选带了君山茶。清朝乾隆皇帝下江南，品尝到君山银针，十分赞许，将其列为贡茶。据《巴陵县志》记载："君山产茶嫩绿似莲心。""君山贡茶自清始，每岁贡十八斤。"清代，君山茶分为"尖茶"、"茸茶"两种。"尖茶"如茶剑，白毛茸然，纳为贡茶，素称"贡尖"。

二十、云南南糯山的"孔明山"、"孔明树"(茶树)(普洱茶祖)

云南古茶第一山——南糯山，位于西双版纳州勐海县的格朗和哈尼族自治乡境内。在傣语中，"南"意为水或酱，"糯"意为竹子或竹笋，意为盛产笋酱的山(传说山上村民善于制作笋酱，曾进贡给朝廷，因而得名，至今有的村民仍会利用山竹笋制作各种食品)。南糯山村委会办公点设在石头寨，辖有 17 个哈尼族村寨，共 930 多户人家。这里，有千年茶树王的述说，有万亩古茶园；有哈尼山寨和哈尼风情。勐海南糯山是西双版纳普洱茶产地之一，这里生长着一株树龄超过 800 多年的栽培型茶树王，因此，被誉为茶树王之乡。南糯山上的成片古茶园现存有 12 000 多亩，居云南各大古茶山之首，是茶叶的故乡。据考证，这里的茶树最早是布朗族所种，哈尼族到此后接管了古茶园并继续经营。这里是普洱茶的原产地，是最具原生态的度假休闲区。茶山人民仍以干栏式木构傣楼为传统主体居所，常沿着陡峭的山腰层叠修筑，用兰花把屋檐装饰得古朴典雅。

南糯山半坡寨，居住的是爱伲族，这里产茶历史悠久。阮福在《普洱茶记》中所记载的"二月间开采，蕊及细而谓之毛尖"的茶叶就产于南糯山，也叫"南糯白毫"。而"小而圆者名女儿茶"的茶叶，传说是南糯山姑娘寨的"女儿"所采。由于南糯山盛产茶叶，民国时期云南思普企业局，曾于 1939 年派白梦愚在南糯山开办思普茶厂，自行发电，用机器加工绿茶、红茶、砖茶、七子饼茶销往内地和国外。

孔明山在苗语里称为"务振"，意为"古林之山"；山顶名为"务祝"，意为"森林中的古战场"。位于贵州东南月亮山东北面，黔东南苗族侗族自治州榕江、从江两县交界处，在计划乡加宜、摆勒两村境内，距榕江县城 30 多千米，离从江县城 160 多千米。孔明山属月亮山腹地一支脉，两山主峰虽遥相呼应，却因山体高大，所以沟谷切割深长。山顶是平台状，为月亮山一支脉，与月亮山主峰、太阳山主峰(月亮山另一支脉)成鼎足之势，异常壮观。

孔明山顶有形态相同的山丘百余座，皆遍布遮天蔽日的原始森林，时常云缭雾绕，林下是一层密密的箭竹，林中泉水丰富，珍稀动植物、名贵中药材众多。

众多的峰林，形成孔明山与众不同的地貌形态，其间山势极为复杂。古籍记载为"八卦山"。山中与三国有关的历史遗迹众多，有孔明寨(原为孔明公社，后改为孔明乡)、孔明塘、孔明泉、孔明碑、孟获碑等遗迹。山中居民均为苗族，他们虽无文字，但对孔明山名字的来历和山中有关掌故，却世世代代流传。有专家学者说，孔明山极有可能是一页尘封的三国历史。

从月亮山顶望去，孔明山顶上呈平台状。四周高低起伏的若干小山岗，状如一个个排列有序的大馒头。其间古林茂密，山溪潺潺，20 年前，尚有虎、熊等大型野兽出没。山里地形极为复杂。《古州厅志·地理志》记载："(古州)城南七十里为生苗蕨莱坪要路，其山

高约十余里，上平坦，螺峦列如八阵。有泉水泻出，数里皆成沮洳。又有奇树环根，各生质杆，土人有迷其途径者。相传系孔明驻兵所。”民国年间出的《从江县概况》也称孔明山："山势辽阔，岗峦起伏，形如八阵，大雾弥漫，天然玄妙，旅客商人经常迷其途。"

孔明山泉水异常丰富，“数里皆成沮洳”。孔明泉水质清凉甘甜，泉旁边石壁有后人刻的“清心泉”三字。孔明塘，距泉 1 000 余米，面积 2 亩多，四周古树参天，林幽鸟鸣。

在云南普洱茶产区，人们称诸葛亮为“茶祖”。传说，三国时代，诸葛亮带兵南征北战，其中有一次，兵至云南勐海，士兵因水土不服，多害眼病，诸葛亮命令士兵采茶煮水喝，治好了兵士们的眼病。当地人称这种茶树为“孔明树”，就是现在的普洱茶树。直到现在，当地人民还把茶树称作“孔明树”，把诸葛亮尊为“茶祖”。

二十一、栖霞寺仙人掌茶(金陵，有李白诗)

唐代大诗人李白在《答族侄僧中孚赠玉泉仙人掌茶并序》中写道：

常闻玉泉山，山洞多乳窟。仙鼠白如鸦，倒悬清溪月。
茗生此中石，玉泉流不歇。根柯洒芳津，采服润肌骨。
丛老卷绿叶，枝枝相接连。曝成仙人掌，似拍洪崖肩。
举世未见文，其名定谁传。宗英乃禅伯，投赠有佳篇。
清镜烛无盐，顾惭西子妍。朝坐有余兴，长吟播诸天。

李白诗中提及的仙人掌茶，又名玉泉仙人掌，为扁形蒸青仙人掌茶。仙人掌茶产于湖北省当阳市玉泉山麓玉泉寺一带。玉泉山山势巍峨，磅礴壮观，翠岗起伏，早在战国时期就被誉为“三楚名山”。这里山间云雾弥漫，更有香飘四海的月桂，花瓣千枚的千瓣莲，自然资源十分丰富。山麓右侧有一泓清泉，清澈晶莹，喷珠漱玉，名为珍珠泉。用此水泡茶，茶味更具鲜醇。这里气候温和，雨量充沛，土质肥沃，造就了玉泉山麓优越的植茶生态环境。生长的茶树芽叶质软肥壮，萌发轮次多，从 3 月到 9 月，采摘期长达 7 个月之久。

仙人掌茶历史悠久，据《全唐诗》第 178 卷、《当阳县志》及《玉泉寺志》记载，仙人掌茶始创于唐代玉泉寺，至今已有 1200 多年的历史。创制人是玉泉寺的中孚禅师，禅师俗姓李，是唐朝大诗人李白的族侄。每当春茶竞相迸发之际，禅师就采回茶叶，运用熟练的制茶技术，制出扁形如掌、清香滑熟、饮之清芬、舌有余甘的名茶。

唐肃宗上元元年(760 年)，中孚禅师云游江南，在金陵(今南京市)恰遇李白，以此茶作为见面礼。李白品饮此茗之后，觉得此茶外形“其状如掌”，内质“清香滑熟”，别具一番风味。又听说此茶是在玉泉寺创制出来的，遂命名为“仙人掌茶”。此茶遂闻名天下，历代均有生产，明代李时珍的《本草纲目》中有“楚之茶，则有荆州之仙人掌”的记载；清代李调元撰写《井蛙杂记》中亦有“品高李白仙人掌”的赞誉。

生产仙人掌茶的玉泉寺，是我国著名的佛教寺院，据地方志记载，东汉建安年间，就有普净和尚在此结茅为庵。隋代开皇年间，智凯国师正式创建了玉泉寺，该寺与江苏南京的栖霞寺、浙江天台的国清寺、山东长青的灵岩寺并称“天下四绝”。该寺在北宋时期规模已十分宏大，常住和尚千人。此后屡遭兵劫，几经重修，现为国家重点文物保护单位。1962 年这里办起了玉泉寺茶场，1981 年开始恢复仙人掌茶的试制工作，一举成功。这里竹木幽深，花艳竹翠，亭台如画，游客络绎不绝，仙人掌茶是游客慕名必尝的佳茗。

第四节 旅游线路设计

以上,我们考察介绍了茶马古道、贡茶产地、名人、名茶、名泉、古茶树等茶文化遗迹地,这些遗迹地所具有的完美的生态环境、丰富多样的动植物资源,是人们沐浴大自然的理想佳境,都是很有吸引力的茶文化旅游资源,已经或者正在成为闻名遐迩的旅游胜地。当然,中国的名人、名茶还远不止这些,这里不能一一详述。旅游经营者、服务者要熟悉这些旅游资源,科学、合理、恰当设计出旅游线路,开发出受旅游者欢迎的旅游产品。以下提出一些旅游线路设计思路,供交流和决策参考。

(一)茶马古道风情体验游

该旅游线路可以作两条设计:一条从云南的普洱出发,经大理、丽江、中甸、察隅、波密到拉萨;一条从四川的雅安,经康定,昌都到尼泊尔边境。前一条可以延伸出境游至缅甸、尼泊尔、印度;后一条可以延伸出境游至尼泊尔、印度。

第一条线路的出发点普洱,这里的六大茶山,可作普洱茶乡生态游,与西双版纳民族风情游结合,活动内容十分丰富。途经大理、丽江,是著名的旅游城市,既可考察茶马古道遗迹,又可饱览自然风光、人文景观。丽江是藏商到云南经商的重要落脚点,往还赴滇返藏,都在此休整、装点货物,成为滇藏贸易、茶马贸易的重要中转站。这里有茶马古道博物馆和丽江古城可供参观。该线路的终点拉萨,是高原佛教圣城,也是旅游者向往的地方,有布达拉宫等重要旅游景点。该线路可称为滇藏茶马古道游。

第二条线路的出发点雅安,是蒙顶贡茶的产地,蒙顶茶乡生态游可在此领略。途径康定、昌都,都在西藏境内。该线路可称为川藏茶马古道游。

每条线路的具体旅游日程,要根据采用的交通工具或者是步行而定。

在茶马古道贸易的历史上,产生了一种特殊的经商形式:房东制贸易。来自西藏、康巴的藏族商人运货到丽江、中甸等地后,就住在比较固定的房东家里,房东帮助藏商进行贸易。旅店房东行使中介、担当商务经纪人的身份,还兼着"牙人"的作用,专门与藏族商人进行贸易。旅店不收住宿费用,而是根据房东替客商交涉买卖的成交额收取一定的"牙钱",也称"牙用"或"牙佣"。① 这是茶马古道游考察中获取的一条重要信息。

(二)蒙顶贡茶文化游

四川雅安蒙顶山产的蒙顶茶在唐代就成为有名的贡茶。这里又是我国最早人工植茶的地方,有"皇茶园"遗迹。蒙顶山以其深厚的茶文化内涵和秀丽的自然风光,成为四川省省级风景名胜区和国家4A旅游景区。设计在这里作蒙顶茶文化一日游、二日游都不会

---

① 杨福泉:《西行茶马古道——滇藏之路探秘》,上海人民出版社2009年版。

过分。游蒙顶山茶园，品蒙顶山茶，选购蒙顶山茶品，应该不会让旅游者失望。

这一旅游线路还可以拓展，与峨眉山茶文化之旅结合，作蒙顶、峨眉茶文化三日游、四日游，尽览名茶茶山之秀，欣赏茶文化之独特，品味名茶之甘醇。

（三）顾渚山阳羡贡茶文化之旅

阳羡茶是唐代有名的贡茶，产地在浙江长兴与江苏宜兴交界的顾渚山。这里有"贡茶院"遗迹，有唐宋涉茶摩崖石刻，有"境会亭"、"金沙泉"等遗迹，众多名人如颜真卿、杜牧、白居易、皮日休、皎然、陆羽、苏轼等在此品茗赏景，积淀丰厚的茶文化。在这里作一日游或二日游，游览贡茶茶园，参观"贡茶院"等遗迹，品尝当年贡茶风味，选购当地特色茶品，定会为游客所向往。

（四）太湖洞庭茶文化旅游

太湖洞庭山是名茶碧螺春茶产地。游太湖，观茶园，品尝碧螺春茶，尽可作一日游。

此一日游还可以与顾渚山阳羡贡茶文化之旅结合，安排作顾渚山太湖茶文化二日游或三日游。

（五）杭州西湖龙井茶文化之旅

西湖是著名的龙井茶产地，这里的湖光山色，美景无限，本来就是旅游胜地。可将西湖一日游延伸至龙井茶文化之旅，形成西湖龙井茶文化二日游。游西湖，观龙井茶园和"御茶"，看龙井泉，品味龙井茶，选购龙井茶品，一定会使游客有"值得一游"之感。

该旅游项目还可以与余杭径山茶文化旅游联结，作西湖—径山茶文化三日游，观径山茶园风光，品径山"茶宴"特色。

（六）武夷山"大红袍"茶文化旅游

武夷山水"甲东南"，加上"大红袍"茶文化，更增添旅游魅力。观赏"大红袍"茶树、茶园，畅游九曲溪，品味"大红袍"、选购"大红袍"系列茶品，会使旅游者很有收获。可作武夷山茶文化二日游。

建瓯"建茶"文化之旅是值得开发的旅游资源。开发后，可与"大红袍"茶文化旅游串联，作"建茶"—"大红袍"茶文化之旅三日游。

（七）黄山茶文化旅游

黄山的雾、松、山峰奇特造型等自然风光，已蜚声中外，黄山的茶文化旅游，可以为黄山旅游增添文化色彩，丰富旅游内涵。该线路可以在游览黄山自然风光之后，到黄山富溪毛峰茶产地参观高山茶园，到歙县紫霞山观看松萝茶茶园，品尝毛峰茶、松萝茶的特色品质。并且可以参观歙县古民居。作黄山茶文化三日游、四日游。

（八）普陀山佛茶文化游

普陀山既是佛教圣地名山，又是佛茶产地。到普陀山进香拜佛，再看看佛茶茶园，静心品茗，选购佛茶，以保平安，康体健身，延年益寿，这是游客乐意选择的路线。可作普陀山茶文化二日游或三日游。

此外，浙江天台山、江西庐山、江苏云台山、安徽九华山、浙江雁荡山等，都可设计出名山名茶文化之旅线路。凭借名山的自然风光之秀，加上名茶文化之美，将显现出旅游的独特魅力，使旅游业和茶产业有机结合，比翼双飞，可持续发展。

第五节 旅游项目设计

利用茶文化旅游资源进行茶文化旅游设计，在旅游目的地要因地制宜，设计出一些有特色的茶文化旅游项目，以增加旅游吸引力，提升茶文化旅游品质和经济、社会效益。以下项目可供选择：

(一)茶艺表演

通过茶艺表演，使游客了解茶，了解名茶的沏茶技艺，冲泡过程，传达纯、雅、礼、和等茶道精神。茶艺专家、茶艺表演队、民间茶艺爱好者全动员，电视联动，开展“茶艺之星”的选拔和角逐。

(二)茶美食品尝

以各茶产区著名茶餐饮企业为龙头，推出特色茶宴(茶菜、茶点)，供中外游客品尝。进行民间挖掘茶菜式活动，让茶菜成为最具特色的菜肴品种，供中外游客鉴赏、品尝。推出一批茶餐饮特色宴会、菜肴和茶点，吸引中外游客到茶餐饮特色店用餐、消费。

(三)茶文化交流活动

为来自海内外的茶文化爱好者提供与茶产地旅游区茶艺师交流茶艺技能的平台。举办民间茶会让游客参与其中，推出系列斗茶会、民间茶王大赛、老街问茶、茶艺大汇串和茶器展销会等系列活动，充分展现中国茶文化的悠久历史。

(四)茶文化体验活动

请中外游客体验包括采摘、炒制、品鉴茶等在内的活动。

(五)茶文化培训

包括茶艺师、品茶师培训等。经过专业培训，使各地及各国茶文化爱好者可获得初级、中级和高级茶艺师或品茶师国家职业资格证书，进一步宣传和推广中国茶文化。

(六)茶文化专项游

各旅行社可以推出茶文化特色旅游项目。项目设计既有面向团队游客的茶文化经典

游，也有适合散客和市民的茶乡游、茶文化自行车游、茶文化自驾车游、茶文化徒步游、寻茶道之源游、茶文化工业游、都市茶馆游、农家茶馆游等一系列茶文化旅游专门项目，并推出具有当地特色的旅游专线。

(七)茶园生态游

依托茶园开发茶乡农家乐旅游产品。农家乐活动的安排，要注重农家的原生性、趣味性和新颖性等。注意和景区景点联合，做到产品的多元化和丰富性。

(八)茶厂参观游

茶厂应加强企业文化建设，塑造茶厂员工形象、管理形象。员工敬业勤奋，积极友好，具有文化内涵，都能提升游客对茶企业的好感，都会给茶之旅留下美好的印象，对提高茶企业的活力，走向世界，塑造茶文化品牌大有裨益。

(九)茶馆休闲游

建造不同规模、不同风格的茶馆，营造浓郁的茶文化氛围。如，利用茶树自然围成天然的“品茶包厢”享受自然状态下的品茶，可在阳光下、蓝天下，或小雨中品味香茗，同时享受自然美景。在茶馆中可提供学习茶艺的机会，使游客参与其中，自己用心地泡茶给同伴喝，增强团队队员之间的友情。

(十)茶乡民俗风情游

特色的地方民俗对旅游者具有很大的吸引力，让游客亲自参与其中，体验茶文化遗迹地独具魅力的特色文化，尤其是注重设计开发非物质文化遗产与茶文化旅游相结合的产品，体味茶文化遗迹地区人民的热情好客。同时，集中展示茶文化的艺术性层面，提升游客对各个茶文化遗迹地的印象。

(十一)茶商品展销

展销茶商品是茶文化旅游的重要环节。设计便于携带、具有地方个性化特色的茶商品，不仅能增进游人返回居住地之后朋友家人的感情，也能使游客对游程结束后回味快乐的旅程、向周围朋友作良好口碑宣传，产生良好效用。所以应大力把原生态的茶叶商品打造成对外交流的名片。

练习题

1. 什么是“茶马古道”？
2. 设计一条或两条“茶马古道”之旅线路。
3. 列举你所熟悉的三种贡茶及其产地遗址、遗迹。
4. 设计一条或两条贡茶文化之旅线路。

5. 列举你所熟悉的三位与茶有关的名人。
6. 介绍你所熟悉的三种名茶及其产地。
7. 介绍你所熟悉的三处名泉及其遗迹。
8. 介绍三处古茶树及其遗址。
9. 设计一条或两条茶文化遗迹旅游线路和旅游项目，并加以推介。

阅读材料

1. 炎陵发现清代“茶盐古道”①

“五一”前夕，湖南省炎陵县文物部门负责人向记者介绍，他们最近在该县大院农场湘赣边界发现一条建于300年前的清代“茶盐古道”，至今保存完好。

铺筑古道的石板、石块或大或小，或方或长，取材皆为当地山石，少加工，但道路十分平整，人行于上如履平地。沿古道而行，周边为一望无际的原始次森林，杜鹃花海、珍稀树木、高山草甸、高山湿地等秀美风景更是令人赞叹。

据炎陵县文物局负责人介绍，古时，炎陵人通过“茶盐古道”，将当地茶叶、石灰等土特产品运到江西、广东等地贩卖，再运回食盐等物质，且全靠人力挑，来回一趟需半个月以上。可以说，“茶盐古道”是当时湘、赣、粤之间的一条重要商业通道。大革命时期，它也是联系井冈山革命根据地各部分之间的“红色通道”，毛泽东、刘伯承、王震等老一辈无产阶级革命家都在此道上留下足迹。

2. 甘肃新现茶马古道遗址②

从甘肃省甘南藏族自治州舟曲县获悉，该县境内一处栈道遗址被确定为茶马古道遗址。

据介绍，这一茶马古道遗址是甘肃省第三次文物普查验收组在舟曲县进行验收工作时确定的，遗址位于甘肃省南部甘南藏族自治州舟曲县石门沟。

石门沟栈道位于舟曲县大川镇石门沟村东北约200米处的石门峪口，这里东西两侧高达100多米的崖体相互对峙，两侧崖壁上，现存80多个栈道桩孔，每个孔之间的距离在1.2米到6米之间。

3. 中俄蒙20余城市共建国际“茶路之旅”③

作为“2010中国·太原晋商文化艺术周”的重头戏之一，“茶路之旅”旅游联盟成立暨“锦绣太原”采风活动将于9月1日至3日在太原举行，蒙古国、俄罗斯、中国共20余个城市的“茶路之旅”国际旅游联盟代表将共聚太原，联手打造“茶路之旅”国际旅游线路。

“晋商茶路”是明清时期山西商人开辟的一条茶业国际商道。这条商道南起我国的产

---

① 李文峰:《中华合作时报·茶周刊》2010年5月4日B3版。

② 宋常青:《中华合作时报·茶周刊》2010年6月8日B2版。

③ 梁敏:《中华合作时报·茶周刊》2010年8月31日B2版。

茶区武夷山，北至俄罗斯的恰克图市，途经我国福建、江西、湖南、湖北、河南、山西、河北、内蒙古等省、自治区，是一条堪与“丝绸之路”相媲美的国际贸易通道。古老的茶路纵贯大江南北，横跨欧亚大陆，涉及沿线大大小小 200 余座城市、约 4.34 亿人口，绵延万余千米。

“茶路之旅”旅游联盟由太原市旅游局发起，活动主题为：游晋商茶路，享文化美景，创国际精品，谋合作共赢。活动内容主要有：“茶路之旅”旅游联盟成立研讨会、签署《“茶路之旅”旅游联盟宣言》、重走“茶路之旅”首发团启动、“茶路之旅”国际旅游联盟代表在太原市主要旅游景区进行参观踩线等。蒙古国的乌兰巴托市、俄罗斯的恰克图市以及我国的福州市、南平市、武夷山市、南昌市、九江市、长沙市、武汉市、襄樊市、郑州市、南阳市、洛阳市、太原市、长治市、晋中市、朔州市、大同市、张家口市、呼和浩特市、包头市等作为“茶路之旅”的国际旅游线路的重要城市。

太原市旅游局的相关负责人表示，通过重走“茶路之旅”，感受当年晋商“德通天下、货通天下、汇通天下、利通天下”的辉煌，体验这条连接中国和世界的文明之路、和谐之路、友谊之路、繁荣之路。“茶路之旅”是沿线城市共同的旅游品牌，打造“茶路之旅”国际旅游联盟，对于充分挖掘旅游资源，促进沿线地区经济合作，有着重大的战略意义。

第八章

台湾的茶业与茶文化旅游设计

本章学习重点提示

1. 了解台湾野生茶树的发现
2. 福建茶向台湾的传播
3. 熟悉台湾本地名茶的诞生和崛起
4. 掌握台湾茶文化旅游线路设计
5. 掌握台湾茶文化旅游线路中的项目设计

台湾在荷兰占据时期,即有发现野生茶树的记载,但直至清雍正年间,赴台垦殖的先民才开始采制野生茶饮用。清乾嘉年间台湾先民始由闽引进茶种及乌龙茶加工技术,开始人工栽培茶树,经营茶园及产制茶叶回销福州、厦门精制后外销,台湾茶产业逐渐蓬勃发展,台湾乌龙茶名扬国际。日据时期日本人在台湾扩大茶园面积,并大力发展红茶产业,台湾红茶在国际市场亦占一席之地。台湾光复后由大陆赴台的茶叶技术人员在台湾试制眉茶成功,并由日本引进煎茶(蒸青绿茶)加工技术,绿茶又成为台湾外销茶的主力。

台湾地区制茶种类缘于历史,受生活、文化及经济因素影响而先后引进并发展乌龙茶、包种茶、红茶、绿茶(眉茶、煎茶)等制造技术,使台湾成为兼具不发酵茶类(绿茶)、部分发酵茶类(包种茶、乌龙茶)及全发酵茶类(红茶)产制的产茶地区。台湾茶叶种类花色繁多,各茶乡亦依据地理环境、民俗文化而发展其特色茶及茶园生态景观。好山好水出好茶,台湾茶园大都位于有名的风景区如:阿里山、梨山、日月潭等,或与传统民俗文化相结合,有丰富的茶文化旅游资源。

第一节　台湾的茶业概况

一、台湾的野生茶树及其利用

台湾有茶树之记载，见于荷兰人占据台湾时期(1624 年—1662 年)，荷人所写《巴达维亚城日记》。在 1645 年 3 月 11 日之记事中载有“茶树在台湾也有发现，似乎与土质有关……”虽未载明发现之地点，但其所指之茶树无疑是指野生茶树，这也是目前所发现的台湾有野生茶树的最早文献。康熙五十六年(1717 年)周钟瑄编撰的《诸罗县志》载：“水沙连内山，茶其甚夥，味别，色绿，如松罗，山谷深峻，性严冷，能却暑消瘴，然路险又畏生蕃，故汉人不敢入采，又不谙制茶之法，若能挟制武夷诸品者，购土蕃，采而造之，当香味益上矣。”可见台湾虽有发现野生茶树，但直到康熙末年，移垦台湾的先民仍未利用野生茶树采制茶叶，到了雍正元年(1723 年)，清朝首任台湾巡察御史黄叔璥所著《台海使槎录》，才提及水沙连内山产茶，每年通事与各山议明，入山焙制；又吴廷华于雍正年间所著《社寮杂诗》有一首咏猫螺茶：“才过谷雨觅猫螺，嫩绿旗枪映翠萝。独惜未经娴茗战，春风辜负采茶歌。”可见雍正年间，到台垦殖的先民已开始采制野生茶饮用。水沙连及猫螺内山即今之南投县山区，水沙连地区，即今之竹山以东，由鹿谷向北延至水里、鱼池、埔里、国姓、仁爱等山区，而猫螺地区就是与水沙连地区相邻的浅山地区，即今之八卦山脉，芬园、草屯、中寮等猫螺溪及乌溪流域地区。除了清代文献记载今之南投县山区有野生茶树外，台湾光复后亦在嘉义县、高雄县及台东深山发现野生茶树林，但仍以南投县的野生茶树林规模最大，台湾野生茶树多生长在海拔 650～1 500 米之阔叶林内，其生长环境日照少，常有浓雾。台湾野生茶树大致可由芽色之不同分为两大类型：一为茶芽呈绿色或淡紫色(台湾山茶)，另一类茶芽呈紫红色(赤芽山茶)，花朵均较栽培种小，且两种野生茶树茶芽均无茸毛，此为其特征。

二、唐山茶种过台湾

台湾先民大都是由闽粤渡海到台垦殖的，到台的先民称祖国大陆为“唐山”(意为大唐江山)。据文献记载，台湾栽培茶树已有二百余年的历史，台湾现今制造的包种茶、乌龙茶等优良地方品种，是先民由福建带到台湾之闽茶品种。早期制茶技术亦由福建制茶师父到台传授。因此台湾产制包种茶、乌龙茶之技术乃源自福建。

至于台湾栽培茶树最早起于何时何地？史籍并无明确记载，据程大学所著《台湾开发史》述及“康熙二十三年(1684 年)粤人至莺歌石庄(今莺歌镇)垦拓，后来闽粤械斗，安溪人许丁来此地种茶，粤人悉去，以名茶山”。若其记载属实，则以台湾北部至乾隆年间始有闽粤械斗之记载，则推测台湾种茶始于乾隆年间；苏文达所写《冻顶乌龙茶史略》一文中提及“冻顶苏氏宗谱，记载其先人苏经，率侄两人于康熙时渡台，苏坦向冻顶山发展，至其子苏泉开发冻顶茶，其子孙继续住冻顶，认真制茶开拓冻顶山，其后代苏辉（尚遗有所建之百年古厝）、苏汝评父子均留下古时田圃买卖契约”，苏氏亦据此推估冻顶茶垦植于乾隆年间。

一般人皆引用连横所著《台湾通史》提及“台北产茶约近百年。嘉庆时，有柯朝者，归自福建，始以武夷之茶，植于鲽鱼坑，发育甚佳。既以茶子二斗播之，收成亦丰，遂相传植。”及乌克斯所著《茶叶全书》认为清嘉庆十五年（1810 年）柯朝自福建武夷山引入茶籽，植于鲽鱼坑（今台北县瑞芳地区，另一说为今石碇枫子林及深坑土库地区），为台湾北部植茶之始；台湾北部茶园开拓是沿淡水河及其支流新店溪、基隆河及大嵙嵌溪（今称大汉溪）沿岸发展，涵盖今之台北县及桃园县，而后向北拓展至宜兰县，向南发展至新竹县及苗栗县；宜兰至花莲及苗栗往南到台中皆有高山阻隔，因此清治台及日据时期，台北，桃园、新竹、苗栗及宜兰系属于同一制茶技术来源之茶区，与福建武夷岩茶属同一类型，纵使在偶然中开创了椪风茶（或称膨风茶、白毫乌龙、东方美人）而成为新竹县峨眉、北埔及苗栗头份之特色茶，享誉欧美，但其技艺乃蜕变于武夷岩茶（条形部分发酵茶之始祖）。

台茶另一重要发祥地系沿浊水溪流域发展，南投县名间乡松柏坑茶（埔中茶）及鹿谷乡冻顶山所产制之冻顶乌龙茶，其技艺源自闽南乌龙，有别于闽北之武夷岩茶，在制作过程中有一独特之布球揉捻（或称包布揉、揉布球、团揉），使冻顶乌龙茶具有独特之香味及形状呈半球形（似龙舞、似抱虾）；邻近之竹山、林内以及新兴之高山乌龙茶皆源自此制茶技艺。

先民由大陆引入茶种及技术发展台茶至少有四个据点，除上述淡水河系、鹿谷冻顶山为重要且对台茶发展有深远影响外，其他二处分别为：起源于台北木栅樟湖山的木栅铁观音及屏东县满州乡的港口茶。木栅铁观音源自福建安溪铁观音，约于清末（日据时期）传入台岛，其茶苗引入和制茶技艺传承皆赖于张迺妙茶师的苦心、毅力及热心。后人在其祖厝设立迺妙茶师纪念馆，纪念其对木栅铁观音茶发展之贡献，已成为木栅观光茶园著名的歇脚处及旅游点。

光绪元年（1875 年）恒春设县，第一任知县周有基，秉性好茶，鼓励种茶，为台湾南部植茶之始。《恒春县志》（1894 年）载：“罗佛山茶：距县城东北三十里，其地崇山峻岭；知县周有基购茶（秧），教民种植……其茶味甚清，色红。十余年来，未能推而广之；每年所产，不过数十斤。”又载“港口茶：距县东二十里，地临海，产茶亦不多，色、香、味三者与罗佛茶相似”。

屏东满州乡港口茶，笔者于 1973 年，初见其传统制造方法系于同一炒锅内完成炒、揉及干燥，且纯粹由手工制造，其炒、揉过程有一特殊之煇锅技巧，致使茶叶色泽灰绿光润，外形条索紧结弯曲似眉，类似大陆之眉茶，推测其技艺系源自大陆浙江、安徽一带之眉茶制造方法，自 1970 年代后期，满州乡的港口茶虽已渐改以半机械化产制，但目前仍保有其色泽灰绿，辉白起霜，滋味浓烈之特色，茶园面积及产量虽少，但仍有其特殊地位。

三、台湾乌龙茶的诞生

清朝治台时期，鉴于茶为重要经济作物，乃鼓励茶之生产，沿淡水河上流及其支流大嵙嵌溪(今大汉溪)、新店溪、基隆河之丘陵地带广植茶树，而农民以制茶为副业。

1824年克雷洛斯所著《亚细亚关系事务回忆录》记载，1824年，台湾就有数量可观的茶输入大陆。

林占梅是清治台时期，北台湾重要茶人，爱鹤、爱花、爱茗、爱诗琴。守忠、守孝、守礼义、急公好义，立下许多军功，文武双全，著有《潜园琴余草》八册。他在咸丰三年(1853年)经过今台北近郊沿基隆河的内湖、南港时，写下两首茶诗叙述当时台湾北部植茶情景：

"平陇多栽稻，高原半种茶。溪湾沙岸仄，径曲竹篱斜。老屋栖深树，间门掩落花。地幽人境隔，耕读足生涯。"(《过内湖庄》)

"墟落深藏乱树遮，悬崖绝壑势嵯岈。候人童稚蓬门立，款客盘飧野菜赊。牛角触墙成八字，马蹄去路辨三叉。俨然身到崇安道，山北山南遍植茶。"(《过南港茶岩》)

两首诗中提到"平陇多栽稻，高原半种茶"，"俨然身到崇安道，山北山南遍植茶"，可见至清咸丰年间，台北近郊沿基隆河两岸丘陵地已遍植茶树。

同治十年(1871年)，陈桂培《淡水厅志》载："淡北石碇拳山二堡，居民多以植茶为业。道光年间，各商运茶，往福州售卖。每茶一担，收入口税银二圆，方准投行售卖。"

石碇、拳山(今称文山)二堡，位于新店溪及其上游沿岸，可见至清同治年间，新店溪沿岸丘陵地也遍植茶树，居民也以茶业为生。台湾所产制茶叶回销大陆福州，始自道光年间，可知台湾茶业由乾嘉时期发展至道光年间已有相当规模。

19世纪初，闽粤赴台垦殖的先民逐渐在台湾北部垦拓茶园，至道光年间，台湾北部沿淡水河及其支流丘陵地已遍地茶园，当时所产粗(初)制茶多运往厦门、福州等地精制(拣剔、拼配及烘焙)销售。

1860年台湾安平及淡水开港通商，外商踊至。1861年英国驻台领事史温豪(Robert Swinhoe)首先提出台湾茶品质优异，茶山又近港口(淡水港)，颇有发展潜力之报告。1864年英人杜德(John Dodd)到台考察樟脑事业，发现淡水河流域适宜发展茶叶，于1866年设立宝顺洋行，在李春生(厦门人)的协助下收购台茶及推广种植，1867年运销澳门成功，1868年于今之万华设立精制厂，台茶始免运往厦门或福州精制，1869年台茶首次直销美国，并创台湾乌龙茶与福州茶两种不同品牌，从此，台湾乌龙因其品质优异，风味独特，而声名远播，享誉国际。英、美商人接踵而来，至1872年，计有宝顺、德记、和记、水陆、爱利士等五洋行相继到台，从事台湾茶之贸易。

由于台湾北部之茶日渐兴盛，获利良多，台湾兵备道夏献纶，欲将茶作为全台重要农作物，于光绪二年(1876年)，札饬台湾府，在其管辖下各地试行种植。其饬文为："台南宜于种茶，已将情形禀明抚宪。现拟于淡水购茶子十万，崇安福宁各购茶子十万，均交南路试种。所有福宁崇安两处茶子，应请贵局，转饬该两处厘局委员，迅速选购，送由尊处，交轮船寄台。"

台湾府奉札后，在台湾府(在今台南市)城外的永康上中下里，试行种茶，后由于该地风土不宜，品质不佳而中止。

光绪十一年(1885 年),台湾建省,刘铭传为台湾巡抚。刘铭传主政台湾时期,推行开山抚蕃,丈清地册,兴殖产业,修筑铁路等,都和台湾茶业的发展息息相关,其中"开山抚蕃",在大溪(今属桃园县)设抚垦局,任林维源为总办,沿山蕃地,先安抚蕃民,接着由汉人垦地植茶,将茶园由今之台北县向南沿大嵙嵌溪(大汉溪)推展至桃园县。光绪十九年(1893 年),修筑台北至基隆、台北至新竹之铁路,促使北台湾之茶产业迅速发展至新竹县,而基隆港也逐渐取代淡水港,使原先台北城外沿淡水河,外商云集的大稻埕茶业街,繁华不再,逐渐没落。

1889 年巡抚刘铭传为防止茶叶掺混劣品,且图强同业之团结,扩展生产,改良技术,精进品质,奖励输出,特命茶业者组织"茶郊永和兴",此为台湾茶商公会之起源。"郊",简单的说就是一种同业公会的组织。茶郊就是清治台时期的茶业同业公会。台湾虽于 1854 年已有茶郊之组织,但仅局限于台湾与内陆之茶叶贸易。

此时,茶园开拓益广,前仅栽培于台北市近郊之茶园,一直拓展至宜兰、新竹以南,产茶量亦随之遽增。而输出量亦于光绪十九年(1893 年)达九千八百余吨。

四、台湾包种茶的崛起

戴卫森(Davidson)在所著的《台湾岛——过去与现在》一书中提到:"在台湾有一种正在兴起的茶叶,一般通称为'包种茶',它是一种加花熏制的茶叶,是完全依照中国人的口味制造出来的。公元 1881 年由中国茶商将这种制茶方法引进台湾。"

1895 年日本占据台湾,对茶产业曾作深入调查研究,1905 年提出的《调查经济资料报告·茶》中提及:"包种茶制造法是嘉庆元年(1796 年),由泉州府安溪县王义程所发明。同治十二年(1873 年),乌龙茶市场停滞,茶价一落千丈,外商停止采购,台湾乌龙茶运至福州改制为包种茶。光绪七年(1881 年),泉州府同安县茶商吴福源,在台湾开设'源隆号',开始制造包种茶。其后,又有英元号、永绵利号、震南号、永福号、建昌号、绵芳号、茶化号、建泰号等到台开设茶行,并从事茶叶之制造。其出口次第增加。"

加腾久卫于 1924 年提出的《台北州之花香作物》报告中也提及:"包种茶者其形状比乌龙茶粗大而混合茶香,使香花之香气附着茶叶中,其制造之动机乃因乌龙茶销售困难而起。"又提及:"随后因销路扩展,从对岸(指福建)继续有英元号、永绵利号、震南号、永福号、建昌号、绵芳号、茶化号、建泰号等来台开设茶行,并从事茶叶之制造,经过十二三年后,共有十八家茶商,而称为包种十八家。接着又有绵祥号者出现,年年增加后迄今大稻埕共有四十九家茶行。"

随后,井上房邦所著《台湾茶树栽培学》,对台湾包种的发展,提及:"距今二十余年前(1912 年左右),今日包种茶的著名产地,文山地区,在当时的产量是极少的。春秋两季多制造乌龙茶。而有名气的包种茶产地是七星郡内湖庄,南港大坑,及文山郡深坑庄,兴福字十五分地等。由于产制包种茶比乌龙茶获利多,至大正四年(1915 年)以后,文山地区春茶急速改为产制包种茶,几乎不再产制乌龙茶。"又提及:"1920 年出口美国的乌龙茶急速减少,大稻埕的茶,堆积如山。……虽然乌龙茶呈现如此的惨淡行情,但是文山地区的包种茶制造并未受到波及,反而呈现佳境。对茶农而言,他们深深体会到制造包种茶的益处,故倾向制造包种茶。新竹农会委托平镇茶业试验支所,每年召开两至三次的包种茶制

造讲习会。台北州也在南港大坑延请魏静时当教师，每年开讲习会。……包种茶的状况较乌龙茶好，并且出口量有年年增加的趋势。因此，包种茶的制造逐年旺盛，凌驾乌龙茶之上。粗制包种茶的制造法，依发酵程度来分，可分为低发酵程度的'南港式'和发酵程度稍多的'文山式'两种。前者合乎泰国人的口味，后者则较受爪哇人的欢迎。南港制茶法的元祖，据说应是南港大坑的王水锦、魏静时两位。王水锦是位盲人，且因早逝的关系，使得魏静时的名誉最为显著。最初，这种制造法是极高机密，不愿传之他人。中研院平镇茶业试验支所，派遣职员研究调查这种制造法，推广王、魏二人的包种茶制造法(不熏花的清香包种茶)。台北州也每年召开包种茶讲习会。因此，文山地区的包种茶，也受到了南港式制造法的影响。"

由上述史料可知，台湾早期熏花的包种茶制造技艺源自福建，是由于乌龙茶欧美市场停滞，台湾乌龙茶外销受阻，而将乌龙茶熏花改制成包种茶。熏花包种茶大都销往东南亚地区，深受当地华侨喜爱。后经技术改良，南港包种茶遂以不熏花的清香包种茶闻名，继之而起的文山包种茶更是成为闻名国际的台湾特色茶。

南港包种茶起源于清光绪十一年(1885 年)，由福建省泉州府安溪县来台之王水锦及魏静时两人，在台北七星郡内湖庄大内樟栳寮(今南港区旧庄街二段二三二巷山坡地)从事包种茶制造研究，一方面改进栽培技术及制造，另一方面也将技术传授给乡人，所制包种茶清香、浓郁、甘润，品质极佳而闻名。日本占领台湾(1895 年)，南港包种茶也受到日本人喜爱，选择南港为包种茶产制研究中心，自 1920 年起，每年春、秋两季在当地召集茶叶界子弟，举行包种茶讲习会，由王、魏两氏担任讲师，热心教导，全省各茶区相继召集有关人员前往学习，王、魏两氏对台湾包种茶(不熏花的清香包种茶)的贡献很大，南港也成台湾包种茶研究制造重镇及摇篮。

包种茶名称的由来有许多传说，其一为包种茶制法源自福建武夷岩茶，岩茶中品级较佳者称为"小种"、"名种"、"奇种"，而昔时文山茶亦以"种啊"(闽南语)来称呼品级较佳的茶叶，又零售茶叶是每四两用纸包成四方包，消费者常以"包也种啊茶"(闽南语)来指名购买，逐渐转为"包种茶"。另一种传说为发酵程度较轻的乌龙茶熏以茉莉花销售南洋颇受喜爱，外销时有别于一般散装乌龙茶，而是每四两用纸包成四方包，消费者常以"用包也那种茶"指名购买，而逐渐转为"包种茶"。

第二节　台湾茶文化旅游设计(上)

台湾近年来休闲农业观念已为大多数民众所认同及接受，各茶区纷纷推出休闲茶业套装行程，深受都会区民众青睐及自由行的观光客的喜爱。茶区所在的农政单位、农会亦配合当地茶农共同办理茶叶知性之旅或自助制茶研习等活动，不但提供民众体验农村生活，亦对茶叶及其相关产品的促销有所帮助，借助茶文化旅游活动，结合地区茶产业发展，发挥茶区生态环境的优势，达到繁荣农村、合理利用及保育生态的目的。

台湾茶区分布辽阔，北部、中部、南部及花东等茶区各有其特殊人文景观及地区特色茶，兹将各地区茶文化旅游设计分述如后。

一、北台湾茶文化旅游

北台湾的茶区分布在台北市、新北市（原台北县）、桃园、新竹、苗栗及宜兰县，区内产制的特色茶，主要有文山包种茶、东方美人茶、木栅铁观音及兰阳名茶等。结合地区特色茶，可将北台湾茶文化旅游规划为：(1)文山包种茶文化之旅。(2)东方美人茶文化之旅。(3)兰阳温泉茶文化之旅。(4)台湾铁观音茶文化之旅。

(一)文山包种茶文化之旅

文山包种茶产于台湾北部邻近乌来风景区的山区，以新店、坪林、石碇、深坑、汐止、平溪等乡镇所产者最负盛名，台北南港亦有生产，称为南港包种茶，亦颇负盛名。茶园分布于海拔400米以上之山区，环境特殊，山明水秀，经年温润凉爽，云雾弥漫，故所产之文山包种茶，品质特佳，驰名中外。

制造文山包种茶的品种以青心乌龙最优，台茶12号（金萱）、台茶13号（翠玉）、台茶14号（白文）等品质亦佳，一般于谷雨前后采摘春茶，年中可采4～5次，以春、冬品质较佳。品质要求：外形呈条索状，紧结自然弯曲，色泽翠绿富光泽，水色蜜绿明亮，香气清雅带花香，滋味甘醇滑润富活性，有“香、浓、醇、韵、美”等五大特色，香气愈浓郁品质愈高级。

坪林的茶，更是文山包种茶中的佼佼者，全乡群山环绕，又为翡翠水库上游水源保护区，茶园绵延起伏，温暖潮湿，云雾弥漫，不仅是茶树生长的最佳环境，更蕴藏丰富的茶文化。除了天时地利的有利环境外，坪林乡勤奋的茶农和自清朝以来的优秀制茶技术，更是生产好茶及发展茶业的原动力。

坪林是早期民众或商旅往来台北盆地及宜兰东部的必经之地，所以古道特别多。这些古道沿途因未开发，蕴藏动植物资源非常丰富，种类合计超过700种，古道经修护后，很适合登山健行。如今修复完成的步道、古道，有水柳脚、狮公吉尾山、粗坑口步道、大舌湖、九芎根、籁狸尖山及胡桶古道等7条，道路平坦，视野宽阔，景色极佳。

坪林乡不仅有独特的茶叶，而且具有发展观光活动之丰富游憩资源与潜力。除可泡茶品茗，还可登山、健行、骑铁马、看国宝级活化石——台湾油杉。

坪林除有好山、好水、好茶，更有茶业博物馆、丰富的大自然生态、极具挑战性的越野车道，来这里泡茶、泡心、泡山水，真的是心旷神怡。

坪林乡公所为发展茶乡生态特色旅游，特别规划了几条茶乡之旅一日游路线，介绍如下：

1. 茶业博物馆、生态园区一日游

坪林茶叶博物馆→生态园区→茶宴风味餐→坪林亲水公园→老街巡礼→形象商圈→亲水吊桥→观鱼步道→水柳脚健行步道→返程

2. 胡桶古道访幽茶香一日游

坪林→茶业博物馆→水德村乾元宫（入山口）→胡桶遗址→石头桥→虎寮潭茶宴风味品尝→虎寮潭吊桥→狗齿河道地形→粗石斛吊桥→茶园景色→返程

3. 踩踏铁马(脚踏车)赏幽找茶趣一日游

若想徜徉在绿油油的茶园里,骑自行车赏鱼,可到“金瓜寮观鱼自行车道”逛逛。全线沿着金瓜寮溪前行,一路在潺潺流水与青绿茶园的天地间,饱览山林野景、田园风光,兼具健身与休闲。

位于新店溪南侧屈尺山旁的文山农场,景致优美,日据时期就是台湾茶叶指导所,至今已过了一个世纪,可谓百年茶场。文山茶场一直致力于文山茶区茶叶产制与改良技术的传承工作,由台北县(今称新北市)农会经营。

文山农场以产茶为主,这里的茶全是以有机栽种,不施化学农药,自产的茶分为明月、清风、云仙和翡翠四个等级,其中以明月的等级最高。

台北县农会重新打造文山农场,开发为休闲农场,场内设施有:露营区、野餐区、药用植物园圃、休闲活动区、家庭认养园圃、茶艺室、会议厅、制茶研习馆、农产品展售中心、儿童游戏场等。提供休憩与交谊、健行、教学活动等,已成为祖国大陆游客、大台北地区民众,以及日本旅游者来台湾旅游的重要景点。

除了品茗,游客还可以预约参加“制茶体验”活动,亲自在茶园采茶,参与制茶的流程,最后再将自己制作的茶叶带回家。

园区内腹地不大,适合半日游或一日游。文山农场占地利之便,离台北市区近,位于台北至乌来的要道上,在旅游规划设计上有多种组合变化。

台湾的包种茶兴于南港,迄今包种茶产业仍是南港区主要的代表产业。茶园主要分布在旧庄街二段的山坡地,栽种的茶树以青心乌龙为主,产制的包种茶品质优良。茶区每年有五次茶季,分别是春茶、夏茶、六月白、秋茶、冬茶。由于仍维持传统手工采制,近年来人工不足,一年中仅产制品质较佳的春、秋、冬三季茶。台北市政府特于 1982 年辅导当地茶农建构“南港观光茶园”,观光茶园示范户曾经达 30 户。

台北市政府建设局为永续南港茶业经营,辅导振兴地方特色农业,特在旧庄里旧庄街二段 336 号成立南港茶叶制造示范场并于 2002 年 7 月 27 日起正式启用。南港茶叶制造示范场是栋宏伟醒目的红瓦白墙建筑,面积 2.9 公顷,场内有制茶机械展示教学室、电化教学简报会议室、茶文物特展室、茶叶评审室、茶艺活动实习教学区、观景露台,场外有茶园、步道区、庭园区、停车场、煤矿露层等。而地下室的台湾茶业展示空间,除了介绍台湾茶的发展史,还有文字、图片及老茶具展示。不仅担负起当地茶业承先启后之重任,也开办与茶业相关的动、静态活动,成为南港地方农业旅游休闲活动的重要场地。南港茶叶制造示范场目前委由南港区农会经营管理。

示范场后面的环山步道,大部分都在树阴底下,沿途可观赏茶园茶树的生长状况,还可以享受山林的自然芬多精,中途观景台更是远眺台北盆地、观日落、看彩霞的好地方。示范茶场前行约 150 米的停车场处,山壁留有层次分明的煤矿层,早期南港居民除了种茶外,采矿也是重要的产业之一,裸露的矿层遗迹,也是南港辉煌煤矿史的见证之一。

南港茶区景色优美,周围有不少旅游景点,如胡适纪念公园、“中央研究院”、南港公园及光明寺等,亦可经由南深路与深坑联通,顺道品尝深坑名产(豆腐),进而与木栅观光茶园的旅游线路结合。

(二)东方美人茶文化之旅

椪风乌龙茶又称椪风茶、白毫乌龙、香槟乌龙、东方美人茶。起源于台湾新竹县北埔、峨眉茶区,曾广传于台湾北部茶区,但包种茶崛起后,则以新竹县北埔、峨眉及苗栗县头份为主要产区。

椪风乌龙茶产制,于农历节气的“芒种”至“大暑”之间,尤其是端午节前后10天,采摘经茶小绿叶蝉吸食的青心大冇茶树嫩芽,一心一叶至二叶。此茶以芽尖带白毫愈多愈高级,所以又称为“白毫乌龙”。其外观不重条索紧结,而以白毫显露,枝叶连理,白、绿、红、黄、褐相间,犹如朵花为特色。水色呈琥珀色,具熟果香、蜜糖香,滋味圆柔醇厚。

椪风茶起源于台湾日据时期(20世纪20年代)。当时,为了改进传统乌龙茶的品质,茶农开创新制法,推行重发酵(茶叶发酵红变达叶面积的75%)。

20世纪20年代某年初夏,茶小绿叶蝉(俗称浮尘仔)严重危害新竹北埔、峨眉茶区,受到危害的茶菁难以制作高品质的传统乌龙茶。然而,有位勤俭的客家茶农仍然采摘受到茶小绿叶蝉危害的茶菁,依当时推行的改良法制造重发酵的乌龙茶,成品具有特殊的熟果香、蜜糖香,滋味圆柔醇厚,风味特殊。他将制造的少量成品拿到台北茶行贩卖,竟然高价售出,而且售价高达一般茶价的13倍。乡人不信,认为他在吹牛(闽南语及客语的“膨风”或“椪风”就是吹牛的意思),“椪风茶”或“膨风茶”之名也因此广为流传。

椪风茶外销英国后,英国王室十分赞赏如此形美、色艳、香醇、圆柔的佳茗,便邀请王公贵族、文人雅士至宫廷赐茶。席间,有文人做诗赞美品饮这种东方的佳茗,犹如美女的舌头在口腔内游走般温润、圆柔、甜美。椪风茶也因此赢得“东方美人茶”的美名。

欧美也有人称椪风茶为“香槟乌龙”,意思是说椪风茶是乌龙茶类中的顶级产品,就像香槟是葡萄酒中的顶级产品一样。

新竹县北埔乡、峨眉乡是椪风茶的主产地,也是台湾有名的客家乡,有深厚的客家文物风情。北埔乡公所每年夏季,于白毫乌龙茶盛产季节都会举办“膨风节产业文化季活动”,吸引大批东方美人茶爱好者前往品饮抢购。

北埔观光协会结合客家风情、客家美食、好山、好水、好茶、乡土景致及古迹人文,规划北埔茶香一日游行程如下:

08:00　台北出发
09:30—10:00　客家擂茶DIY制作教学
10:00—10:30　客家麻薯品尝
10:30—11:00　客家文化教室
11:00—12:00　北埔古迹导览解说
12:00—13:00　中餐:精致客家菜
13:00—13:30　北埔老街怀旧
14:00—15:00　湖畔品茗休闲,品饮东方美人茶
15:00—16:00　观峨眉湖风光
16:00—18:00　览狮头山风采

峨眉乡境内山川秀丽,有狮头山的晨钟暮鼓,峨眉湖的湖光山色,还有百年老茶厂和硕果仅存的樟脑寮,游一趟古称月眉的峨眉乡,会有意想不到的收获。

到峨眉乡首先要参观百年老茶厂和樟脑寮，场内摆设有古庙拆下的精美雕刻艺术品，现场有专业人员解说茶和樟脑的制作过程。步行走过细茅埔吊桥，欣赏峨眉湖美丽的风光，以及成群白鹭鸟栖息湖边树林的景观。峨眉山区经常雾气弥漫，适合茶树生长，当地"东方美人茶"闻名全台，在湖边凉亭品茶，是一大享受。

峨眉乡富兴茶叶展示中心是由当地政府及农政单位于1993年在农地利用综合规划辅导下设立，融合区段内茶农共同企业经营的休闲农业景点，推广东方美人茶。

月眉观光休闲产业文化协会为了让游客能在峨眉乡尽情地游乐，特地设计峨眉一日游行程如下：

古道怀情(水廉桥步道—百年糯米桥、一线天峡谷、水帘洞)→藤坪步道(百年鸦腱藤、血藤、鱼藤、蕨类生态)→狮山旅游服务中心→客家风味餐→品饮东方美人茶→自行车游峨眉湖(富兴老茶场、樟脑寮、细茅埔吊桥、天恩佛学院、峨眉湖步道、鹭鸶栖息地、十二寮)→赋归

石碇以文山包种茶闻名全台湾，而"石碇美人茶"也在爱茶人士间引起热烈回响。每年农历芒种至端午节前后(农历六月上中旬)，茶树嫩芽经茶小绿叶蝉(浮尘子)危害吸食后之茶芽，经手工采摘，再以传统技术精制成高级白毫乌龙茶，心毫肥大，茶叶呈白、绿、黄、红、褐五色相间，鲜艳可爱，因质优量少，且风味独特，深受爱茶人士喜爱。每年石碇乡公所都会举办"石碇美人茶节"(每年8月)许多人扶老携幼来品茗，享受视觉和味觉的飨宴。

石碇东方美人茶之旅，可顺道参访石碇老街。石碇老街分为东、西街，以吊脚楼为特色，靠溪的房子以柱子在溪侧支撑成为部分悬空的建筑物，由日据时代保留至今。石碇老街于清朝时为淡兰古道的枢纽，作为陆路与水路的转运中心，商品有茶、煤等，茶供外销欧美；煤产业已走下坡，目前闻名的有茶、豆腐与小吃等，乡公所整修了石碇东街53号的石头古厝，假日开放参观，勿错过体验古民居。

(三)兰阳温泉茶文化之旅

宜兰县位于台湾东北部，茶区分布在大同乡、冬山乡、三星乡及礁溪乡。县内约有500公顷茶园。各产茶乡镇各有其特色茶及称号，县茶商公会倡议统称为"兰阳名茶"，取其茶区临近兰阳平原。

1. 玉兰茶

大同乡松萝村茶区属原住民居住地，早期以"番阿山茶"称之，因茶叶香气芬芳，具有玉兰花香，且茶区位于玉兰社区，一般茶商及饮茶人士因而称之为"玉兰茶"。

宜兰县政府为美化大同玉兰茶区的景观，加强水土保持设施，兴辟农路，并在玉兰茶区最高点设置观景台、泡茶亭及种植各种花草以美化环境，将大同乡玉兰茶区规划为"富丽农村的示范区"，带动当地观光人潮，促进玉兰茶的知名度。

2. 素馨茶

冬山乡的武荖坑茶闻名已久，武荖坑是宜兰县内新城溪的俗称，它是宜兰县冬山乡与苏澳镇的分界溪流，源自南澳乡的白石山，流经冬山乡的东城大兴村和苏澳镇，乡民在海拔500米以下的西岸丘陵地广植茶树，面积达100多公顷，这里便是武荖坑茶区，此地所生产的茶称为"冬山素馨茶"。

3. 上将茶

三星乡在宜兰县西南，西与台北、新竹、台中县相衔接，南与花莲县为邻。三星乡为多山区，境内山明水秀、风光明媚，气候环境适合种茶，现有茶园面积162公顷，茶叶清香甘醇。为提高茶叶知名度，三星乡地区农会以地名“三星”所代表的军官阶级“上将”之意，而命名为“三星上将茶”。

4. 五峰茗茶

礁溪的种茶历史可追溯到清朝时期，当时在林美山、柴围山已有小规模种植，日据时期垦殖面积逐渐扩大，不过种植采摘的茶叶都是由台北县坪林乡的茶商收购加工后，再以坪林包种茶行销各地。

礁溪乡的温泉远近驰名，境内的风景区也非常多，如五峰瀑布即为著名的观光胜地。在五峰瀑布旁的丘陵山区，茶园面积约有50公顷，茶叶芳香甘醇。近年来在政府有关单位的辅导下，成立“茶叶生产专业区共同作业班”，班员为促销该茶区的茶叶，1981年自创“五峰茗茶”品牌，而礁溪茶叶也逐渐广为人知。

5. 兰阳茶文化旅游之玉兰观光休闲茶园

玉兰地区经整建、规划，不仅保有原来农村建筑风貌及传统特色，也增加现代化之公共休闲设施，环境绿化美化、维护环境生态景观等为玉兰茶区的休闲旅游奠定良好的基础。

沿着兰阳溪岸，周围水光山色，茶园青翠，景致如画，远眺兰阳平原，心旷神怡。每年五月份，地区农会都会举办“茶香节”产业文化活动，不但让“玉兰茶”声名大噪，更吸引大量游客进入玉兰地区。

现场提供美味茶风味餐及原住民泰雅风味餐，地区农会美食馆也供应葱蒜风味餐，并可品尝茶粿、茶燻蛋、茶冻、茶凤梨酥、茶凉糕、茶香凤爪等可口茶点。举办“准有机绿茶采制体验”，每人还可带回一包准有机绿茶；当地业者也提供现场报名免费体验活动，包括擂茶、捣麻薯、茶叶对对碰、茶冻DIY、泰雅饰品DIY等，茶叶产销班成员还精心布置自己的家，邀请游客入内品茗，话古道今。

6. 兰阳茶文化旅游之冬山素馨茶区休闲民宿之旅

宜兰县中山休闲农业区是冬山乡素馨茶的主要产地，茶园风光景色优美，休闲农业区推出“铁马迎风一日游”，采茶、吃绿茶酥、茶燻蛋、学做茶糕点，和茶农喝茶聊天，满满的人情味，让人流连忘返。

区内有七成居民是茶农，把各茶园特色结合起来，并购置50辆脚踏车，推出中山休闲农业区一日游。

游客先到服务中心做琉璃画DIY，接着骑脚踏车，到茶园采茶，现采的新鲜茶叶炸成香香脆脆的茶叶香酥脆，另有特色茶点如：茶燻蛋和茶花生，配上清香热茶，十分惬意。

午餐有六种选择：一佳村青草园的五行餐、三富花园农场茶油面线、仁山茶园的茶香米粉、中山观光鸡场土鸡野菜餐、香格里拉农场橘香凉面、馨山茶园农场炒绿茶面。

吃饱、喝足，可以继续浏览茶园风光、瀑布群、隘勇寮、仁山植物园，河畔戏水看水牛，亲近大自然，怡然自得。喜爱体验农村生活者，有许多特色民宿供选择入住。

(四)台湾铁观音茶文化之旅

铁观音原是茶树品种名(别名红心观音),由于适制部分发酵茶,且具有独特风味,其成品遂亦名为铁观音茶。

制造铁观音的过程,是将初干毛茶用方形布巾包裹,轻轻用手在布球外转动揉捻,揉成球形,并将布球茶包放入"文火"的焙笼上慢慢烘焙,使茶叶形状逐渐弯曲紧结,如此反复进行焙揉,茶中成分借焙火之温度转化成特有的香气与滋味,经多次冲泡仍芳香甘醇而有回韵。近年来因人工缺乏,大多利用布球揉捻机进行团揉,而简化铁观音茶特有的反复焙揉过程,虽可获致良好香气,但喉韵不足丧失传统铁观音茶之韵味为其缺点。

铁观音茶品质要求条索卷曲、壮结、重实、成球状,色泽墨绿带鳝黄、显白霜,汤色橙黄显红、浓艳清澈,滋味醇厚浓烈,入口回甘喉韵强,香气馥郁持久。

种植于木栅山区的铁观音茶种,是清末由木栅农民张迺妙自福建安溪引进纯种茶苗,在木栅樟湖山上(今指南里)种植,因土质及气候适合铁观音品种的生长,且品质优异,深受消费者喜爱,因此种植面积逐年增加,现今木栅茶园约有100公顷,年产6万千克,台北市政府于1980年辅导设立观光茶园,为台湾第一个观光茶园,现有示范农户约100家。

1985年,在木栅观光茶园设立"台北市铁观音、包种茶展示中心",展示中心陈列各种传统及现代采茶制茶用具,设有幽雅的品茗区,并附设坡地水土保持示范区及教室。是例假日台北市民踏青品茗的最佳去处。

台北县石门乡位于台湾北部滨海地区,位于海岸台地的背侧,不受海风直接吹袭,气温凉爽,适合茶树生长,1919年自福建引进硬枝红心品种。20世纪80年代初,当地农会配合茶业改良场等有关单位辅导农民利用硬枝红心的茶青制成铁观音茶,滋味醇厚甘润稍带弱果酸的香味,风味特殊,以"石门铁观音"品牌行销。

1. 台北市木栅观光茶园之旅

顺着政治大学前指南路二、三段上山,路面略嫌狭隘的环山道路,适合徒步健行,两旁的示范农户前均设有标示牌,方便游客参观,走进茶园区,青翠的茶树,由山腰延伸至山顶,造型典雅的凉亭与农家点缀其间,可以一享田园悠然自得的气息。

遍布在环山公路上的休闲茶坊,从庭园景观到露天茶座,造型别致,每家茶坊各有其独特之处。在假日或休闲午后邀请三五好友来此冲茶品茗,可以俯瞰山野景色,在山风的吹拂下,享受休闲的时光;夜来还可以来此远眺市区夜景,享受夜晚宁静的美。

木栅观光茶园全年开放,并不收取门票,游客可到茶农家购买茶叶。茶农附设的茶坊大多在中午左右开始营业,即使到凌晨还是人潮不断;选购了茶叶,付了茶水费,就可在茶香中度过悠闲的一天。新近开通的猫空缆车更将观光茶园与木栅动物园连成一风景线。

2. 新北市石门铁观音茶文化之旅

石门乡现为新北市石门区,是台湾最北的一个乡镇,依山傍海,风景宜人,特产以铁观音茶最为人称道。石门铁观音为"硬枝红心"品种,是由大陆福建引进的四大品种之一,红芽叶厚,种植于海岸台地背侧,终年吸取水气却不受海风直接吹袭,品质十分优良,石门乡农会于1991年将电炉烘焙法改为人工炭火烘培,产生的浓厚的蜜香、熟果香,堪称是风味独特的铁观音。

每年12月为石门铁观音冬茶上市的季节,石门乡农会通常会举办"石门茶乡之旅",

带领游客参加当地的制茶体验，有专人导览解说茶农采茶、焙制的过程，于农会四楼茶艺教室教导泡茶知识，中午享用当地的山药风味餐，下午走访茶山步道。

茶山步道位于石门和金山交界处，全程约1千米，沿着地势陡峭但规划完善的透水砖美化路面而上，两旁宛如梯田的茶园，景色优美。步道两侧种植了约三百多株、品种多达二十几种的茶花，茶花的种类、简介都刻在步道石板上，一目了然。

步道的尽头是石门乡的制高点，除了满山绿意盎然的茶园风光，更可俯瞰全乡，远眺蔚蓝大海，石门之美，尽在眼前，沿着稜线步道越过山头再走一千米可达邓丽君的墓园（筠园）。

二、中台湾茶文化旅游

台湾中南部茶区包括台中县（现属大台中市）、南投县、云林县及嘉义县内的茶区，茶园面积合计约11 000公顷，目前是台湾的重点茶区。茶区内旅游资源丰富，尤以台中梨山高山茶，南投冻顶乌龙茶、杉林溪高山茶、雾社庐山乌龙茶，以及嘉义梅山、阿里山高山茶结合既有的山水风光旅游路线而延伸的茶文化旅游更富盛名，终年吸引众多国内外观光人潮，成为台湾观光旅游的金名片。

（一）南投县茶区

南投县位于台湾中部，地貌以盆地、台地、丘陵及高山为主，气候温暖，茶区海拔由200米至2500米垂直分布，年平均温度介于15℃至24℃之间，非常适合茶树生长。

南投县茶园面积，2005年约8 000公顷，占当年全台茶园面积46%左右，主要分布于名间乡、鹿谷乡、竹山镇、仁爱乡、信义乡、鱼池乡、南投市，全县13个乡镇几乎都生产茶。各乡镇由于地理环境及海拔气候的不同，所生产的茶叶也各具特色，又因采茶方式的不同，可分为手采茶区及机采茶区二大类，手采茶区包括最著名的鹿谷乡冻顶乌龙茶、竹山镇杉林溪高山茶、仁爱乡雾社茶、庐山茶及信义乡和水里乡的玉山乌龙茶等；机采茶区主要包括名间乡的松柏长青茶及南投市的青山茶。

1. 冻顶乌龙茶

冻顶乌龙茶是南投县鹿谷乡所产名茶，闻名全球。早期“冻顶”是专指鹿谷乡彰雅村冻顶巷一块海拔700米左右的台地。台地上有种植青心乌龙的茶园约30公顷，制作成半球形包种茶称为冻顶乌龙茶，是冻顶乌龙茶的发源地。

20世纪70年代农政单位为加强农村建设，在鹿谷乡设置茶叶生产专业区，彰雅、永隆及凤凰三村的茶园逐年增加。1976年省农林厅首度在鹿谷乡举办优良茶比赛，冠军茶1斤标售5 000元台币而打响了冻顶乌龙茶的知名度。此后由鹿谷乡农会年年举办优良茶比赛，参加的茶样由数百、一千、二千、三千逐年增加，最盛时达五千多个茶样，是鹿谷乡每年的盛事。

2. 竹山金萱、杉林溪乌龙茶

20世纪80年代，内销茶长势强，种植茶叶获利高，竹山镇照镜山农民将田里的红番薯铲掉，改种茶业改良场育成的新品种台茶12号（金萱）。照镜山海拔不高，水源丰沛，茶树终年发育良好，早春晚冬都有茶青可采，占尽商机。台茶12号（金萱）制作的金萱乌龙带有特殊的奶香，滋味甘醇，深受茶艺业者及饮茶人士喜爱而抢手。竹山茶园也逐渐向高处发展，茶园扩展至中低海拔的延平、延山、山坪顶等地区，仍种植台茶12号新品种为主，在竹山镇农会的辅导及宣传下，竹山金萱乃独树一帜，闻名遐迩。

杉林溪位于竹山镇大鞍里，属南投、云林、嘉义三县交界处，为加走寮溪上游，海拔1 200～1 600米，早年以生长千年红桧巨木闻名，目前为千百公顷孟宗竹林环绕，全年云雾笼罩，气候凉爽，雨量丰沛，土壤肥沃，天然条件极适合茶树生长，为竹山镇新兴高海拔茶区。

竹山镇内大鞍、软鞍、龙凤峡、番仔田、狮头湖、三层坪、羊仔湾及杉林溪所产乌龙茶统称杉林溪乌龙茶，因高海拔，日夜温差大，茶青平均生长期超过55天以上，叶片肥厚、柔软、内质丰富，所制成之茶叶，外观匀整显油光，茶汤金黄、清澈、明亮，香气幽雅持久，滋味甘醇活性佳，入口软滑饱满，品饮后口齿留香，润喉生津，具有高山茶独特之风味。竹山镇农会于春冬二季，办理杉林溪乌龙茶分级包装，分乌龙、新品种两组。

3. 玉山乌龙茶

玉山乌龙茶生产地区包括信义乡罗娜、同富（草坪头）、神木、沙里仙、塔塔加及水里乡永兴村、新山、上安村（郡坑）的新兴茶区，茶园面积约360公顷，海拔600～2 000米，生长环境的气温较低，一年仅可采收4次，以人工手采为主，制成的茶叶外形球状紧结身骨重，茶汤蜜绿清澈，香气幽雅，为高海拔玉山乌龙茶的特色。

南投县水里乡是新中横公路的起点，为邻近山区之土特产集散地，更是往东埔、玉山必经之地，风景秀丽，游客络绎不绝。水里乡上安村，成立了上安茶叶产销班，自创品牌“胜峰名茶”，有相当的知名度。

4. 名间松柏长青茶、南投市青山茶

名间乡松柏岭俗称松柏坑，早期名间茶以埔中村最有名气，惯以“埔中茶”为名。1975年蒋经国视察名间乡，品饮后赞不绝口，赐名“松柏长青茶”，造成全台风靡，茶园急速扩充，现有茶园面积约2 500公顷。

名间乡是老茶区，早期种植茶树品种繁多，以青心乌龙、青心大有、武夷及白叶为主，20世纪80年代以后逐渐改植新品种，目前以金萱、翠玉、四季春，三分天下。名间茶人勇于创新及投资，不但最先大面积更新种植新品种，在茶业改良场辅导及名间乡农会大力配合下，是乌龙茶产区实施机械化茶园管理的先驱。目前全区茶园管理作业如：茶园开垦、中耕、除草、施肥、茶树修剪、喷灌、病虫害防治等完全机械化作业，全面使用采茶机采茶，连贯式机械化制茶，乃至茶叶拣梗、筛分也全面机械化，茶区机械化程度全台最高，不但降低生产成本且茶叶品质稳定，是物美价宜的高产量中高级茶叶产区，堪称全台大宗茶叶供销中心。

南投市的茶园分布在横山、施厝坪一带，亦属八卦山脉南端台地，可说是名间茶区的延伸，20世纪80年代的新兴茶区，种植的品种有：四季春、金萱、翠玉及青心乌龙。1989年由时任农委会主委的余玉贤先生以古诗句“何处人间似仙境，青山携幼采茶时”之意境命名“青山茶”。

5. 雾社、庐山乌龙茶

仁爱乡幅员辽阔，深藏在中央山脉高处，复杂的地形导致茶园分散而独立，分布在良久、武界、大同山、东眼山、奥万大、红香、平静、雾社、春阳、庐山、翠峰、翠峦等原住民保留地或林班地，海拔800～2 000米。红香、奥万大茶园海拔不及1 000米，良久茶区海拔1 200～1 600米，武界茶园分布在海拔1 200～1 400米之间，东眼山茶园海拔最高处1 600米，雾社、庐山、清境农场茶园海拔1 600～1 700米，翠峰、翠峦一带茶园海拔1 800～2 000米。种植茶树品种以青心乌龙、金萱为主，产茶季节4月下旬至10月下旬或11月上旬，年采收4次。茶区沿线的庐山温泉、清境农场、枫红景观是热门的观光旅游点，也带动了“高山茶”的产销。

雾社、庐山著名的“天雾茶”及“天庐茶”是天仁茗茶于20世纪80年代初开创，可说是仁爱乡高山乌龙茶乃至台湾高山乌龙茶的滥觞。

(二)台中县梨山茶

梨山茶以台中县和平乡退辅会经营的福寿山农场所产制的为代表。农场的高台有一天然水池，名唤“天池”，池边建亭，称“达观亭”，天池海拔2 600米，近旁的茶园，为台湾之最。

一般称梨山茶者，至少种植在海拔2 000米以上。20世纪70年代中期，果农陈金地在他的苹果园、梨树园间作茶树(青心乌龙)获得成功，接着退辅会福寿山农场开始大面积栽种，早期由天仁茗茶包采包制，以“天梨茶”行销市面，由于茶树生长在海拔2 400米以上的高山，常年气温冷凉云雾缭绕，茶青叶厚质软，富含果胶质，茶氨酸含量高，滋味醇厚甘滑，香气清幽持久，九泡有余香，喉韵回甘无穷。一时爱茶人士叹为仙品，当时虽市价1斤6 400元台币仍供不应求，打响了梨山茶的知名度。后来福寿山农场自设制茶所，自制自销以“福寿长春茶”品牌行销，一般梨山周边茶农户所产仍统称为“梨山茶”在市面上行销。

梨山茶于5月底6月初开采春芽，8月底始采夏茶，天气温暖时10月上旬可采第三季(秋茶)，因生产成本极高，风险大，茶农批发价多在3 000～4 000元台币一斤，市场零售价一斤6 000～8 000元台币。

(三)云林县茶区

云林县茶园面积约500公顷，其中林内乡有120公顷，古坑乡占365公顷，其他乡镇则仅属零星。

林内乡的茶园分布在海拔200～400米的丘陵台地，海拔较低。夏季高温多雨，种植长势强旺的台茶12号(金萱)为主，其次为青心乌龙。茶叶品质尚佳，是当地的高经济作物，命名为“云顶茶”。

古坑乡的茶区分为二区块：一为樟湖、华山一带的茶区，海拔约400米左右，以种植新品种台茶12号、台茶13号及四季春为主；另一茶区分布在久享盛名的草岭风景区，如海拔1 000～1 200米间的草岭、石壁茶区，以种植青心乌龙较多，由于此茶区山林连绵，入夜后云雾迷濛，因而孕育出甘醇的高山茶风味，古坑茶以“剑湖山高山茶”行销。

古坑华山茶区因“9·21”地震受灾严重，村民亟思振兴地方经济，于是有些茶农将部分茶园改种咖啡树，便形成茶树与咖啡树并存的景象。

(四)嘉义阿里山乌龙茶

一般谈到高山茶,就会想到嘉义县梅山、竹崎、番路及阿里山乡等一带山区所生产的梅山乌龙茶、阿里山乌龙茶。

嘉义县位于台湾西南部,北回归线经过县境,县内有玉山山脉及中央山脉,群山峻岭,日夜温差大,晨间傍晚云雾弥漫,雨量均匀,土层深厚肥沃,茶树生长旺盛,茶芽叶片肥厚,制成的茶叶滋味醇厚,香气芬芳,具有独特的"山韵",广受饮茶人士所喜爱。

嘉义县茶园面积,2005 年约 2 300 公顷,其中梅山乡、番路乡约有 650 公顷,竹崎乡及阿里山乡各占 270 公顷,其他在大埔乡及中埔乡亦有数十公顷茶园。沿阿里山公路即可在公路两旁看到开辟完整、种植整齐、生长旺盛翠绿的茶园。沿公路入山的第一个种茶村落,就是山美茶区,再往前即属番路乡的隙顶乌龙茶区及龙头高山乌龙茶区,续行可达阿里山乡的达邦、里佳和丰山茶区。

以生产阿里山珠露茶闻名的石卓茶区,有一条产业道路可通往驰名中外的阿里山登山铁路中点站奋起湖,沿路上行,可达梅山乡的樟树湖茶区,此茶区所生产的茶叶定名为"仙叶茶";顺路可抵达瑞里、瑞峰、碧湖、龙眼林茶区,此茶区的茶叶以"瑞里龙珠茶"较有名气,最后到达太平风景区的太平茶区。梅山乡所产茶叶统称梅山乌龙茶,茶区位于太平、龙眼林、碧湖、太兴、瑞里、瑞峰及太和等村落,大部分是杉木采伐后整地改种茶树而成,并以栽培青心乌龙品种为主。

(五)中台湾茶文化旅游设计

1. 冻顶乌龙茶文化之旅

冻顶乌龙茶产于台湾中部邻近溪头风景区,海拔 500～800 米的山区,是南投县鹿谷乡的特产茶叶。

制造冻顶乌龙茶的品种以青心乌龙最优,台茶 12 号(金萱)、台茶 13 号(翠玉)等品质亦佳。以人工手采为主,一般于谷雨前后采对口 2～3 叶茶青,年中可采 4～5 次,春茶醇厚,冬茶香气扬,品质上乘,秋茶次之。冻顶乌龙茶制作时经布球揉捻,外观紧结成半球形,色泽墨绿,水色金黄亮丽,香气浓郁,滋味醇厚甘润,饮后回韵无穷,是香气、滋味并重的台湾特色茶。

根据民间传说,清咸丰乙卯年(1855 年),林凤池举人回福建参加会考。为感谢乡亲集资支助,返台时由福建带回 36 棵青心乌龙茶苗分赠乡人种植。种在南投鹿谷冻顶山(古称崠顶山)的青心乌龙茶树生长良好,经过细心培育繁殖,制成的乌龙茶香味独特。因为种植在冻顶山,又是以青心乌龙芽叶加工,就被称为冻顶乌龙茶。

南投县鹿谷乡——冻顶乌龙茶的故乡,是台湾重要产茶乡镇之一,茶园、孟宗竹林、麻竹林都是鹿谷乡具代表性的景观特色。冻顶山、溪头、杉林溪、麒麟潭、凤凰谷鸟园、台大凤凰茶园等都是著名景点。

鹿谷乡农会特别规划茶香竹韵休闲之旅,探访冻顶茶园、竹林访幽、竹香大餐、茶艺DIY、竹艺 DIY 等丰富活动。主要行程包括参观鹿谷乡农会茶业文化馆,茶艺教室泡茶品茗、研习茶艺专业知识,登冻顶山眺望茶山茶园及欣赏麒麟潭美景,参观凤凰谷鸟园认识世界各种珍异飞禽,孟宗竹林访幽,走访溪头森林游乐区享受大自然的芬多精,品尝竹香大餐、乡土风味茶餐，并可夜宿竹林休憩中心或茶园民宿，体验农村生活情趣。

台大凤凰茶园为台湾大学所属的实验园区，山水、茶园、步道、木屋交错，景观优美，下榻茶园，品饮闻名中外的鹿谷冻顶乌龙，享受逍遥山居岁月，快活似神仙。

3月是茶园最美季节，山樱与山茶花盛开，茶园嫩绿，云雾穿梭其间，如画般充满诗意。园区内长达3千米的蕨类步道，拥有全台面积最大的原始蕨类园，有笔筒树、沙罗，也有珍贵的海金沙、垂叶书带蕨类，幸运的话，还可与台湾蓝鹊、蓝腹鹇不期而遇。

凤凰茶园举办的“茶的科学与文化知性之旅研习活动”颇受好评，课程从亲自采茶青，到日光萎凋、室内萎凋及搅拌、杀青、揉捻、初干等步骤一气呵成，隔天继续布球揉捻整形、干燥，才算大功告成。课程也安排茶的认识与品尝、茶艺与生活、泡茶技艺、享受茶叶大餐及泡茶体验等，活动结束每位学员可以带回自制的冻顶乌龙茶。

2. 高山青茶文化之旅

台湾饮茶人士所惯称为高山乌龙茶，是指在海拔1 000米以上茶园所产制的乌龙茶。主要产地为台湾中南部嘉义县、南投县内海拔1 000～1 500米的高山茶区。

制造台湾高山乌龙茶的茶树品种以青心乌龙为主，其次为台茶12号(金萱)及台茶13号(翠玉)。于4月下旬至5月上旬开采春茶，人工手采为主，一年中可采3～5次，以春、冬品质最佳。高山茶区早晚云雾笼罩，平均日照短，以致茶树芽叶中所含的儿茶素类等苦涩成分含量降低，而茶氨酸及可溶氮等对甘味有贡献的成分含量提高，且芽叶柔软，叶肉厚，果胶质含量高，因此高山乌龙茶具有色泽翠绿鲜活，滋味甘醇、滑软、厚重带活性，香气淡雅，水色蜜绿及耐冲泡等特色。

台湾高山乌龙茶主要的花色有嘉义县的梅山乌龙茶、竹崎高山茶、阿里山珠露茶、阿里山乌龙茶；南投县的杉林溪高山茶，雾社庐山高山茶、玉山乌龙茶；台中县的梨山高山茶、武陵高山茶等。

(1)杉林溪高山茶文化之旅

杉林溪位于竹山镇大鞍里(龙凤峡、杉林溪、大鞍、三层坪、番仔田)、鹿谷乡(溪头、羊仔弯、大崙山附近)，属南投、云林、嘉义县三县交界处，为加走寮溪上游，海拔1 100～1 800米，早年以生长千年红桧巨木闻名，目前为千百公顷孟宗竹林环绕，全年云雾笼罩，气候凉爽，雨量丰沛，土壤肥沃，天然条件极适合茶树生长，竹山镇大鞍里(龙凤峡、杉林溪、大鞍、软鞍、三层坪、番仔田)为竹山镇新兴高海拔茶区，杉林溪乌龙茶的主产地。

海拔1 400米的“软鞍八卦茶园”，由于茶园开垦时，顺着山坡的起伏，种植茶树，栽得特别稠密，这片由小山坡为中心，以圆弧向外发展的茶园风情，绿茸茸的茶树像群集的绿色绵羊匍匐在山头，有如八卦阵，远远看去美极了，故美称为“八卦茶园”。竹山镇公所与社区发展协会积极结合竹林、红薯、茶叶等产业与溪头、杉林溪、飞来石、天井瀑布、观海坪、战备古道等观光景点，提供全新的茶山竹海特色茶文化旅游。

(2)阿里山高山乌龙茶文化之旅

石桌休闲农业园区位于阿里山公路46千米至53千米处，海拔1 200～1 600米之间的山坡地，背靠中央山脉主峰玉山，遥望连绵不断的山峦，西南则是一望无际辽阔的嘉南平原，有如人间仙境。茶区位于海拔约1 200～1 600米的阿里山脉，终年云雾缭绕，气候凉爽，土壤肥沃，相当适合茶树生长。茶叶品质优异，风味绝佳，滋味甘醇。

石桌休闲农业园区的茶农们组成“珠露茶叶产销班”，共同行销阿里山珠露茶，广获海

内外爱茶人的喜爱。

竹崎乡农会为促进地区产业和休闲事业相组合，将农会石棹办公大楼规划为现代化之农业推广教育中心，涵盖茶叶文化馆、水土保持教室、会议室、家政教室、学员宿舍等。将茶乡景观与所属农业推广教育结合，规划了二日游行程：

第一天

嘉义→触口天长地久天然奇景→鲴鱼生态保育公园→茶业文化馆(茶文化体验及品饮阿里山高山乌龙茶)→住宿石棹度假中心民宿(体验农村生活)。

第二天

观日出云海→奋起湖老街(体验山居民俗)→阿里山森林公园(观神木及享受天然氧吧)→赋归或转往其他景区。

(3)梨山高冷乌龙茶茶文化之旅

凡种植于德基水库集水区范围之内的茶均谓之梨山茶，以退辅会经营的福寿山农场为代表(20世纪70年代中期开始种植茶树)，它亦是全台湾海拔最高的高山茶产区，海拔高度2 600米。一般称梨山茶者，至少种在海拔2 000米以上。如今有翠峦、翠峰、华冈、新旧佳阳约一百多公顷茶园。

福寿山农场面积多达803公顷，标高1 800～2 584米，种植近百种温带水果、茶叶及蔬菜花卉等，沿农场福寿大道而行，两旁柳杉夹道，坡地亦遍植果树、茶树及高冷蔬菜，清新空气迎面拂来，高海拔田园风光令游客趋之若鹜。

农场景色，四季变化：冬末春初时，梅、樱率先报岁，接着桃花、李花、梨花、杜鹃、蒲公英等纷纷盛开，灿烂缤纷。夏、秋两季，农场淹没于大片的波斯菊花海中热闹非凡，此时也是采茶季节及各种水果丰收的时刻，引来人潮。秋去冬来，气温逐降，霭霭白雪则为农场增添异样风光。

梨山高冷乌龙茶，位处高山地，四季云雾缭绕，日夜温差大，茶叶色泽翠绿鲜活，滋味滑软甘醇，耐冲泡，入喉后茶味回甘弥久，是茶中极品。梨山已经成为现代人心灵沉淀及寻幽品茗的好去处。

三、南台湾茶文化旅游

台湾最南部的产茶地区在屏东县最南端的满洲乡港口村，所产茶叶因地得名称为“港口茶”。清光绪元年(1875年)，恒春设县，首任县令周有基自福建引进茶籽于城外山坡地种植，此为港口茶之起源。

港口茶区面临太平洋，常有海风侵袭，影响茶树生育，且有半年干旱期，地理环境与气候条件并非理想的茶树种植区，只有以茶籽播种的莳茶才能生存，因此群体种(莳茶)是港口茶的特色，其加工过程有别于一般乌龙茶的工序，茶青日光萎凋后，在室内静置一小时(不搅拌)即进行炒青、揉捻后在炒锅中翻炒至足干，茶叶色泽带灰白，似眉茶之炒制方法。茶叶滋味浓烈，适合当地吃槟榔喜爱重口味的习俗，港口茶迄今已百余年历史，受当地人的欢迎且负盛名。

港口茶位于满洲乡佳乐水风景区，属垦丁国家公园境内，来一趟港口茶文化之旅，可顺道至垦丁公园、鹅南鼻灯塔、恒春古城、车城海洋公园旅游。

第三节　台湾茶文化旅游设计(下)

一、花东茶文化旅游

(一)花东茶区

台湾东部茶区分布在花莲县及台东县,合称花东茶区。区内名茶有:花莲县舞鹤茶区的天鹤茶,台东县鹿野茶区的福鹿茶及太麻里的太峰高山茶,区内遍设观光休闲茶园及金针花茶园,景观自有特色。

花莲县主要茶区在瑞穗乡,以生产天鹤茶闻名全台,茶园面积约 150 公顷,有茶农近百户。

瑞穗乡舞鹤台地,位于东海岸纵谷,北回归线正好穿越此地,茶园分布在风景秀丽的秀姑峦溪西侧丘陵台地上,早晚云雾缭绕,景色宜人,是环岛旅游路线台 9 号公路所经之地。

当地乡公所及农会配合有关方面办理美化农村,及规划设立观光茶园,天鹤茶区是岛内成功的观光休闲茶园之一,不但可欣赏美丽的茶园风光,又可品尝甘醇、香味独特的天鹤茶。

县内玉里赤科山及富里六十石山,起先遍植金针,采收金针花运销台北,20 世纪 90 年代因金针跌价,纷纷改植茶树,约有 50 公顷茶园,两地都在海岸山脉内侧,海拔约 800 米,气候冷凉,昼夜温差大,土质深厚富含有机质,茶叶品质具有高山茶的香味,市场上以“赤科山高山茶”、“秀姑峦溪高山茶”行销。

台东县茶园主要分布在鹿野乡、卑南乡及太麻里等地区,2005 年茶园面积约 600 公顷,福鹿茶及太峰高山茶为其主要名茶。

1. 福鹿茶。福鹿茶生产于鹿野乡及卑南乡一带的丘陵茶园,福鹿茶区海拔约 200 米,当地的茶采收得早,清香甘醇,春茶比西部提早 20 天以上,又有晚冬茶(冬片)可采,得天独厚。爱抢早、抢鲜的茶客,纷纷捷足先登不远千里来此“找茶”,使福鹿茶的早春茶常供不应求,福鹿茶亦因其“早春茶”及“冬片”而闻名全岛。

2. 太峰高山茶。提到太麻里金针山,一般人并不陌生,金针山位于太麻里与金峰乡海拔 800～1 500 米的缓坡地,常年云雾弥漫,日夜温差大,降雨量丰沛,原来满山以种植金针为主,1990 年代初,因面临大陆金针低价竞争,利润低微,乡民们看好茶叶行情,当地的地形、气候、土质又适合种植茶叶,纷纷改植茶树,太麻里的茶园面积约 135 公顷,主要栽种品种是青心乌龙、金萱及翠玉,以“太峰高山茶”行销市面。

(二)花东茶文化旅游设计

1.鹿野高台“不知春”茶文化之旅

鹿野乡的龙田、永安两村,以及紧邻的延平乡永康村,是“福鹿茶”的主要产区,面积约400公顷,翠绿整齐的茶园从河岸台地顺着坡面向上沿展,从鹿野高台眺望,遍地翠绿。

由于当地有海岸山脉的屏障,不受东北季风影响,使得每年2月下旬便可采茶,春茶开采比西部提早20天以上,而冬茶又比西部延长20天以上,整年可采制茶叶,被称为“不知春”。茶农大多仍以手工采摘,精工焙制,所产早春茶及晚冬茶清香甘醇,品质极佳,具有独特风味。1983年台湾省茶业改良场在鹿野乡设立台东分场,辅导花东茶叶生产技术的推广及改良。

茶叶改良场台东分场的“茶树自然生长园区”,经过精心管理,树木扶疏、花草茂盛,占地5公顷,已成为鹿野乡的一处森林公园,是享受“森林浴”,及认识茶树生态的好去处。

鹿野高台既有景色优美的观光茶园,又有规划良好的自行车道,可骑脚踏车寻访茶趣,分散在茶园间的设施完善的休闲民宿可体验制茶乐及品饮清香甘醇的“不知春”福鹿茶。

2.北回归线舞鹤茶文化之旅

舞鹤台地位于花莲县瑞穗乡最南端,北有红叶溪润泽,南有秀姑峦溪的滋润。早年种植咖啡、陆稻、香茅草、木薯、凤梨等作物,舞鹤台地的农民们走过一段很艰辛的岁月。1973年,台湾省政府农林厅、台湾省茶业改良场辅导改种茶树。由于舞鹤台地环境特殊,气候风土相当适合种植茶树,目前舞鹤台地种有金萱、翠玉、青心乌龙、大叶乌龙等品种,茶叶厚嫩、风味绝佳,茶农们多自产自制,以公共品牌“天鹤茶”自产自销。

瑞穗乡公所每年10月都会举办茶叶体验营,除安排学员亲手摘茶、制茶外,还有创意茶点DIY、茶艺讲座等。学员们在行家带领下亲手摘取“一心二叶”的茶青,进行萎凋、发酵、烘焙等程序,自己烘焙好的冬茶自己带回品尝,别有一番滋味。舞鹤观光茶园有许多设备完善的度假村及民宿,茶园的秀丽景观、北回归线地标,并有秀姑峦溪泛舟漂流野外活动,是享受田园佳趣的绝好地点。

舞鹤制茶体验营二日游行程:

第一天

8:00—9:00　相见欢;自我介绍

9:00—10:00　采茶体验

10:00—10:20　瑞穗乡茶产业介绍

10:20—10:50　天鹤茶制造过程解说

10:50—12:00　分组领取茶青、日光萎凋

12:00—13:00　粗茶菜根香(午餐)

13:00—15:00　室内萎凋及静置搅拌

15:00—16:00　创意茶点制作体验

16:00—17:30　茶园风光及观光景点

18:00—19:00　乡土风味茶餐

19:30—22:00　茶话会(谈天说地)

22:00—24:00　炒青、揉捻、干燥

24:00　晚安曲，甜甜茶香梦

第二天

8:00—8:30　喝早茶(早餐)

8:30—10:00　茶艺讲座及品饮自制的天鹤茶

10:00　赋归或秀姑峦溪泛舟漂流

3.金针花恋恋茶香之旅

花东是台湾金针花菜的主产地，每年八九月秋黄时节，满山漫谷的金黄，点缀翠绿的茶园，成为花东独特的风景线，尤以台东太麻里金针山，花莲玉里赤柯山(赤科山)、富里六十石山，最负盛名，吸引赏花品茗的人潮。

太麻里是台东市往南的首要农村聚落，经济作物以金针、释迦、高山茶为主。太麻里与金峰两乡海拔800～1 500米之宜农缓坡山区地带，常年晨晚云雾弥漫，日夜温差大，降雨量适中，以种植金针为主而名金针山。

金针山上种的茶树以青心乌龙与金萱为大宗，翠玉、四季春为辅，山上的茶园面积约30余公顷，所产太峰高山茶品质独特，不少茶商，总会远道到太麻里金针山抢购当地茶叶。金针山休闲农业区，依山势规划数条步道，这些步道贯穿整个区域，条条相通，各有特色。金针山步道以青山农场、紫云山庄、崇山茶居停车场为中心，成放射线分布，青山农场前的萤火虫步道直达溪谷，夏天夜晚，溪谷里可以看到萤火点点，非常壮观。林道两旁种植山樱，冬天花开时节一路嫣红，飘来淡淡花香，令人陶醉。2千米长的稜线步道，是山区最引人入胜的地方。在整条稜线上每个制高点都有凉亭休闲坐椅，站在高岗上远眺绿岛、兰屿，宛如太平洋中的两艘小船；清风徐来，宁静中几声鸟鸣，是大自然的享受。八九月满山遍野的金针花陪衬着鲜翠碧绿的茶园景观，赏花品茗，体验原住民手工艺制作，品尝原住民风味餐，顺道至知本温泉舒筋活骨，为太麻里高山茶之旅画下圆满句号。

花莲县玉里镇海拔1 000米的赤柯山(又称赤科山)除生产金针外，还种植了不少茶树，茶园与金针园相间，别有一番景致。赤柯山以晨昏时分为最佳游赏时间，安排两到三日的旅游行程，沿途游览花东丛谷景点，于下午进入园区游憩，可以利用当地民宿及露营区，第二天一早观赏山中的晨景，更能体验农村生活的休闲。

花莲县富里乡六十石山乃海岸山脉崛起之冈峦，海拔800～1 100米，山顶宽广平缓，距中央山脉仅1千米余，是花东丛谷最狭隘之处。六十石山山顶种满了二三百公顷的金针花。每年的八九月间，金针花盛开的季节，翠绿的峰峦映衬黄澄澄的鲜艳花海，交织出一片美丽迷人的景致。

早期六十石山的经济作物只有金针，从1990年陆续有农家种植茶树，至今山上已种植了约20公顷茶园，以青心乌龙为最大宗，其余为金萱及翠玉。现在山上茶农除了产制茶叶外还开展休闲农业、民宿的经营。

炎炎夏日来趟金针山二日游，体验农庄生活，白日漫游于金针花丛中，夜晚在满天星空及虫鸣声下，品饮当地的清香乌龙茶，感受隐居山野的无穷乐趣。在采茶时节来一趟六十石山采茶趣之旅，除了能亲身体验采茶、制茶的整个过程，还能将自己所作的茶叶带回家，以茶会友。

二、台湾红茶文化旅游

台湾红茶是继乌龙茶、包种茶之后，为迎合世界茶叶消费潮流，增进台湾茶叶外销而逐渐发展起来的。早期以小叶种制造中国式红茶外销，1888年(清朝时期)台湾巡抚刘铭传鉴于红茶市场在国际上的地位日益重要，透过厦门英商招聘印度阿萨姆（Assam)红茶制茶技师来台指导印、锡红茶加工技术，但业者仍偏爱中国风的小叶种红茶制造法，而未能传袭印、锡红茶制造技术。

日本据台时期，仍看重红茶的国际市场，于1903年着手小叶种红茶机械化制造技术的改良及推广，1908年更延聘汉口红茶技师在台湾发展汉口风红茶，后来外销苏联、土耳其等，奠定台湾红茶走向国际的基础。1925年于印度北部阿萨姆茶区引进Kyang、Manipuri、Jaipuri大叶种茶树，发展印、锡大叶种红茶制造。1933年由泰北泰缅边境引进Shan大叶种茶树，1938年又引进了祁门种、Biruma(缅甸种)、湖南种等适合制造红茶的茶树品种。1936年更于南投县鱼池日月潭设立鱼池红茶试验分所(茶业改良场鱼池分场的前身)，倾全力发展台湾红茶产业。台湾光复后更积极发展大叶种红茶制造技术改良及推广，20世纪60年代红茶产业更拓展至花东。

台湾红茶产业于日据时期及台湾光复后20世纪50年代至20世纪70年代前期最为风光，是台茶外销的主力。日据时期的"日东红茶"，台湾光复后的"日月红茶"、"鹤岗红茶"等台湾红茶闻名国际。但20世纪70年代后期台湾经济发展快速，人工成本急速增加，红茶制造成本高涨而丧失国际竞争力，台湾红茶产业一落千丈。20世纪90年红茶外销量仅561吨，而于1990年代以来转为进口数千吨红茶，供做茶饮料及冷饮茶(泡沫红茶、珍珠奶茶)的原料，近年来进口红茶的数量更高达万余吨。1977年南投县政府鉴于红茶外销日益困难，配合观光产业将鱼池、埔里所产红茶命名为"日月潭红茶"，发展红茶的高档内需市场。

一般游客对日月潭的印象不外是游湖，事实上日月潭还有许多幽静的步道，尤以猫嘴山步道的茶区景观最有特色。沿途环境清幽，视野极佳，可欣赏满山遍谷的阿萨姆茶园、台湾杉木、日月潭湖景，及猫嘴山古茶树，登顶可远眺九份二山及集集大山，是日月潭观赏日出最佳景点。

1959年兴建的鱼池农林公司老旧茶厂，将原本的红茶萎凋房改装成茶馆餐厅，发展茶文化旅游。将鱼池茶厂改名为"日月老茶厂"，突显鱼池茶厂的历史氛围，厂房内保留传统的发酵、揉茶、干燥等设备，尚有广阔的有机茶园，游客来此除了悠闲品茗，还能了解制作红茶各个环节的知识，颇受游客好评，是游九旅文化村、日月潭后，极佳的休憩点。

目前鱼池乡公所、农会、茶业改良场鱼池分场及日月潭风景区管理处，全力辅导、推广精致之"日月潭红茶"、"乡长红茶"、"森林红茶"、"和果红茶"、"涩水皇家红茶"、"膨鼠红茶"等品牌；推广红茶的品饮文化与艺术，让消费者品尝"红茶之好"与认识"红茶之美"，并与观光休闲产业结合，期使"日月潭红茶"成为世界高级红茶的代名词。

三、古街怀旧茶文化旅游

台湾自清乾嘉年间，即有来自福建的先民，由闽引进茶种垦殖茶园。1860 年淡水开港后，外商踊至，沿台湾北部淡水河流域丘陵地发展茶业，鼓励当地农民垦拓茶园，贷以资金并收购所产茶叶。台湾北部所产茶叶亦借河运之便，在近淡水河口的大稻埕，集中精制、外销，于是大稻埕集中设立许多茶馆、茶行、茶栈、洋行，成为一大茶市。时过境迁，清代及日据时期，台茶外销的繁荣景象不再，但古茶街尚存的历史文物及代表性建筑是台茶享誉国际开发史的见证，也是极富人文价值的怀旧茶文化旅游项目。此外桃、竹、苗茶区有将老旧厂房整修后作为茶产业文化旅游项目，都有良好口碑。

(一)古街怀旧茶文化之旅

台北市大稻埕原为平埔族落“圭母卒社”的居住地，清乾隆时称为“哥武卒庄”。经汉人开拓后，水稻田日多，于是留出一块较高的平地，供水稻收割时共同晒谷之用。“埕”，闽南语的意思是广场，晒稻谷的大广场——大稻埕，就逐渐演变为该地区的地名。其范围约在今台北市延平北路以西，长安西路以北，归绥街以南，临淡水河之区域。汉人于 1851 年开始移垦该地区，加速了大稻埕地区的开发。因有河运之便，商业逐渐繁荣，与艋甲(今万华)同为淡水河东岸重要的河运集散地及商业区。

1860 年淡水开港通商，外商踊至。当时来台的外国人，除领事馆和教会人士以外，大部分是经营茶叶的洋行商，台湾北部所产制茶叶亦借河运之便，集中在此精制及外销，于是大稻埕设立许多茶馆及茶行，最盛时期达百余家，成为一大茶市。

巡抚刘铭传有心将大稻埕建设为国际商业区，扩充及整顿街道，开辟建昌街及千秋街(今之贵德街)，劝导林维源(板桥林家花园家族)及李春生投资兴建洋楼，租给外商，形成外侨聚集区，于是经营茶叶之洋行、茶厂及茶行林立，形成一条茶街。贵德街的老式建筑有一大特色，即为了防范台风季节的大水，建筑物的台基都高出地面尺余，亭仔脚(骑楼)入口处都有四、五层台阶，产茶季节亭仔脚亦是茶工聚集拣剔的地方，茶箱、茶笳荡(竹筛)塞满亭仔脚的每一角落，整条街都是扑鼻的茶香。

19 世纪 80 年代台茶外销鼎盛，但难免有眼光短浅之不肖业者，为谋奇利，而将茶叶粗制滥造，甚或掺混劣品，为矫正并防止不正业者之跋扈，且图同业之团结，扩展生产，改良技术，精进品质，奖励输出，巡抚刘铭传遂于 1889 年特令茶业者组织茶郊永和兴。茶郊纯以健全本行业为最主要之宗旨，对茶工之保障及救济亦颇重视，如设立“回春所”，照顾弱势茶工，并供有茶郊马祖，于每年农历九月二十三日，茶神陆羽诞生日为茶郊马祖祭祀日，于此一年中结束制茶的时期举行庆典，联络感情，颇有意义。茶郊马祖现供奉于台北古茶街上的台北市茶商同业公会大楼，而其前身就是茶郊永和兴。

台北至基隆铁路开通后，基隆港逐渐取代淡水港，外商云集的大稻埕茶业街，繁华不再，逐渐没落。今之贵德街虽已繁荣不再，但茶香岁月的遗迹仍比比皆是，遗忘了台北古茶街——贵德街，就无法了解台湾茶享誉国际的开发史。

(二)老茶厂传统产业怀旧之旅

观光休闲茶业在台湾已非常风行,且有良好的口碑,其经营模式也是多元化的。有的将老旧厂房整修后作为茶产业文化旅游的项目,此种模式以桃、竹、苗茶区居多,如台湾红茶公司的红茶产业文化馆,锦泰茶业公司的绿茶、乌龙茶产业文化馆,天仁茶业公司香山厂的天仁茶文化馆以及农林公司鱼池茶场的茶文化体验馆等。

新竹县关西镇曾是台湾外销茶的主产区,最盛时期茶园面积高达 6 000 公顷,许多大茶厂产制红茶、煎茶、包种茶,供应外销为主。20 世纪 80 年代以来台湾茶外销荣景不再,关西茶区逐渐没落,茶园转作其他用途,昔日台湾最大茶乡——关西茶区走入历史。镇内许多创建于日据时期的老茶厂,纷纷改变思路,善用老茶厂保存的文物及传统茶叶加工的机具,推出茶产业文化旅游项目,颇获好评。假日吸引众多人潮,尤以台湾红茶公司及锦泰茶厂最有名气。台湾红茶公司成立于 1937 年,日据时期称为"台湾红茶株式会社",执台湾北部小叶种红茶的牛耳。台湾光复后除产制红茶外亦产制煎茶、绿茶粉、乌龙茶供应内外销,台湾外销茶产业没落后,将闲置厂房整修建立茶叶文化馆,系统陈列珍贵的史料、照片及文物,述说台湾茶(尤其是红茶)早期外销的光荣历史,并经常与社区文化工作单位举办文艺活动,为老茶厂创造商机,也是具有吸引力的茶产业文化旅游项目。

锦泰茶厂创立于 1936 年,于 1955 年迁入现址,台茶外销繁荣时期为占地 3 000 多平方米的大茶厂。现今茶叶经营环境丕变,整修部分闲置厂房,陈列日据时期至台湾光复后珍贵的茶业相关史料、照片及文物,并附设古香古色的茶艺教室及品茗环境,贩售茶厂自制的茶点、茶叶、炭焙乌龙茶,假日吸引了众多人潮,更是学校校外教学、参观了解传统茶产业的好去处。

四、饮茶休闲茶文化之旅

1974 年农政单位审视内外环境,评估台茶外销荣景不再,宜调整产业结构逐渐由外销转内销。制茶种类也宜由外销为主的绿茶、红茶逐渐转为内销为主的包种茶、乌龙茶。1975 年即由省府农林厅主办全省优良茶比赛及标售,冠军茶 1 斤标售 4800 元台币,当时一般茶叶售价仅数十元至数百元一斤。优良茶比赛提升了高级茶的身价,打响了高级茶的知名度,茶叶由"生活用品"摇身一变为"高级礼品"。茶艺馆的兴起及消费者追求高品质茶叶的诉求,好茶卖好价的诱因,茶作户纷纷参加茶业改良场举办的培训班,改进茶园栽培管理技术,更新制茶设备及改良技术。政府继而发展观光茶业、休闲茶业,消费者直接到产区向茶作户购买茶叶,产、制、销一条龙,茶作户富起来了,茶区呈现一片富丽农村的景象。台湾茶叶的行销是多元化的,有:(1)传统茶叶零售店;(2)茶叶连锁店;(3)冷饮茶连锁店;(4)百年老店换新装;(5)观光、休闲茶业;(6)以茶叶多样化产品促进茶叶消费等。

(一)传统茶叶零售店

传统茶叶零售店的特色是在店面摆设桶装散茶,消费者选购时再称量包装,这是早期茶行、茶店的销售方式,至今仍散见于城乡及各茶区自产、自制、自销的茶作户。目前都市内的茶行、茶店大都装潢现代化，显现绿意及舒适感，贩售的茶叶亦以精美的盒(罐)装茶叶为主。

(二)茶叶连锁店

茶叶连锁店是台湾茶叶零售由传统走向现代化的推手。天仁、华泰、宝岛(旭峰)、农林、金品、极品、自然之味等先后发展茶叶连锁店，尤以天仁茗茶最为出色。天仁集团是台湾茶叶连锁店的创始者，目前在国内外已有一百多家天仁茗茶连锁店，是台湾茶业界的龙头，集茶叶产、制、销及文化旅游一条龙的企业集团，也是台湾唯一股票上市的茶业企业。

茶叶连锁店的特色是零售茶叶都是精致美观的盒(罐)包装取代传统的纸包装，明白标示等级、价格、不二价，改变"靠嘴巴卖茶"的恶习；茶行店面橱窗精致明亮，附设品茗桌，客人可坐下来品饮新上市的好茶，增进与客人的互动。

(三)冷饮茶连锁店

20世纪80年代初，台湾饮茶风气逐渐兴盛，茶艺馆兴起，茶叶泡饮方式逐渐多元化，冷饮茶兴起尤其是珍珠奶茶更是青年男女的新潮饮品。目前台湾无论都市或乡村遍地开设冷饮茶店，有店面的，也有摊位的，无论寒暑总是顾客盈门，估计占台湾茶叶消费量的15%～20%，且有增加之趋势。珍珠奶茶已成为台湾冷饮茶享誉国际的品牌。

台湾冷饮茶界以台中的春水堂及台南的翰林最有名气，也是台湾冷饮茶蓬勃发展的奠基者、推动者。两家各有研发团队，各有独特调茶技巧及配方，各具特色及不断推出新饮品，引领台湾冷饮茶的风骚。

春水堂创立于1983年，总公司设于台中市，在台中已有十余家冷饮茶连锁店，在台北、高雄、台南亦有连锁店，2006年更西进大陆在上海开设大陆首家连锁店。

翰林创立于1986年，总公司设于台南市，连锁店遍布台北、桃园、新竹、台南、高雄及高速公路休息站(服务区)，已有30余家。自2006年在台湾地区开展向茶加盟计划，对加盟店技术转移及持续的经营辅导，以"引领世界冰饮茶新时尚"，自我期许。

(四)百年老店换新装

台湾在清朝时期或日据时期，有许多福建(尤其是安溪)茶商渡海来台经营茶叶，但时过境迁尚存的百年老店已是凤毛麟角。在时代潮流的冲激下，老树发新枝，百年老店换新装，薪火相传继往开来最成功的例子是王有记茶行。王家先祖于1890年即在厦门创立王有记茶庄，1907年至泰国开设王有记茶行有限公司，行销福建乌龙茶及台湾乌龙茶，1935年在台北创设茶叶精制厂，专营外销泰国包种茶，1975年开设门市，是由外销转型内销零售成功的典范。

(五)观光、休闲茶业

近年来休闲农业观念已为大多数民众所认同及接受，实施双休日后，休闲茶业纷纷推出，深受都会区民众青睐，茶区所在地的农政单位、农会亦配合当地茶农共同办理茶叶知性之旅或自助制茶研习等活动，不但提供民众体验农村生活，亦对茶叶及其相关产品的促销有所助益。

练习题

1. 台湾野生茶树何时发现,何时利用?
2. 介绍福建茶向台湾的传播情况。
3. 介绍台湾本地名茶乌龙茶的诞生。
4. 介绍台湾本地名茶包种茶的崛起。
5. 推介台湾文山包种茶文化之旅。
6. 推介台湾东方美人茶文化之旅。
7. 推介台湾兰阳温泉茶文化之旅。
8. 推介台湾铁观音茶文化之旅。
9. 解说台湾冻顶乌龙茶文化之旅。
10. 解说台湾高山青茶文化之旅。
11. 解说台湾花东茶文化之旅。
12. 解说台湾红茶文化旅游。
13. 推介台湾古街怀旧茶文化之旅。
14. 推介台湾饮茶休闲茶文化之旅。
15. 设计一条或两条台湾茶文化旅游线路。

阅读材料

1. 逾越台湾海峡:从武夷山到阿里山①

武夷山与台湾茶文化交流频繁活跃

2010 年 5 月上旬,以“走亲访友做生意”为主题的福建省经贸文化交流团在台湾的各项活动一浪高过一浪,受到台胞一致欢迎和台媒的广泛好评。

此间,武夷山市政府开展的“浪漫武夷,风雅茶韵”茶旅活动也首次走进台湾,带去武夷山父老乡亲的深情厚谊,展示武夷山悠久而独特的茶文化。

长期以来,两岸茶人对大红袍与冻顶乌龙这两种同宗同源的茶叶有特殊的情感,并借此展开了频繁的交流活动。

两岸茶博会再奏凯歌

武夷山市兴田镇、五夫镇更是抓住契机,分别与台湾新竹县北埔镇、峨眉乡结对子,现场交流,取长补短,双方就拓展经贸、茶文化合作领域达成共识,6 月份,台湾将组织访问团抵达武夷山,在更深层面上谋划美好未来。

从今年 10 月开始,海峡两岸茶博会将固定在武夷山举办,而 2008 年 11 月在武夷山

---

① 熊慎端:《中华合作时报·茶周刊》2010 年 5 月 25 日 B2 版。

开幕的第二届海峡两岸茶博会，就吸引数百位台湾茶界知名人士前来参会，目前，从有关方面传来的消息表明，报名要求参加第四届海峡两岸茶博会的台湾各界人士十分踊跃。业界人士普遍认为，武夷山大红袍与台湾冻顶乌龙，同根同源，一脉相承，这是茶博会吸引台胞目光的关键，两岸茶文化交流也以武夷岩茶为纽带，呈现勃勃生机，前景十分广阔。

20 世纪 80 年代：交流趋活跃

近日，记者在走访武夷山市委对台办时，喜获一份 1984 年 9 月 17 日的台湾《联合报》。报载，台湾知名人士谢东闵在畅谈台湾茶叶史时说，台湾冻顶乌龙茶是从福建武夷山跨海移植台湾的。一部台湾的茶叶史，也就是台湾与大陆血肉相连的见证。

上世纪 80 年代开始，武夷山与台湾的茶文化交往呈日趋活跃之势，武夷山茶文化节、茶王赛、国际无我茶会、茶艺茶歌舞表演等活动不仅吸引了大批台湾朋友前来一睹风采，这些茶俗也在台湾真情演绎发展着，弘扬了博大精深的中华茶文化。

1986 年 9 月，出席“闽台茶叶学术讨论会”的台湾代表团，就专程到武夷山进行为期 3 天的寻根考察，他们还倡导举办国际“无我茶会”。10 多年来，已在武夷山成功举办 3 届，其余在台湾地区和日、韩等国举办，把武夷山茶文化交流到世界各地。

20 世纪 90 年代：互表倾慕

1999 年台湾 TVBS 无线卫星电视台派专人在武夷山拍摄《武夷茶文化》专题片；2000 年 7 月，又派记者赴武夷山参加“2000 年中国武夷山茶文化节”，参加茶王拍卖会，走访茶农，考察拍摄了武夷山茶之旅。

台湾媒体频繁的报道，使台湾茶业人士更加向往武夷山，台湾南投县鹿谷乡乡长，曾多次带领本乡茶农赴武夷山参观考察，为“冻顶乌龙”寻根。他说：“武夷、鹿谷，同是茶乡两地，更是中华民族的根。”

武夷山也先后两次应台湾观光协会的邀请，于 1997 年 9 月和 2002 年 8 月，由市领导率武夷山茶文化艺术团赴台，参加台北一年一度的中华美食展。武夷山艺术团，每天 3 场的武夷茶艺表演吸引了无数观众，许多观众现场看后意犹未尽，用家庭摄像机摄下茶艺表演的全过程回家细细品味。

每场演出，场场爆满。一位连看 3 场的台湾茶艺人士说：“想不到武夷山有这样高品位的茶艺！”台湾媒体以大篇幅报道了武夷茶艺在台表演的盛况，称赞武夷茶艺不仅展示了中华民族传统文化，而且把武夷岩茶韵味融于茶歌舞、茶艺、茶道，使观赏者如痴如醉，武夷茶艺享誉台湾。

新世纪：携手前行

在 2006 年 5 月 16 日的第二届中国武夷山旅游节“两山两水”旅游对接研讨会上，福建省旅游协会与台湾省旅行商业同业公会共同签署了《深化武夷山与阿里山、大金湖与日月潭旅游合作，共推海峡旅游市场协议》，进一步提升闽台旅游合作水平。

2007 年 5 月 14 日，第三届中国武夷山旅游节的“重头戏”——“茶人一家亲”万人品茗会在武夷山国家旅游度假区举行，吸引了近万名中外来宾前来赏艺品茗，台湾茶界也派出强大阵容前来一叙源远流长的茶缘，在以茶会友、以茶传情中，推动两岸茶产业和茶文化发展。

2007 年 9 月 18 日，武夷山华夏民族城内，一瓶取自台湾南投县鹿谷乡的山泉水和汲自武夷山的山泉水交融在一起，共同冲泡由台湾冻顶乌龙茶与福建武夷山大红袍拼配而成的乌龙茶，两种茶叶水乳相融，其高香醇厚弥漫现场，令人难忘。

2007年在泉州市举办"浪漫武夷·风雅茶韵"大红袍品茗会上，两块武夷山大红袍和台湾冻顶乌龙制成的"团圆茶饼"，再续两岸茶缘，凝聚了两岸人民的共同心愿。

"文化同根，茶香同缘，两岸品茗，一味同心"，武夷山与台湾，大红袍与冻顶乌龙，海峡两岸以一脉相承的茶文化为桥梁和纽带，在日益加深的交往中，拓宽各领域的广泛合作，推动两岸经济文化繁荣，最终实现祖国和平统一大业和中华民族伟大复兴的宏伟目标。

2. 闽台茶乡交流 促两岸产茶乡镇对接①

2010年12月18日，首届闽台茶乡交流大会开幕式暨"闽台缘·海峡情"文艺晚会在福建安溪隆重举行。

全国政协常委、台盟中央副主席黄志贤、台湾新党秘书长吴成典等海峡两岸嘉宾共同推杆，启动"首届闽台茶乡交流会"。

"茶叶是安溪和台湾血脉相连的历史见证。早在300多年前，安溪人就把乌龙茶的品种、种植和制作技艺带到台湾。"安溪县代县长朱团能表示，十几年来，两地茶叶交流合作日趋密切，已先后有40多家台资茶企落户安溪。相信通过举办闽台茶乡交流大会必将促进两岸的交流合作更加深入。

作为中国茶叶第一大县、铁观音的发源地，安溪茶产业经过多年发展，创造了县级茶园面积、茶产量、茶叶人口、茶农人均收入、茶产业配套程度等多项的全国"第一"。而在台湾，共有13个县58个乡镇产茶。在台湾2 000多万人口中，60%以上的台湾同胞有饮茶的习惯，并且以乌龙茶为主。

台湾新党秘书长吴成典在致辞中表示，中国人历来有以茶会友的习俗，闽台两地血浓于水，茶作为闽台两地交流的桥梁和纽带最合适不过，通过举办闽台茶乡交流大会这一平台为两岸茶乡人民、爱茶人士品茶论道，谈合作议发展，为闽台茶业实现优势互补携手共进打下良好的基础。

闽台茶叶同根同源，两地茶叶乡镇非常相似，有着互补性很强的茶业合作空间。台湾拥有先进的茶叶精深加工、茶叶机械设备制造技术和贸易营销理念等方面的优势，安溪拥有驰名世界的铁观音品牌、珍贵的茶树品种资源、悠久深厚的茶文化及几十万技能型茶农，深化安台茶乡建设交流合作，让两岸茶乡建设相互借鉴，有利于深化两岸基层的交流，扩大特色乡镇影响；有利于提升茶叶原产地品位，提升区域整体形象，促进两岸合作更趋深入和良性发展，最终让两岸民众受益。

来自台湾各主要茶叶乡镇长、农会理事长及福建省各地茶乡和茶企代表1 200多人莅临此次大会。

---

① 梁岸：《中华合作时报·茶周刊》2010年12月21日B4版。

总复习练习题

1. 每位学生根据本课程内容，设计一条或两条茶文化旅游线路，并作推介（宣传介绍）。

2. 任课教师点评学生设计的茶文化旅游线路、推介的茶文化旅游产品。

3. 举办茶文化旅游设计比赛。

参考文献

1. 陆羽:《茶经》,中国市场出版社 2006 年版。

2. 何乔远编撰:《闽书》,福建人民出版社 1995 年版。

3. 周亮工、施鸿保:《闽小纪·闽杂记》,福建人民出版社 1985 年版。

4. 祝穆撰,祝洙增订:《方舆胜览》(上中下册),中华书局 2003 年版。

5. 司马迁:《史记》,中华书局 1959 年版。

6. 王镇恒、王广智主编:《中国名茶志》,中国农业出版社 2000 年版。

7. 朱有瓛主编:《中国近代学制史料》第二辑下册,华东师范大学出版社 1989 年版。

8. 中华人民共和国国家旅游局汇编:《中国旅游业发展"十一五"规划纲要·专题篇》,中国旅游出版社 2008 年版。

9. 国家旅游局规划发展与财务司主编:《2007 中国旅游投资报告》,中国旅游出版社 2007 年版。

10. 邹统钎主编:《中国旅游目的地发展年度报告》(2008),中国旅游教育出版社 2008 年版。

11. 范玉梅等编著:《中国少数民族风情录》,四川民族出版社 1987 年版。

12. 王玲:《中国茶文化》,中国书店 1998 年版;九州出版社 2009 年版。

13. 康乃主编:《中国茶文化趣谈》,中国旅游出版社 2006 年版。

14. 张国洪编著:《中国文化旅游——理论·战略·实践》,南开大学出版社 2001 年版。

15. 刘勤晋主编:《茶文化学》,中国农业出版社 2007 年版。

16. 周巨根、朱永兴主编:《茶学概论》,中国中医药出版社 2007 年版。

17. 阮逸明编著:《台湾乌龙茶》,上海文化出版社 2008 年版。

18. 刘勤晋编著:《茶馆与茶艺》,中国农业出版社 2007 年版。

19. 于观亭编著:《茶文化漫谈》,中国农业出版社 2003 年版。

20. 姚国坤、朱红缨、姚作为编著:《饮茶习俗》,中国农业出版社 2003 年版。

21. 木霁弘、陈保亚等:《滇藏川"大三角"文化探秘》,云南大学出版社 1992 年版。

22. 杨福泉:《西行茶马古道》,上海人民出版社 2009 年版。

23. 张建萍主编:《生态旅游》,中国旅游出版社 2008 年版。

24. 李俊清.石金莲编著:《生态旅游资源》,中国林业出版社 2007 年版。

25.《唐诗鉴赏辞典》,上海辞书出版社 1983 年版。

26. 陈虹编著:《茶道艺术》,内蒙古人民出版社 2006 年版。

27. 陈晖、吕国利:《中华茶文化寻踪》,中国城市出版社 2000 年版。

28.《蔡襄集》,上海古籍出版社1996年版。

29.鄂尔泰、张廷玉等编撰:《国朝宫史》,北京古籍出版社1987年版。

30.赵尔巽等:《清史稿》,中华书局1976年版。

31.施联朱编著:《畲族风俗志》,中央民族学院出版社1989年版。

32.范玉梅等编著:《中国少数民族风情录》,四川民族出版社1987年版。

33.林易山:《茶心——茶道礼仪艺术之创作》,台湾台北市2006年版。

34.郑建新、郑毅编著:《名山问茶》,化学工业出版社2009年版。

35.周爱东、郭雅敏主编:《茶艺赏析》,中国纺织出版社2008年版。

36.亮炯·朗萨:《恢宏千年茶马古道——川藏茶马古道寻幽探胜》,中国旅游出版社2004年版。

37.姚国坤、姜振发、陈佩珍:《中国茶文化遗迹》,上海文化出版社2004年版。

38.施海根主编:《中国名茶图谱》,上海文化出版社1995年版。

39.阮逸明主编:《台湾省茶业改良场场志》,1996年。

40.阮逸明:《台湾的茶业(1)——发源与发展》,台北稻田出版有限公司2001年版。

41.林志煌:《台湾茶乡easy go》,载《台湾茶讯》2007年。

42.徐英祥、许贤瑶:《台北市茶商业同业工会会史》,台北市茶商业同业工会2000年版。

43.陈焕堂、林世煌:《台湾茶》,猫头鹰出版社2001年版。

44.台湾各茶区乡镇公所、农会出版之茶区简介小册或折页。

45.张风云主编:《品味中国茶》,延边大学出版社2005年版。

46.陈宗懋主编:《中国茶经》,上海文化出版社1995年版。

47.王稳平主编:《茶道宝典》,中国戏剧出版社2006年版。

48.钱椿年著,顾元庆删校:《茶谱》,载阮浩耕等点校注释《中国古代茶叶全书》,浙江摄影出版社1999年版。

49.郭孟良:《中国茶史》,山西古籍出版社2002年版。

50.《人民政协报》"生态周刊·黄金旅游"、"茶经·专刊"、"休闲·茶经",《厦门日报》,《中华合作时报·茶周刊》等。

51.林治主编:《中国茶道》,世界图书出版西安公司2009年版。

52.余悦:《茶路历程》,光明日报出版社1999年版。

53.吴旭霞:《茶馆闲情》,光明日报出版社1999年版。

54.陈虹编著:《名茶地图》,内蒙古人民出版社2006年版。

55.陈虹编著:《茶斋读本》,内蒙古人民出版社2006年版。

56.刘勤晋主编:《2007茶学教育国际论坛论文集》,国际华文出版社2007年版。

57.阮浩耕、沈冬梅、于良子点校注释:《中国古代茶叶全书》,浙江摄影出版社1999年版。

58.《中国旅游年鉴2009》,中国旅游出版社2009年版。

59.《中国旅游年鉴2010》,中国旅游出版社2010年版。

后　记

《茶文化旅游设计》是我们于2007年计划编写的一本教材。我们旅游管理系也将"茶文化旅游"作为一门特色课程列入教学计划，并于2009年春季正式为旅游管理专业2007级学生开讲这门课程。目前，学术界尚无同名著作或教材问世，因此，这是一项有意义的创新课题。

经过两年多的努力，我们于2009年6月将初稿打印出来，作为本校旅游管理专业07级学生授课之用。初稿由郑剑顺教授主笔，旅游管理系教师孙晟、朱蔚、陈津、陈昕、蔡玉云、陈淑娟或参加写作提纲的讨论，或提供部分初稿，或提供某些资料，或帮助初稿的整理打印。2009年12月，由郑剑顺教授将初稿修改、补充，朱蔚和蔡亚红同仁协助整理，再次打印出来，作为08级学生授课之用。2010年12月，由郑剑顺教授订正了个别错字，第三次印刷，作为09级学生授课之用。

2010年10月，本教材很荣幸被列入"福建省高等职业教育教材建设计划"，半年多来，由郑剑顺教授执笔，努力充实、完善此教材。我们邀请台湾茶学专家、天福茶博物院院长阮逸明教授担任本教材副主编。阮教授亲自撰写了第八章《台湾的茶业与茶文化旅游设计》，并审阅了其他各章初稿，提出宝贵的修改意见。本教材第七章《茶文化遗迹与旅游》，由本校图书馆严利人馆长和朱缨撰写。郑剑顺教授对全书作了认真审订、修改和补充。福建商业高等专科学校旅游系主任王瑜教授对书稿提了修改意见，厦门大学出版社责任编辑董兴艳为本书的出版付出了辛勤劳动，天福茶学院周巨根校长、黄国辉董事等校领导对本教材的编写给予大力支持和关心，朱蔚、范春梅、蔡惠珍、柯艳莉帮助书稿电子版的修改、打印，在此，对各位的帮助和支持，谨致诚挚谢忱。同时，感谢福建省教育厅组织实施"福建省高等职业教育教材建设计划"和厦门大学出版社的出版支持，使本教材得以正式出版。

本教材还不尽完美，期望专家、学者、同仁不吝赐教，以利我们修改和完善。主编联系方式：jszheng@xmu.edu.cn。

郑剑顺

2011年4月

图书在版编目（CIP）数据

茶文化旅游设计 / 郑剑顺主编. -- 厦门 ：厦门大学出版社，2011.8(2025.7 重印)
福建省高职高专旅游大类规划教材
ISBN 978-7-5615-3959-0

Ⅰ. ①茶… Ⅱ. ①郑… Ⅲ. ①茶—文化—旅游资源开发—中国—高等职业教育—教材 Ⅳ. ①F592

中国版本图书馆CIP数据核字(2011)第121571号

美术编辑 李夏凌
责任编辑 董兴艳
技术编辑 朱 楷

出版发行 厦门大学出版社
社　　址 厦门市软件园二期望海路 39 号
邮政编码 361008
总　　机 0592-2181111 0592-2181406(传真)
营销中心 0592-2184458 0592-2181365
网　　址 http://www.xmupress.com
邮　　箱 xmup@xmupress.com
印　　刷 广东虎彩云印刷有限公司

开本 787 mm×1 092 mm 1/16
印张 11.75
字数 268 千字
版次 2011 年 8 月第 1 版
印次 2025 年 7 月第 5 次印刷
定价 38.00 元

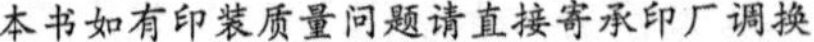

本书如有印装质量问题请直接寄承印厂调换

厦门大学出版社
微信二维码

厦门大学出版社
微博二维码